BALLSCHULE

ZIELSCHUSSSPIELE

EINLEITUNG

„Betrachte einmal die Vorgänge, die wir Spiele nennen. Was ist diesen gemeinsam? ... Wenn du sie anschaust, wirst du zwar nichts sehen, was allen gemeinsam ist, aber du wirst Ähnlichkeiten entdecken ... Schau z. B. die Brettspiele an, mit ihren Verwandtschaften ... Nun gehe zu den Ballspielen über. Dann bleibt manches Gemeinsame erhalten, aber viele identische Züge verschwinden, andere treten auf ... Und so können wir durch die vielen, vielen anderen Gruppen von Spielen gehen, Ähnlichkeiten auftauchen und verschwinden sehen. Ähnlichkeiten im Großen und im Kleinen. Ich kann diese nicht besser charakterisieren als durch das Wort ‚Familienähnlichkeit'. Denn die Gemeinsamkeiten der Spiele übergreifen und kreuzen sich wie die Ähnlichkeiten, die zwischen den Mitgliedern einer Familie bestehen: Wuchs, Gesichtszüge, Augenfarbe, Gang, Temperament usw. – **Und ich werde sagen: die Spiele bilden eine Familie!**"
(Wittgenstein, 1960, Philosophische Untersuchungen § 66, 67)

Treffender und anschaulicher als der Sprachphilosoph Wittgenstein kann man den prägenden Grundgedanken der Ballschule Heidelberg – oder etwas genereller ausgedrückt – der sogenannten **Integrativen Sportspielvermittlung** wohl kaum beschreiben. Auch in der Ballschule werden die Sportspiele als Mitglieder einer Familie angesehen, die einander ähnlich sind. Die allgemeinen, übergreifenden und sich kreuzenden Verwandtschaftsmerkmale werden gezielt herausgegriffen und in der „Kinderstube" der Spielanfänger geschult. Angestrebt wird ein stabiles Fundament an generalisierbaren Kompetenzen, die später ein schnelles und effektives Lernen in mehr oder weniger allen Sportspielen ermöglichen sollen.

Die Idee der Schaffung eines breiten „Kompetenz-Fundamentes" weist auf ein weiteres bedeutendes Merkmal Integrativer Konzepte hin. Die sportspielübergreifende Ausbildung dient in der Regel als Startpunkt einer „Lernzielkette", deren Glieder nach dem Motto „vom Allgemeinen zum Spezifischen" gereiht werden. Auf den übergreifenden Einstieg folgen **sportspielgerichtete Teilspezialisierungen**, die so etwas wie Zwischenstufen hin zu den Einführungen in die einzelnen Sportspiele darstellen. Genau auf einer solchen Zwischenstufe ist die **Ballschule Zielschussspiele** angesiedelt. Greift man das Bild von Wittgenstein wieder auf, dann geht es hier nicht mehr um die Gesamtheit aller Sportspiele mit ihren zuweilen eher weitläufigen „Verwandtschaftsgraden", sondern um Gruppierungen bzw. Teilfamilien von Spielen mit engeren Familienähnlichkeiten.

Die Kapitel 2 bis 6 stellen den Theorieteil des Buches dar. Er beginnt im **Kapitel 2** mit begrifflichen Vorklärungen und einer Einordnung der Ballschule Zielschussspiele in die Systematiken der Sportspiele und der Ballschulprogramme. Im **Kapitel 3** schließt sich eine Charakterisierung der Grundphilosophie der Ballschule Zielschussspiele an. Sie umfasst einerseits eine Kurzdarstellung der konzeptionellen Vorentscheidungen mit einem Zusatzblick auf alternative, durchaus ebenfalls erfolgreiche Lehrwege und andererseits Erläuterungen zu den vier zentralen Leitsätzen für alle Ballschulangebote. Die

BUCHREIHE BALLSCHULE

HERAUSGEBER
PROF. DR. KLAUS ROTH

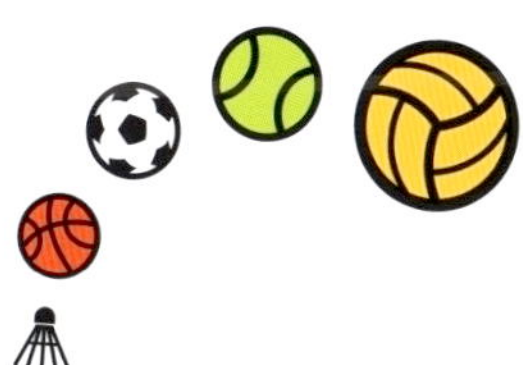

Ballschule

powered by
Ballschule Heidelberg

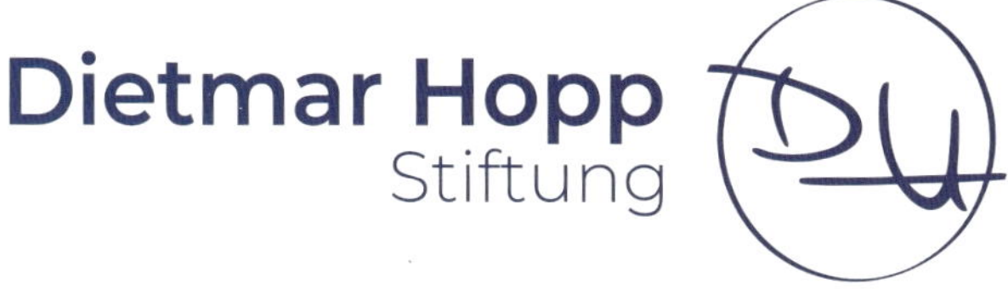

Bibliografische Information der Deutschen Nationalbibliothek
Die Deutsche Nationalbibliothek verzeichnet diese Publikation in der Deutschen Nationalbibliografie; detaillierte bibliografische Daten sind im Internet über http://dnb.d-nb.de abrufbar.

Bestellnummer 8090

www.hofmann-verlag.de

Fotos: Ina Knobloch

Druck: Druck- und Kalender-Marketing Sosset GmbH, Kißlegg

Printed in Germany
ISBN 978-3-7780-8090-0

INHALT

HINWEIS

Aus Gründen der besseren Lesbarkeit wird die männliche Form verwendet, gemeint sind immer Personen aller Geschlechter

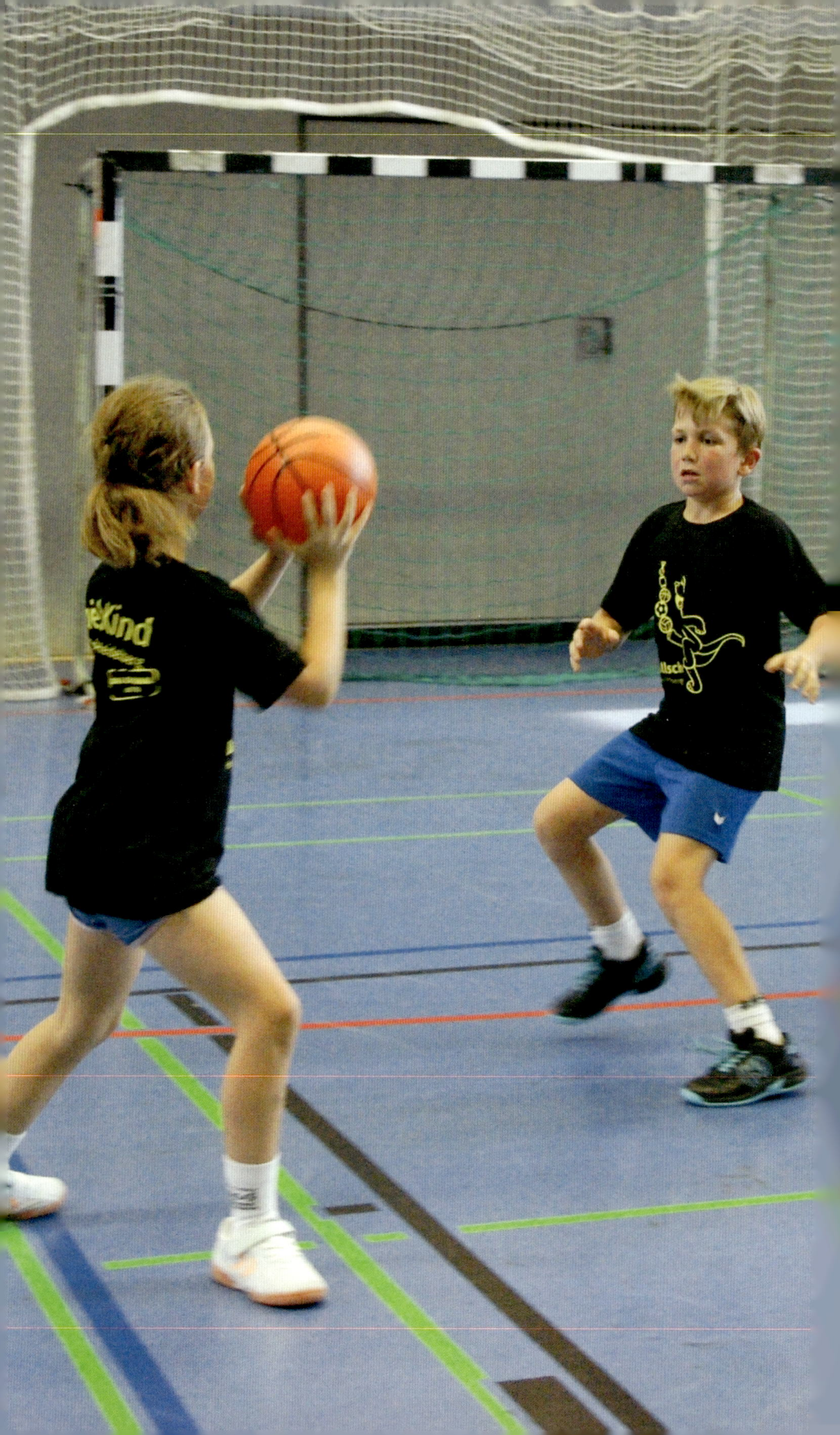

Kapitel 4 und **5** beinhalten eine Kennzeichnung der Ziele, Inhalte und Methoden der Ballschule Zielschussspiele. In die Auswahl der Ziele **(Kapitel 4)** fließen dabei die im Kapitel 3 beschriebenen Ballschul-Prinzipien und die Resultate einer Expertenbefragung von Haverkamp und Roth (2006) ein. Die Inhalte und Methoden **(Kapitel 5)** ergeben sich dann aus einer Verschmelzung der Ballschul-Merksätze „Spielen macht den Meister!“ (Freudbetontheit) und „Probieren geht über Studieren!“ (implizites Lernen) mit zunehmend auch übungsbezogenen, expliziten Vermittlungsprozessen.

Das Herzstück des Buches bildet der umfangreiche Praxisteil in den **Kapiteln 6** bis **9**. Den formulierten Zielbereichen entsprechend wird den drei Ballschul-Säulen mit den koordinativen **(Säule A; Kapitel 7)**, perzeptiv-motorischen **(Säule B; Kapitel 8)** und taktischen Basiskompetenzen **(Säule C; Kapitel 9)** jeweils ein eigenes Kapitel gewidmet. Dieses ABC soll den Spielanfängern genauso vertraut werden wie das normale ABC. Ähnlich wie Buchstaben das Baumaterial für Wörter und Sätze bilden, setzt sich das ABC der Ballschule Zielschussspiele aus einzelnen Kompetenzbausteinen zusammen, aus denen sich (aufaddiert) die sportspielgerichtete Spielfähigkeit der Kinder formiert.

Zur **Zielgruppe** der Ballschule Zielschussspiele gehören vor allem Sportlehrer der Klassenstufen 3 bis 7 sowie die vielen engagierten (Vereins-)Übungsleiter, die in Ballschulgruppen und in der Grundlagenausbildung verschiedener Zielschussspiele (Basketball, Handball, Fußball usw.) tätig sind. Der Ballschul-Blick – über den Tellerrand einzelner Sportspiele hinaus – liefert vielfältige Anregungen und Hilfen dafür, die früheren informellen, alltäglichen Spielerfahrungen in den Schulsport bzw. das Vereinstraining hineinzuholen. Wichtig ist, dass die Beispielsammlungen zu den Spielen und Übungen in den Kapiteln 7 bis 9 nicht als Kochbücher mit vorgefertigten Patentrezepten verstanden werden. Sie lassen sich vielmehr als Ideengeneratoren für die Erprobung eigener, kreativer Trainings-/Unterrichtsformen nutzen. Schließlich sind nicht nur die (meisten) Bälle, sondern auch der Kopf rund, damit wir in alle Richtungen denken können.

Eine abschließende Vorbemerkung ist noch wichtig. Sie betrifft die nachfolgenden Kapitel 2 bis 6. In der Ballschule werden auf der sportspielgerichteten Zwischenstufe den Zielschussspielen die sogenannten **Rückschlagspiele** gegenübergestellt. Die theoretischen Grundlagen dieser Programme sind durch eine Reihe von Übereinstimmungen oder zumindest Parallelitäten gekennzeichnet. Das spiegelt sich zwangsläufig in gewissen Schnittmengen zwischen den Theorieteilen wider. Die Entscheidung alle entsprechenden Überlegungen und Argumentationen in beide Bücher aufzunehmen und nicht mit Verweisen zu arbeiten, beruht auf der Überzeugung, dass diese jeweils aus sich selbst heraus – ohne den Zukauf eines weiteren Buches – verständlich sein müssen. Für Käufer mehrerer Ballschulbände bietet der Verlag rabattierte Kombinationsangebote an.

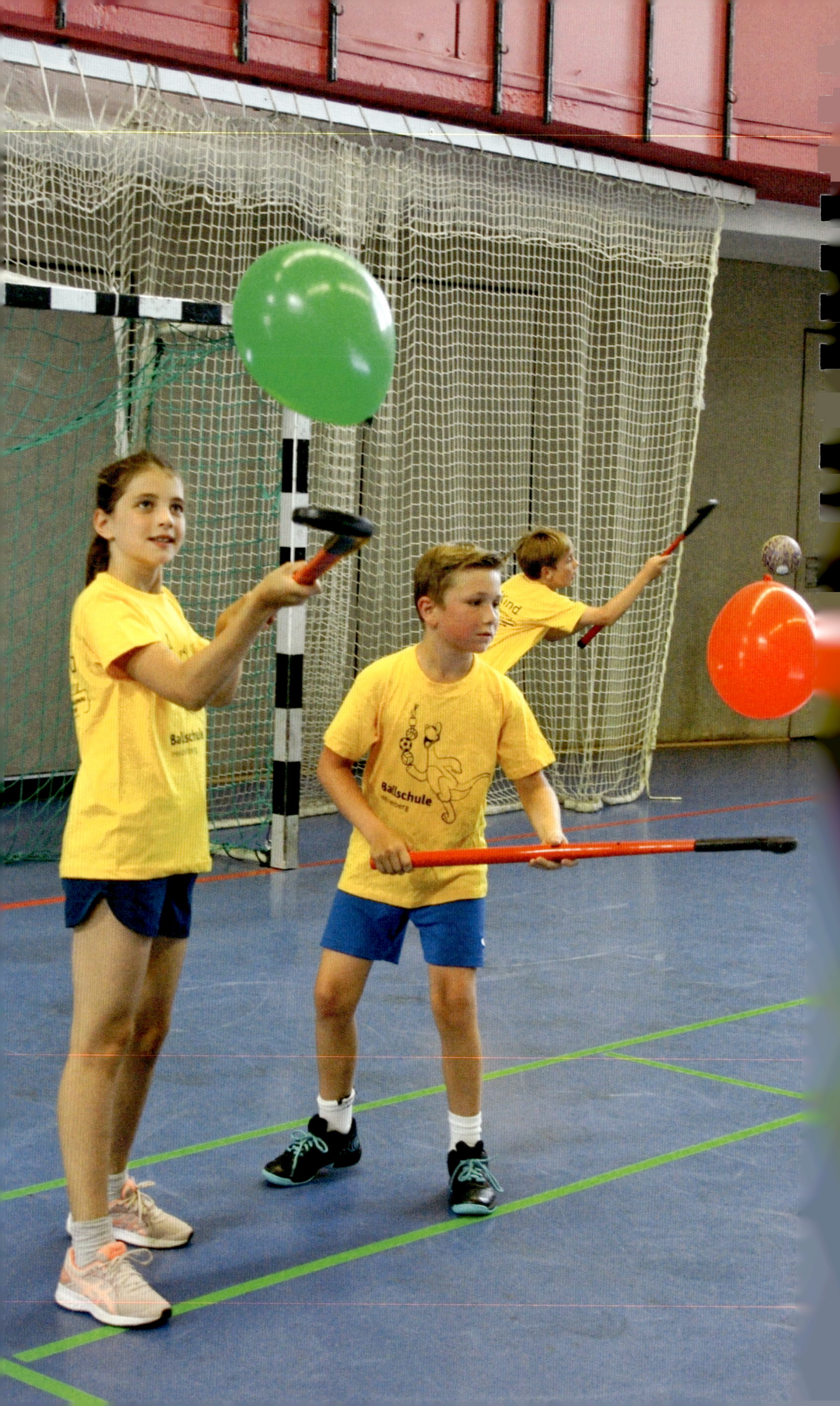
Ballschule
Ballschule

2

BALLSCHULE ZIELSCHUSSSPIELE

EINORDNUNG

SYSTEMATIK DER SPORTSPIELE

Wenn man Menschen, Quartettkarten oder Sportarten nach ihrer Ähnlichkeit ordnen möchte, muss man festlegen nach welchen Kriterien das geschehen soll. Personen mit vergleichbaren Charaktereigenschaften können z. B. ganz verschieden aussehen und bei Einschätzungen des Schulerfolgs von Kindern spielt es offenkundig eine Rolle, ob mathematisch-naturwissenschaftliche, sprachliche oder (sport-)motorische Gruppierungsmerkmale zugrunde gelegt werden. Das sollte bei der Bildung von **Teilfamilien** der Sportspiele, also bei der Erstellung von Sportspiel-Systematiken, nicht anders sein. Auch hier – so lässt sich vermuten – ist es entscheidend, welche Ähnlichkeitskriterien berücksichtigt werden.

Soweit die Erwartung. Eine Recherche zu den (nicht sehr zahlreichen) publizierten Kategorisierungen von Sportspielen bringt allerdings ein eher überraschendes Ergebnis. Obwohl die Autoren – nach eigenen Angaben – von unterschiedlichen Klassifizierungsmerkmalen ausgehen, konvergieren die Systematiken auf der obersten Ebene zu einer Unterteilung der Sportspiele in die sogenannten **Zielschussspiele** und **Rückschlagspiele**. Diese werden dann häufig auf einer zweiten Stufe in die bekannte Vierersystematik mit den **Wurfspielen (WS)** und **Torschussspielen (TS)** einerseits sowie den **Rückschlagspielen-Einkontakt (RE)** und **Rückschlagspielen-Mehrkontakt (RM)** ausdifferenziert. Die Tabelle 1 gibt einen Überblick über die in den bisherigen Veröffentlichungen herangezogenen Kriterien der Familienähnlichkeit.

Den vorliegenden Systematiken ist gemeinsam, dass sie auf wohlbegründeten pädagogischen Argumentationen und/oder einem fundierten fachdidaktischen (praktischen) Handlungswissen beruhen. Empirische Überprüfungen zu den Einteilungen in die Zielschussspiele und Rückschlagspiele bzw.

Tab. 1: Ähnlichkeitskriterien zur Systematisierung der Sportspiele (Auswahl)

Autor(en)	Ähnlichkeitskriterien
Bremer, Pfister & Weinberg (1981)	Perzeptive, motorische und taktische Fähigkeiten auf der mittleren Ebene der Handlungsregulation
Mauldon & Redfern (1981)	Motorische Fertigkeiten (Spieltechniken)
Ellis (1983)	Spieltechniken und (basis-)taktische Kompetenzen
Medler & Schuster (2000)	Taktische und koordinative Kompetenzen
Teaching Games for Understanding: Werner, Thorpe & Bunker (1996) Butler & Griffin (2005, 2010)	Taktische Lösungskompetenzen
Tactical Awareness Approach: Mitchell, Oslin & Griffin (2006)	Taktische Lösungskompetenzen
Adolph, Hönl & Wolf (2008) Albert (2017) Scheid, Julius & Albert (2020)	Spielidee, Grundsituationen, kooperative und kommunikative Fähigkeiten, koordinative Fähigkeiten, Basistechniken, (vor-)taktische Fähigkeiten

Tab. 2: Typikalitäten der Sportspiele für die vier Sportspielgruppen (Ähnlichkeitskriterien: Bausteine der Ballschule)

Wurfspiele		Torschussspiele		Rückschlag-Einzel		Rückschlag-Mannschaft	
Basketball	82	Fußball	100	Squash	68	Beachvolleyball	84
Handball	80	Eishockey	65	Tischtennis	62	Volleyball	72
Streetball	73	Radball	65	Badminton	59	Faustball	68
Am. Football	58	Hockey	58	Tennis	59	Prellball	63
Fußball	51	Handball	55	Indiaca	51	Fußballtennis	61

zu der assoziierten Vierersystematik (WS, TS, RE, RM) liegen dagegen bis heute nicht vor. Das ist auch alles andere als einfach. Einen möglichen Anknüpfungspunkt liefern die sprachphilosophischen Überlegungen von Wittgenstein (vgl. Kapitel 1) und das daraus abgeleitete **Prototypenmodell** (Eckes & Six, 1984). Vor ihrem theoretischen Hintergrund und ausgehend von den Forschungen der Arbeitsgruppe um Klaus Willimczik, haben Haverkamp und Roth (2006) die Familienähnlichkeiten der Sportspiele auf den Prüfstand gestellt. Als (ballschulbezogene) Ähnlichkeitskriterien dienten dabei die 22 **koordinativen, technischen** und **taktischen** Basiskompetenzen (Bausteine) des „ABC des Spielenlernens" für Grundschulkinder (vgl. Roth, 2021; Band 1 der Ballschul-Reihe). Vereinfacht ausgedrückt wurden mit Hilfe von Expertenbefragungen und (Wahl-)Reaktionszeitexperimenten zunächst die Bedeutungen der sportspielübergreifenden Bausteine der Ballschule für die vier Sportspielkategorien und 20 ausgewählte Einzelspiele ermittelt. Daraus konnte mit Hilfe einer Formel von Haverkamp (2005) berechnet werden, wie gut die bekannten Sportspiele mit Blick auf ihre Anforderungs- bzw. Baustein-Strukturen in die Teilfamilien der WS, TS, RE und RM hineinpassen. Im Ergebnis erhält man für jedes Sportspiel eine **Typikalitätskennziffer** bezogen auf jede der vier Kategorien.

Die Tabelle 2 veranschaulicht, dass die Resultate der Analysen von Haverkamp und Roth (2006) in plausibler Übereinstimmung mit der traditionellen Einteilung der Sportspiele stehen. In den vier Hauptspalten sind die fünf Einzelspiele mit den jeweils höchsten Typikalitäten aufgelistet. Das sind Werte, die zwischen 0 und 100 streuen können.

Vollkommen eindeutig erscheinen die Befunde zu den RE und RM. Bei den WS und TS ergibt sich dagegen – jeweils an der fünften Stelle – eine zumindest auf den ersten Blick etwas unerwartete Zuordnung. Hier taucht bei den WS Fußball auf und bei den TS Handball. Das ist aber spätestens auf den zweiten Blick weniger erstaunlich. Dieses Resultat ist nämlich nicht so zu interpretieren, als wäre z. B. Fußball explizit als WS gekennzeichnet worden. Vielmehr weist es darauf hin, dass Fußball in seiner koordinativen, technischen und taktischen Anforderungsstruktur den klassischen WS verwandt ist. Umgekehrt sind Ähnlichkeiten in den Bausteinen zwischen Handball und den TS vorhanden. Zudem haben die Typikalitätsberechnungen gezeigt, dass Basketball, Fußball und Handball sich untereinander ähnlicher sind, als etwa die TS Fußball und Eishockey oder die WS Basketball und Wasserball. Für die Struktur der Ballschulprogramme ist auf dieser empirischen Grundlage die Entscheidung getroffen worden, ein gemeinsames Integratives Vermittlungsmodell für die Wurfspiele + Torschussspiele (= Zielschussspiele) zu entwickeln.

Die Zielschussspiele sind in der Systematik Integrativer Konzepte – zusammen mit den Rückschlagspielen – der sportspielgerichteten Zwischenstufe auf dem Weg von der sportspielübergreifenden Ausbildung hin zu den Einführungen in die einzelnen Wurf- und Torschussspiele zuzuordnen. Dazu zählen insbesondere die beliebten Sportspiele Basketball, Handball, Fußball und (Eis-)Hockey.

DEFINITION: ZIELSCHUSSSPIELE

Nicht wenige sehen in den Zielschussspielen die natürlichste Form des Spielens mit dem Ball. Werfen, Fangen, Prellen, Schießen und Dribbeln gehören – wie die Elementarformen Laufen, Klettern, Rollen, Hüpfen oder Springen – zur Alltagsmotorik von Vorschulkindern und Kindern im frühen Schulalter.

Neben ihren Ähnlichkeiten in der koordinativen, technischen und taktischen Baustein-Struktur lassen sich weitere Gemeinsamkeiten der Zielschussspiele identifizieren. Damit sind Vergleichbarkeiten in den Anforderungen angesprochen, die Göhner (1987) in seiner „Aufgabenlehre des Sports" unter dem Schlagwort „ablaufrelevante Bezugsgrundlagen" zusammengefasst hat. Sie betreffen vor allem Übereinstimmungen in der Spielidee, in den Movenda und der Art der Partnerunterstützung/Gegnerbehinderung. Aus einer Zusammenschau verschiedener Definitionen (vgl. u. a. Medler & Schuster, 2000; Kuhlmann, 2007; Adolph, Hönl & Wolf, 2008; Scheid, Julius & Albert, 2020) können die folgenden zusätzlichen Verwandtschaftsmerkmale von Zielschussspielen abgeleitet werden:

Die zentrale Gemeinsamkeit aller Zielschussspiele wird durch die beiden ersten Wortsilben zum Ausdruck gebracht. Sie verweisen darauf, dass der Spielgedanke darin besteht, das Spielgerät mit der Hand, dem Fuß oder einem Schläger zu spielen und in ein Ziel (z. B. Tor oder Korb) zu treffen.

Weitere typische – aber nicht zwingend notwendige – Charakteristika von Zielschussspielen sind:

- **Spielidee:** das Bemühen um Trefferoptimierung. Sieg und Niederlage werden durch die erfolgreich ausgeführten Zielschüsse bestimmt. Dabei geben die Spielformen insofern maximale Gelegenheit zum Werfen, Schießen oder Schlagen als auch das Zusammenspiel innerhalb oder zwischen den Gruppen anhand dieser Basiskompetenzen erfolgt das ständige

Pendeln des Spielgeschehens zwischen zwei Zielen nach dem Prinzip der Simultanität und Korrespondenz.

- **Movenda:** das Spielgerät ist ein Ball (zuweilen auch ein Puck, eine Frisbee-Scheibe, ein Rugby-Ei usw.).
- **Partnerunterstützung/Gegnerbehinderung:** die spielenden Parteien sind räumlich nicht voneinander getrennt (unmittelbare Interaktionsprozesse); gespielt wird in zwei gleichgroßen Gruppen mit individueller und mannschaftsbezogener Ballsicherung.

SYSTEMATIK DER BALLSCHULPROGRAMME

Nach den bisherigen Einordnungen ist die Position der Ballschule Zielschussspiele im Gesamtpaket der Ballschulprogramme schnell erklärt. Sie folgt auf der vierten Stufe – zusammen mit der Ballschule Rückschlagspiele – drei vorgeschalteten, sportspielübergreifenden Lehrmodellen für Kleinkinder, Kindergartenkinder und Grundschulkinder der Klassen 1 und 2 (vgl. die Stufen 1 bis 3 in Abbildung 1). Dementsprechend wurde die Ballschule Zielschussspiele vor allem für den Sportunterricht in den Klassen 3 bis 7 konzipiert. In Sportvereinen können ihre Spiele und Übungen gewinnbringend dem Anfängertraining für Handball-, Basketball-, Fußballkinder usw. vorgeschaltet werden.

Diese ballschulinterne Reihungslogik darf nicht missverstanden werden. Die idealtypische integrative Lernzielkette mit zunächst sportspielübergreifenden, dann sportspielgerichteten und schließlich sportspielspezifischen Erfahrungssammlungen ist zwar ausgesprochen sinnvoll, muss und kann in der Praxis aber nur selten in dieser Form umgesetzt werden. Daher wurden alle Ballschulprogramme – und damit auch die Ball-

Stufe 5	Ballschule: sportspielspezifisch	Fußball, Handball, Volleyball, Tennis …	6–10 Jahre
Stufe 4	Ballschule: sportspielgerichtet	Zielschussspiele Rückschlagspiele	8–12 Jahre
Stufe 3	Ballschule: ABC des Spielenlernens sportspielübergreifend		6–8 Jahre Ballschule
Stufe 2	Ballschule: Kindergartenkinder		3–6 Jahre Mini-Ballschule
Stufe 1	Ballschule: Kleinkinder		1,5–3 Jahre U3-Ballschule

Abb. 1: Programme der Ballschule Heidelberg

schule Zielschussspiele – so entworfen und inhaltlich ausgestaltet, dass sie eigenständig, je für sich durchführbar sind. Mit anderen Worten: ein Kind kann z. B. problemlos die Ballschule für Grundschulkinder besuchen, ohne an der Mini- und/oder der U3-Ballschule teilgenommen zu haben und in der Ballschule Zielschussspiele müssen nicht zwingend vorherige Erfahrungen aus den Stufen 1 bis 3 vorhanden sein.

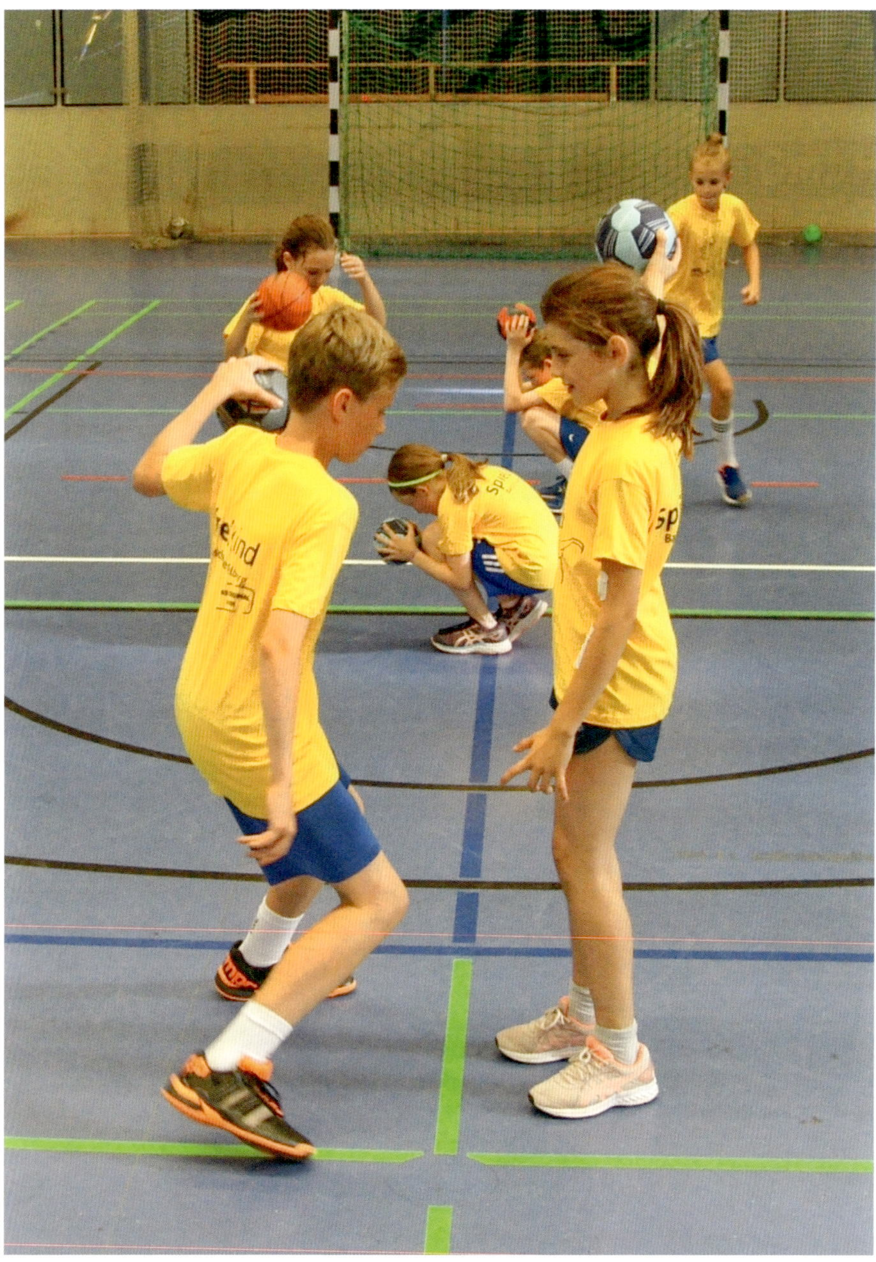

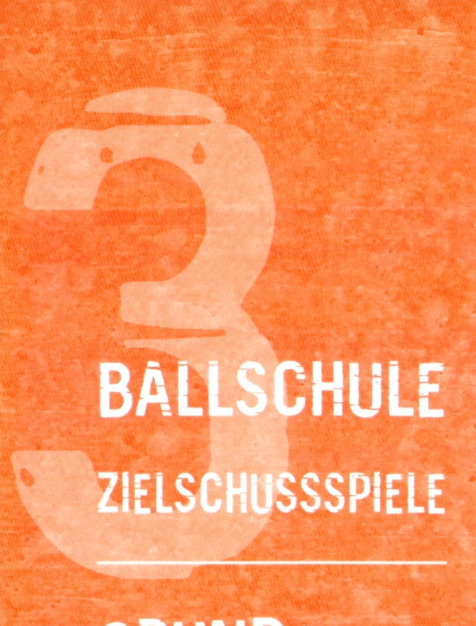

BALLSCHULE
ZIELSCHUSSSPIELE

GRUND-PHILOSOPHIE

KONZEPTIONELLE VORENTSCHEIDUNGEN

Inhaltliche Abgrenzungen und Kategorisierungen können für das Verständnis der Philosophie von Vermittlungsmodellen hilfreich sein. Mit Blick auf die Ballschule Zielschussspiele und ihre drei wichtigsten konzeptionellen Vorentscheidungen ist herauszustellen, dass sich bei der Einführung in die Welt der Sportspiele zum Teil andere methodische Rezepturen als ähnlich erfolgreich erwiesen haben. Es ist daher ein Gebot der Fairness auch den Wert jener Lehr-/Lernmodelle zu würdigen, die auf „alternativen" Grundannahmen basieren.

Vorentscheidung 1: Integrative vs. spezifisch-exemplarische Ausbildung

Die Ballschule Zielschussspiele ist – wie bereits erläutert wurde – ein Vermittlungskonzept, das sich zutiefst einer integrativen Denkweise verpflichtet fühlt. Den integrativen Lehrwegen steht eine Vielzahl von Ansätzen gegenüber, bei denen das „Ballspiel-Leben" ohne Umwege mit dem Einstieg in ein konkretes Zielspiel – z. B. in das Basketball- oder Fußballspiel – beginnt. Die Kinder werden von Anfang an mit der Spielidee und dem Anforderungsprofil eines bestimmten Mitglieds der Sportspiel-Familie vertraut gemacht.

Auch mit den sportspielspezifischen Ansätzen wird – besonders im Schulsport – die Hoffnung verbunden, positive Transferwirkungen auf das Erlernen weiterer Sportspiele zu erzielen. Die methodisch-didaktische Argumentationsrichtung dreht sich dabei geradezu um. An die Stelle des integrativen Leitsatzes **„vom Allgemeinen zum Spezifischen"** tritt das Motto **„vom Spezifischen zum Allgemeinen"**. Besonders die Vertreter des genetischen Lernens (vgl. z. B. Wagenschein,1991; Loibl, 2001; Schmidt, 2004) verweisen in diesem Kontext auf die Bedeutung des „Exemplarischen Prinzips". Durch einsichtiges Lernen und das Verstehen von Zusammenhängen werden die Kinder in die Lage versetzt, ihre Erfahrungen zu verallgemeinern, d. h. auf andere Sportspiele zu übertragen (Loibl, 2001, S. 23).

Die integrativen und spezifisch-exemplarischen Lehrmodelle sind zweifellos gleichermaßen plausibel. Beide haben sich seit Jahrzehnten in vielen Anwendungsfeldern bewährt. Niemand würde z. B. bezweifeln, dass grammatikalische Kenntnisse oder mathematische Formeln sowohl nach dem Prinzip „von der allgemeinen Regel zu den spezifischen Anwendungen" als auch nach dem Leitsatz „von den spezifischen Anwendungen zur allgemeinen Regel" erworben werden können. Zudem hat die Feststellung, dass Konzepte verschieden sind oder einer „gegensätzlichen" Vermittlungslogik folgen, nicht automatisch zur Konsequenz, dass sie in der Praxis unvereinbar wären. So hat Kröner (1982, S. 12) bereits in den 1980er-Jahren empfohlen sportartoffene und sportartspezifische Lernzusammenhänge parallel zu organisieren und für Nagel, Gloy und Kleipoedszus (1997, S. 203) lässt sich die Idee einer übergreifenden Vernetzung der Rückschlag-/Zielschussspiele sowohl über eine direkte Variation zwischen den Spielen als auch in Form eines Epochenunterrichts verwirklichen. Bei letzterem werden für einen gewissen Zeitraum einzelne Sportspiele in den Mittelpunkt von Unterrichts- oder Grundausbildungssequenzen gestellt.

Vorentscheidung 2: Spielfähigkeit im engen vs. weiten Sinne

In der sportwissenschaftlichen Literatur finden sich enge und weite Auslegungen der konkreten Ziele der Sportspielvermittlung. Der Anspruch des Lehrplans zur Ballschule Zielschussspiele konzentriert sich auf die Ausbildung von Spielkompetenzen im **engeren** Sinne. Die praktischen Spiele und Übungen in den Kapiteln 7 bis 9 sind so konstruiert und zusammengestellt, dass die Kinder primär lernen, elementare Zielschuss-Spielsituationen (taktisch) zu „lesen" und ihre (motorischen) Antworten situationsgerecht zu „schreiben".

Mit dieser (Selbst-)Beschränkung der Ballschule Zielschussspiele soll die Wichtigkeit der Ausbildung einer **weiter** gefassten **Allgemeinen Spielfähigkeit** nicht in Abrede gestellt werden. Der Begriff und die mit ihm angesprochenen zusätzlichen Lernzieldimensionen sind von Dietrich (1984) in die Sportspiel-Literatur eingebracht worden. Seine Überlegungen wurden in der Folgezeit u. a. von König (1997), Adolph, Hönl und Wolf (2008) sowie Scheid, Julius und Albert (2020) weiter elaboriert und ausdifferenziert. Im Kern sollen die Kinder über die Einbeziehung geeigneter Situationsarrangements vor allem die übergeordneten Fähigkeiten erwerben, Spiele zu entwickeln, zu inszenieren, in Gang zu halten sowie bei Störungen wiederherzustellen.

Sportlehrer und Übungsleiter sind – sofern sie der Idee der Entwicklung einer Spielfähigkeit im weiteren Sinne folgen – dementsprechend selbsttätig-kreativ gefordert, die Ballschuleinheiten auch zur Vermittlung von Kompetenzen zu nutzen, die sozusagen die Grundlagen des Spielens – das „Drumherum des Spiels" – betreffen (Kuhlmann, 1998, S. 144). Eine konsequente Umsetzung der vier – im nächsten Abschnitt beschriebenen – Ballschul-Prinzipien sollte hierfür eine geeignete Plattform liefern.

Vorentscheidung 3: Gleichwertigkeit vs. Reihungsvorschriften

Die Modelle der Sportspielvermittlung lassen sich auf einem Kontinuum mit den Polen „Ablehnung" und „Befürwortung" von Reihungsvorschriften abbilden. Von der Platzierung auf diesem Kontinuum ist es abhängig, ob methodische Konzepte wie Spiel-, Situations- und Übungsreihen als gewinnbringend eingeschätzt werden oder nicht. Die Verortung der Ballschule Zielschussspiele ist hier eindeutig. Sie ist zwar Glied einer integrativen Lernzielkette „vom Allgemeinen zum Spezifischen", für sich alleine (intern) betrachtet nimmt sie jedoch – zusammen mit einigen weiteren sportspielgerichteten Modellen (vgl. z. B. Heine & Rodefeld, 1984; Groth & Kuhlmann, 1989) – eine Position ganz links auf dem Kontinuum ein. Im Vordergrund steht der Leitgedanke der **Gleichwertigkeit**. Alle Unterrichts- bzw. Trainingsinhalte der Ballschule Zielschussspiele tragen autonomen Charakter. Sie sind „keine methodischen Teilschritte, die alsbald vom nächsten Teilschritt abgelöst werden" (Groth & Kuhlmann, 1989, S. 392).

Mehr in der Mitte des Kontinuums finden sich z. B. die sportspielübergreifenden Integrativen Vermittlungsansätze von Hilmer (1983), Müller (1995) und König (1997). Sie beruhen auf einer Einteilung der einbezogenen Spielformen in homogene Anforderungsgruppen, die nach dem Motto „vom Einfachen zum Komplexen" gereiht werden. Die Lehrwege starten mit elementaren, kooperativen Ballgewöhnungs-Spielen und verlaufen über konkurrenzorientierte Parteiballspiele hin zu Spielen mit räumlichen Zielen und Ballvariationen. Auch für die sportspielgerichteten Konzepte sind vergleichbare Abfolgen von Spielkategorien vorgeschlagen worden. Bremer, Pfister und Weinberg (1981) z. B. unterscheiden zwischen den aufeinander aufbauenden Phasen der „spielbezogenen Orientierungsbeiträge", „der strukturähnlichen Teilbeiträge" und der „sportartorientierten Teilbeiträge" und Trunk (2013, S. 138) grenzt vier Lernstufen mit Vehikel-/Kleinen Spielen, Gleichzahl-/Überzahlspielen, Mini-Sportspielen und komplexen Mannschaftsspielen voneinander ab.

Einen noch größeren Stellenwert besitzen die Reihungsvorgaben schließlich in den traditionellen Einführungen in die spezifischen Sportspiele, die eher rechts auf dem Kontinuum anzusiedeln sind. In ihnen bilden Spielreihen, die von Beginn an die Spielidee des jeweiligen Zielspiels beinhalten, so etwas wie die methodischen Hauptstraßen. Diese werden zumeist im Rahmen von Kreis- oder Spiralmodellen durch Abzweigungen auf Übungs-Nebenstraßen (Methodische Übungsreihen) ergänzt. Es ist wiederum darauf zu verweisen, dass ein Methodenpluralismus mit einem richtigen Mischungsverhältnis – in diesem Fall zwischen Einzelspielen/-übungen und methodisch gestuften Lehrwegen – den Sportunterricht und die Übungsstunden im Verein bereichern und beleben kann.

Die sportspielgerichtete Ballschule Zielschussspiele stellt ein Integratives Lehrmodell für Spielanfänger dar (1). Mit ihrer Schwerpunktsetzung auf einer Vermittlung von koordinativen, perzeptiv-motorischen und taktischen Basiskompetenzen verfolgt sie das Ziel der Entwicklung von Spielkompetenzen im engeren Sinne (2). Auch wenn die Anordnung der Unterrichts-/Trainingsinhalte keinem reinen „Anything-Goes"-Motto folgt, wird innerhalb der Ballschule Zielschussspiele auf eine Einbeziehung klassischer Spiel- und Übungsreihenkonzepte verzichtet (3).

PRINZIPIEN

Die bisherigen Einordnungen und Abgrenzungen der Ballschule Zielschussspiele sind das eine. Ihre Besonderheiten das andere. Das wohl bedeutendste (Alleinstellungs-) Merkmal aller Ballschulprogramme betrifft die Orientierung ihrer Grundphilosophie an der Metapher der früheren **Straßenspielkultur**. Das Spielen an der „frischen Luft" wurde von den Kindern selbst an ihren Könnens-/Entwicklungsstand angepasst, war in mehrfacher Hinsicht vielseitig (Spielfelder, Spielmaterialien, Spielform, Spielerzahl, Regeln, usw.), sollte vor allem Spaß machen und es gab niemanden, der ständig instruiert oder korrigiert hätte. Die hieraus abgeleiteten vier **Ballschul-Prinzipien** (vgl. Abb. 2) bilden in Kombination mit langjährigen Praxiserfahrungen und trainingswissenschaftlichen Überlegungen die Grundlage für die Beantwortung der klassischen, didaktischmethodischen Vermittlungsfragen – den Fragen nach:

- dem Wozu? (Ziele) – Prinzipien der Entwicklungsgemäßheit und der Vielseitigkeit
- dem Was? (Inhalte) – Prinzip der Freudbetontheit und
- dem Wie? (Methoden) – Prinzip des spielerisch-unangeleiteten Lernens

Prinzip der Entwicklungsgemäßheit

Dass die Zielstellungen von Förderprogrammen entwicklungsgerecht auszuwählen sind, ist eigentlich eine Selbstverständlichkeit. Wie sagt man so schön: Die Kinder müssen dort abgeholt werden, wo sie sind! Für die Ballschule Zielschussspiele bedeutet das zweierlei. Erstens ist zu berücksichtigen, welche spielbezogenen Kompetenzen Kinder im späten Schulkindalter (8 Jahre bis zur Pubeszenz) gewöhnlich mitbringen. Und zweitens – mindestens genauso wichtig – muss beachtet werden, welche Talente diese Kinder haben. Wir wissen schon lange, dass Menschen lebenslang lernfähig und trainierbar sind, aber manche Kompetenzen lassen sich besonders gut in der Kindheit, andere in der Jugend und wiederum andere im Erwachsenenalter ausbilden. Entwicklungsforscher haben hierfür einen kompli-

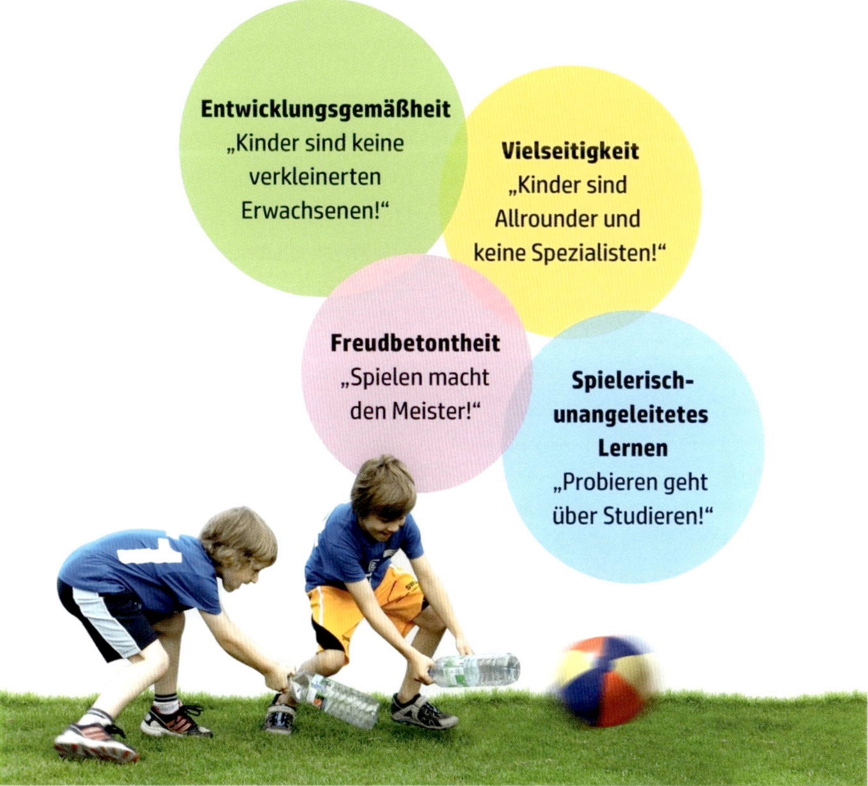

Abb. 2: Die vier Prinzipien der Ballschulprogramme

zierten Ausdruck. Sie sprechen von unterschiedlichen altersbezogenen Plastizitäten. Dieser Begriff steht in enger Verbindung mit dem Konzept der „Zone der nächsten Entwicklung". Damit ist der Raum der Verbesserungsmöglichkeiten eines Kindes zwischen seinem aktuellen und möglichen Leistungsstand gemeint, also zwischen dem, was ein Kind leistet, und dem, was es abrufen könnte, wenn es in optimaler Weise gefördert wird.

Prinzip der Vielseitigkeit

In allen Ballschulprogrammen gilt: „Vielseitigkeit ist Trumpf". Das betrifft die motorischen Ausführungsformen (Hand, Fuß, Schläger) in gleicher Weise wie die einbezogenen Lernmaterialien und die Gestaltungsregeln bzw. Rahmenbedingungen des Spielens und Übens. Der Leitsatz steht in enger Verbindung mit der integrativen Grundidee der Vermittlung breiter Spielerfahrungen und der damit assoziierten Lernzielkette „vom Allgemeinen zum Spezifischen". Daraus lässt sich allerdings nicht der Umkehrschluss ableiten, dass spezifische oder spezifisch-exemplarische Konzepte mit dem Prinzip der Vielseitigkeit unvereinbar wären.

Für den **Schulsport** ergibt sich die Bedeutung der sportspielbezogenen Vielseitigkeit direkt aus den – in dieser Hinsicht bundesweit einheitlichen – Vorgaben in den Lehrplänen für den Sportunterricht in der Primarstufe und Sekundarstufe 1 (vgl. Roth, Damm, Pieper & Roth, 2020). Aber auch im **Vereinssport** ist ein multipler Sportspielzugang von Vorteil und stellt einen geeigneten Nährboden für die Talententwicklung dar. Die Frage „Is it Wise to Specialize?" – also zur Frühspezialisierung von Kindern – wird in den trainingswissenschaftlichen Standardwerken heute mehrheitlich mit einem klaren „Nein!" beantwortet. Die aktuellen Talentmodelle folgen der Philosophie des weltweit verbreiteten **Long Term Athletic Development Model** (LTAD) (Balyi, Way & Higgs, 2013). Nach ihm beginnt die Nachwuchsschulung in den Phasen **Active Start, FUNdamentals** und **Learn to Train** mit der Förderung einer übergreifenden Physical Literacy – wir würden sagen: der Ausbildung von allgemeinen spielerischen Basiskompetenzen.

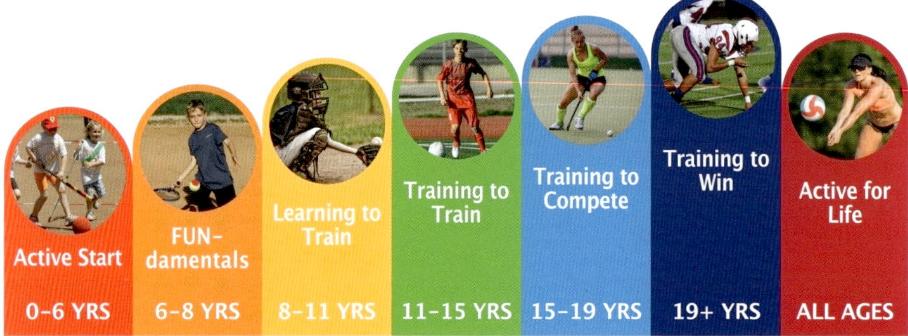

Abb. 3: Talentförderung nach dem LTAD (Sean Cochran Sports Performance, 2020; https://seancochran.com/early-sports-specialization/; Zugriff am 15. September 2022)

Prinzip der Freudbetontheit

Mit dem Prinzip der Freudbetontheit wird eine seit Beginn des vergangenen Jahrhunderts bekannte, empirisch vielfach bestätigte Erkenntnis aus der Motivationspsychologie in die Ballschulprogramme eingebracht. Sie besagt, dass Erfolgserlebnissen eine Schlüsselrolle beim Lernen zukommt. Diese Annahme wird durch aktuelle Befunde aus der Gehirnforschung zusätzlich untermauert. Die neurowissenschaftlichen Argumentationen gründen auf den Eigenschaften und Funktionen eines Botenstoffes in unserem Gehirn. Er heißt Dopamin. Welcher Zusammenhang zwischen ihm und dem Prinzip der Freudbetontheit besteht, bedarf einer Erklärung, die hier nur sehr vereinfacht wiedergegeben werden kann (vgl. Beck & Beckmann, 2010; Beck, 2013).

Dopaminausschüttungen verursachen Glücksgefühle und fördern (motorische) Aneignungsprozesse. Wie aber kommt es zu solchen segensreichen Ausschüttungen des Neurotransmitters? Die Bewegungsneurowissenschaftler geben auf diese Frage eine interessante Antwort. Der Dopaminspiegel wird erhöht, wenn nach einer Handlung das Ergebnis besser ausfällt als das Kind gedacht hat. Unerwartet gute Ausführungen bringen also Spaß und werden gelernt. Misslungene Aktionen, die zu keinem Anstieg führen, sinnvoller Weise nicht. So schnappt sich unser Gehirn über Dopamin nur die richtigen Bewegungsmuster – getreu nach dem Motto: „die Guten ins Töpfchen ...!“ (Beck, 2013, S. 12-13).

Die Spiele und Übungen der Ballschule müssen demzufolge vor allem eins mit sich bringen: **unerwartete Erfolgserlebnisse**. Das Belohnungssystem Dopamin schafft dann Motivation und macht den Kindern Lust auf mehr. Die Zauberformel lautet:

Spielen, Üben mit erlebten Lernerfolgen → Dopamin → Freude → Motivation zum Weiterlernen!

Das klappt besonders gut bei Kindern, weil sie mehr Dopaminrezeptoren haben als Erwachsene. Spielen mit Erfolgserlebnissen kann für Kinder zu einem wahren „Baden im Dopamin“ werden (Beck, 2013). An dieser Stelle kommen übrigens wieder die beiden ersten Ballschulprinzipien ins „Spiel“. Wenn Ballschulstunden viele unerwartete Erfolgserlebnisse mit sich bringen sollen, dann setzt das nahe liegender Weise voraus, dass die Lernziele in der Zone der nächsten Entwicklung der Kinder liegen (Entwicklungsgemäßheit) und dass nicht häufig oder gar ständig die gleichen Inhalte wiederholt werden (Vielseitigkeit). Je mehr verschiedene Aufgaben und Situationen zu bewältigen sind, umso größer ist das Potenzial für neue, noch nie gezeigte Lösungshandlungen mit freudvollen, positiven Einschätzungen der eigenen Leistungen.

Prinzip des spielerisch-unangeleiteten Lernens

Die Art des Spielens und Übens in der Ballschule folgt dem Motto **„Probieren geht über Studieren“.** Es ist wichtig, dass die Kinder ihre Lernprozesse von Anfang an mitgestalten und nicht dauernd instruiert oder korrigiert werden: Reden ist „Silber“; Sicherheit, Vertrauen und herausfordernde Impulse geben ist in der Ballschule „Gold“!

Was spricht für diese methodische Sichtweise? Die Antwort gliedert sich in zwei

Schritte: Wir Menschen können sehr gut „implizit lernen" und Instruktionen/Korrekturen führen zu „Inattentional Blindness".

Zunächst zum Thema **„implizites Lernen"** und damit zu der Frage: Warum kann man überhaupt lernen, wenn man unangeleitet spielt oder übt? Dass so etwas funktioniert, wird nicht jedem einsichtig sein. Nun: Lernen kann man, indem man übt, etwa Vokabeln oder Bruchrechnen. Das kennen wir alle aus der Schule. Psychologen bezeichnen das als intentionales oder explizites Lernen. Wir können uns aber auch erfahrungsbedingt – quasi nebenbei – Wissen oder Können aneignen, ohne uns anzustrengen. Dann spricht man von implizitem Lernen. Z. B. erwerben wir die Grammatiken von Sprachen vorwiegend implizit. Durch ständiges Sprechen beherrschen wir irgendwann die wesentlichen Regeln, ohne dass uns das klar sein muss und ohne dass es uns möglich wäre, diese vollständig zu benennen. Heute gilt es als unstrittig, dass das Meiste von dem, was sich Menschen über die Lebensspanne hinweg aneignen, implizit erworben worden ist.

Die Frage, warum implizites Lernen sogar besser sein kann als ein Spielen/Üben mit bewusster Reflexion bzw. mit Instruktionen und Korrekturen, beantworten Mack und Rock (1998) mit dem Verweis auf ein Phänomen, das sie als **Inattentional Blindness** bezeichnen. Dieser Begriff lässt sich nur schwer übersetzen, aber ganz gut erklären.

Wenn ein Kind gesagt bekommt, worauf es zu achten hat, dann wird seine Aufmerksamkeit eingeengt. Es schaut dann – je nach Anweisung – nur noch auf einen kleineren Situationsausschnitt und wird blind für das restliche Geschehen. Diesen Effekt machen sich auch Zauberer zu Nutze. Viele ihrer Tricks beruhen darauf, dass der Magier durch Hinweise oder Gesten die Aufmerksamkeit seines Publikums auf einen anderen Gegenstand oder eine andere Handlung lenkt. So merkt man nicht, wie der Hase in den Hut gelangt oder wie eine Kugel unter einem Becher verschwindet! Wie gut das funktioniert, haben Simons und Chabris (2011) mit ihrem berühmten Gorilla-Film veranschaulicht. Sie zeigen ein 23 Sekunden dauerndes Video, in dem sechs Personen zu sehen sind: drei in dunkler und drei in heller Kleidung. Die Spieler der beiden Dreiergruppen haben jeweils einen Basketball, den sie prellen und/oder sich untereinander zuspielen. In den Studien von Simon und Chabris haben die Probanden dann z. B. die Aufgabe erhalten, die Anzahl der Bodenberührungen des Balles und die Pässe der weißen Spieler zu zählen. Es hat sich gezeigt, dass sie mit hoher Wahrscheinlichkeit eine Person in einem schwarzen Gorilla-Kostüm übersehen, die in der Mitte des Films das Bild durchquert. Ohne diese Anweisung ist der Gorilla dagegen nicht zu übersehen. Das ist das, was Forscher mit Inattentional Blindness umschreiben.

In der Ballschule erhalten die Kinder dementsprechend keine bzw. nur sehr wenige Instruktionen und Korrekturen. Sie handeln bei den Spielen und Übungen zunehmend kompetenter und kreativer/ideenreicher, weil sie – mit uneingeschränkter Aufmerksamkeitsbreite – umfangreiche, sinnvoll strukturierte spielerische Erfahrungen sammeln können.

4

BALLSCHULE

ZIELSCHUSSSPIELE

ZIELE

SPIELERISCHE BASIS-KOMPETENZEN

Die Ziele der sportspielgerichteten Ballschulprogramme sind auf den Erwerb von altersgemäßen (1) Basiskompetenzen (2) mittleren Abstraktionsniveaus (3) gerichtet. Was ist genau damit gemeint? Der Begriff „altersgemäß“ (1) verweist darauf, dass sich die Festlegungen der Lernziele an dem Könnensstand und den Plastizitäten von Kindern der Klassenstufen 3 bis 7 zu orientieren haben **(Prinzip der Entwicklungsgemäßheit).** Die Heranwachsenden befinden sich in diesem Alter – wie Befunde aus der sportwissenschaftlichen Entwicklungsforschung zeigen – in einer trainingsgünstigen Phase für die Verbesserung der Spielfähigkeit im engeren Sinne (vgl. Kapitel 3). Ihre drei Säulen werden in der Ballschule Zielschussspiele mit den Buchstaben A, B und C gekennzeichnet. Der Zielbereich A beinhaltet koordinative, B perzeptiv-motorische und C taktische Basiskompetenzen. Zusammengenommen ergibt sich daraus das **ABC des Spielenlernens** in der Ballschule Zielschussspiele.

Die Verwendung des Begriffs „Basiskompetenzen“ (2) verweist auf den engen Situationsbezug der sportspielgerichteten Leistungsvoraussetzungen. Im Unterschied zu abstrakten Fähigkeiten werden Kompetenzen immer im Kontext bestimmter Aufgabenklassen erworben und können in ähnlichen Situationen wieder zur Anwendung kommen. Auf das ABC der Ballschule Zielschussspiele bezogen, geht es also um das Erlernen von funktionalen Lösungskompetenzen für typische Anforderungen aus dieser (Teil-)Familie der Sportspiele. Aufgrund ihrer gleichzeitigen Relevanz für verschiedene Wurf- und Torschussspiele **(Prinzip der Vielseitigkeit)** besitzen sie – im Vergleich zu den sportspielübergreifenden (Stufen 1 bis 3) und sportspielspezifischen Basiskompetenzen (Stufe 5; vgl. Abbildung 1) – einen eher **mittleren Allgemeinheitsgrad** (3).

Mit der Eingrenzung auf „altersgemäße Basiskompetenzen mittleren Abstraktionsniveaus“ ist für die Praxis der Ballschule Zielschussspiele noch nicht allzu viel gewonnen. Zur Erstellung ihres Lehrplans ist die Frage zu beantworten, wie die einzelnen, konkret zu schulenden sportspielgerichteten Bausteine systematisch ermittelt und benannt werden können. Was sind also die wichtigsten koordinativen, perzeptiv-motorischen und taktischen Basiskompetenzen für die Bewältigung von häufig wiederkehrende Situationen in den Zielschussspielen?

An dieser Stelle hilft wiederum ein Blick auf die Untersuchungsreihe von Haverkamp und Roth (2006). Sie haben in einer ihrer Teilstudien Sportspielexperten in einer Art von Assoziationsanalyse darum gebeten, für die vier Sportspielgruppierungen WS, TS, RE und RM die aus ihrer Sicht zentralen spielerischen Basiskompetenzen aufzulisten. Aus mehr als 1000 Begriffsnennungen wurden über verschiedene Kategorisierungs-/Verdichtungsschritte 28 Kompetenzen extrahiert. Diese 28 Bausteine für die vier sportspielgerichteten Gruppierungen wurden im Rahmen einer weiteren Teilstudie einer Gruppe mit anderen Experten vorgelegt. Diese sollten auf einer Skala von 1 bis 6 für jede Basiskompetenz abschätzen, wie hoch ihr Stellenwert für die Lösung von Spielaufgaben in den WS, TS, RE und RM ist. Haverkamp und Roth konnten dann mit Hilfe einer Berechnungsformel aus dem Prototypenmodell die Gesamtheit der Expertenurteile in sogenannte **Cue-Validitäten** (CV) transformieren. Niedrige CVs signalisieren, dass die betreffenden Bausteine in der Sportspielfamilie unberücksichtigt bleiben können, hohe Werte weisen auf ihre Wichtigkeit im Anforderungsprofil der jeweiligen Gruppierung hin. Für den Taktikbaustein **Ballbesitz kooperativ sichern** sind z. B. die folgenden CVs bestimmt worden:

CV (WS) = 38
CV (TS) = 36
CV (RE) = 0
CV (RM) = 26

Der Baustein spielt erwartungsgemäß in den WS und TS eine größere Rolle als in den RM und ist für die RE ohne Bedeutung.

In der Tabelle 3 sind die Ergebnisse der Suche nach den zentralen Zielsetzungen der Ballschule Zielschussspiele dargestellt. Pro Säule wurden die sieben Bausteine mit den höchsten Cue-Validitäten (> 30) ausgewählt – jeweils gemittelt über die CVs der Wurf- und Torschussspiele.

Interessant ist ein Quervergleich der Zielschussspiele mit den Rückschlagspielen. Aus einer Zusammenschau aller CV-Werte lässt sich ableiten, dass die Zielschussspiele vorrangig als taktisch determiniert zu kennzeichnen sind. Transformiert und mehrfach gemittelt kann man sagen, dass die Experten bei den WS/TS das Gewicht der Taktikbausteine mit 51 %, der perzeptiven-motorischen Basiskompetenzen mit 29 % und der koordinativen Basiskompetenzen mit 20 % angegeben haben. Bei den RE/RM dreht sich das geradezu um. Die Koordination liegt bei 45 %, die Technik bei 38 % und die Taktik bei nur 17 %.

Tab. 3: Das ABC der Ballschule Zielschussspiele: 3 x 7-Basiskompetenzen

A Koordinative Basiskompetenzen	B Perzeptiv-motorische Basiskompetenzen	C Taktische Basiskompetenzen
Zeitdruck Antizipation & Reaktion	**Flugbahn des Balles erkennen**	**Anbieten & Orientieren**
Zeitdruck Antritt & Ablauf	**Mit- & Gegenspielerpositionen /-bewegungen erkennen**	**Ballbesitz individuell sichern**
Präzisionsdruck Ergebnis	**Laufweg zum Ball bestimmen**	**Ballbesitz kooperativ sichern**
Präzisionsdruck Ablauf	**Ballannahme & -mitnahme**	**Überzahl individuell herausspielen**
Komplexitätsdruck Zeit & Präzision	**Ballbesitz kontrollieren**	**Überzahl kooperativ herausspielen**
Organisationsdruck Zeit & Präzision	**Ballabgabe & Zielschuss Winkel steuern**	**Lücke erkennen**
Variabilitätsdruck Zeit & Präzision	**Ballabgabe & Zielschuss Krafteinsatz steuern**	**Abschlussmöglichkeit nutzen**

A KOORDINATIVE BASISKOMPETENZEN

Die Entwicklungsabschnitte vor der Pubertät sind als Phasen mit einer besonders lohnenden Trainierbarkeit der koordinativen Basiskompetenzen anzusehen (vgl. Roth & Roth, 2009a). Hirtz und der Forschungszirkel N. A. Bernstein (2007) konnten in zahlreichen Studien nachweisen, dass in der Kindheit die größten durchschnittlichen Steigerungsraten erreicht werden. Am Ende der vierten Klasse verfügen die Kinder bereits über mehr als 80 % ihres Endleistungsniveaus. Systematische Übungsprogramme bewirken bei Grundschulkindern fast eine Verdoppelung des normalen koordinativen Leistungszuwachses. In diesem Sinne soll auch in der Ballschule Zielschussspiele ein „Vorsprung fürs Leben" erarbeitet werden, denn es ist immer effektiver, auf heranreifende als auf ausgereifte Funktionen Einfluss zu nehmen.

Für die Säule A haben die Befragungen von Haverkamp und Roth (2006) eine hohe Passung zu der im deutschsprachigen Raum gebräuchlichsten Systematik koordinativer Kompetenzen erbracht. Sie gründet auf Vorarbeiten von Roth, der 1982 erstmals den Begriff Druckbedingungen zur Kennzeichnung allgemeiner Anforderungen an Steuerungs- und Regelungsprozesse im Sport verwendet hat. Seine theoretischen Überlegungen und Untersuchungen führten auf der obersten Ebene zu einer Einteilung der koordinativen Kompetenzen in zwei Ka-

Tab. 4: Definition der Koordinationsbausteine

Zeitdruck – Antizipation & Reaktion: bezieht sich auf die informationell-koordinative Basiskompetenz, handlungsrelevante Situationsmerkmale frühzeitig zu erkennen und die entsprechende motorische Antwort schnellstmöglich bereitzustellen bzw. auszuwählen
Zeitdruck – Antritt & Ablauf: bezieht sich auf die koordinative Basiskompetenz, motorische Handlungen mit hoher Geschwindigkeit zu starten und auszuführen
Präzisionsdruck – Ergebnis: bezieht sich auf die koordinative Basiskompetenz, motorische Handlungen mit hoher Ziel-/Treffgenauigkeit auszuführen
Präzisionsdruck – Ablauf: bezieht sich auf die koordinative Basiskompetenz, motorische Handlungsvollzüge mit hoher Genauigkeit auszuführen
Komplexitätsdruck – Zeit & Präzision: bezieht sich auf die koordinative Basiskompetenz, nacheinander ablaufende motorische (Teil-)Handlungen schnell und mit hoher Genauigkeit miteinander zu verkoppeln
Organisationsdruck – Zeit & Präzision: bezieht sich auf die koordinative Basiskompetenz, gleichzeitig ablaufende motorische (Teil-)Handlungen schnell und mit hoher Genauigkeit miteinander zu verkoppeln
Variabilitätsdruck – Zeit & Präzision: bezieht sich auf die koordinative Basiskompetenz, motorische Handlungen schnell und mit hoher Genauigkeit zu variieren sowie an wechselnde Umgebungs- bzw. Situationsbedingungen anzupassen

tegorien: in die **Koordination unter Zeitdruck** und die **Koordination unter Präzisionsdruck**. Weitere sportartübergreifende Druckbedingungen sind dieser Unterscheidung unterzuordnen. Sie betreffen nach Neumaier und Mechling (1995; modifiziert nach Roth, 2014) die klassischen Kriterien für Koordinationsleistungen: Komplexität, Organisation und Variabilität (vgl. Tab. 4).

B PERZEPTIV-MOTORISCHE BASISKOMPETENZEN

Mit der Säule B werden perzeptiv-motorische Basiskompetenzen in die Ballschule Zielschussspiele einbezogen. Dabei geht es ausdrücklich nicht um das Erlernen spezifischer Sportspieltechniken, z. B. aus dem Handball, Basketball oder Fußball. Der entscheidende Gedanke, der von Hossner (1995) in die bewegungswissenschaftliche Diskussion eingebracht wurde, ist vielmehr darin zu sehen, dass von einem abgrenzbaren Pool perzeptiv-motorischer Puzzleteile ausgegangen wird, die für den Erfolg von vielen, vielleicht sogar mehr oder weniger aller Spielhandlungen von Bedeutung sind. Theoretisch betrachtet werden diese Puzzleteile – in Anlehnung an ein kognitionswissenschaftliches Modell des amerikanischen Philosophen Fodor (1983) – als **Module der Motorik** bezeichnet.

Auch für die Schulung der perzeptiv-motorischen Basiskompetenzen bietet das frühe

Tab. 5: Definition der perzeptiv-motorischen Bausteine

Flugbahn des Balles erkennen: bezieht sich auf die perzeptive Basiskompetenz, die Richtung, Länge und Geschwindigkeit eines heranfliegenden Balles zu antizipieren und wahrzunehmen
Mit- & Gegenspielerpositionen/-bewegungen erkennen: bezieht sich auf die perzeptive Basiskompetenz, die Positionen sowie die Laufwege und -geschwindigkeiten eines oder mehrere Mit-/Gegenspieler zu antizipieren und wahrzunehmen
Laufweg zum Ball bestimmen: bezieht sich auf die perzeptiv-motorische Basiskompetenz, die erforderliche Richtung, Länge und Geschwindigkeit des Laufwegs zum Ball zu antizipieren und festzulegen
Ballannahme & -mitnahme: bezieht sich auf die motorische Basiskompetenz, heranfliegende Bälle anzunehmen (z. B. zu fangen, zu stoppen) und flüssig (schnell & präzise) Nachfolgehandlungen anzuschließen
Ballbesitz kontrollieren: bezieht sich auf die motorische Basiskompetenz, Bälle mit Raumgewinn zu führen bzw. zu transportieren (z. B. zu prellen, zu dribbeln)
Ballabgabe & Zielschuss – Winkel steuern: bezieht sich auf die motorische Basiskompetenz, die Richtung (den Winkel) eines geworfenen, geschossenen oder geschlagenen Balles zu steuern
Ballabgabe & Zielschuss – Krafteinsatz steuern: bezieht sich auf die motorische Basiskompetenz, den Krafteinsatz bei einem geworfenen, geschossenen oder geschlagenen Ball zu steuern

Schulkindalter gute Voraussetzungen. Die Wahrnehmungsfähigkeiten, die Informationsverarbeitung und die Aufmerksamkeitsbreite verbessern sich im Alter zwischen 8 und 12 Jahren enorm (vgl. zusammenfassend Memmert, 2007). Hinzu kommt, dass sich in der Vorschul- und zu Beginn der Grundschulzeit das motorische Basisrepertoire der Kinder substanziell erweitert. Die Elementarformen Laufen, Springen, Schießen, Werfen usw. haben sich in der Regel stabilisiert, sind variantenreich verfügbar und können zunehmend sukzessiv und simultan miteinander kombiniert werden (vgl. Roth & Roth, 2009b).

Die sieben perzeptiv-motorischen Basiskompetenzen der Ballschule Zielschussspiele sind in den Tabellen 3 und 5 nach ihrer Reihung im **Phasenablauf von Spielhandlungen** geordnet. Die drei zuerst genannten Bausteine beschreiben eher perzeptive Leistungsvoraussetzungen. Der Ausgangspunkt für einzelne Spielhandlungen ist im Erkennen der Flugbahn des Balles, der Positionen bzw. der Bewegungen von Mit- und Gegenspielern sowie in der Antizipation/Wahrnehmung des eigenen Laufwegs zum Ball zu sehen. Mit dem Übergang zur Realisierungsphase folgen akzentuiert motorische Bausteine, die sich auf die Ballannahme und -mitnahme, die Ballführung sowie die Steuerung der Ballabgabe beziehen.

C TAKTISCHE BASISKOMPETENZEN

Die bei Grundschulkindern hohen Plastizitäten für die Entfaltung und Ausdifferenzierung der Informationsverarbeitungs- und Aufmerksamkeitsfähigkeiten bieten auch einen „fruchtbaren Nährboden" für die Ausbildung der sieben taktischen Basiskompetenzen. Ihre Abfolge in den Tabellen 3 und 6 orientiert sich an der üblichen Struktur bzw. Sequenzierung der Angriffs-/Abwehrhandlungen in den Zielschussspielen. Individualtaktisch betrachtet, verlaufen **Offensivaktionen** vom Anbieten & Orientieren über die individuelle Sicherung des Ballbesitzes (Spielaufbau) und das Herausspielen einer Überzahl (Zielannäherung) hin zum Erkennen von Lücken mit ihrer Nutzung für den Abschluss (Zielwurf/-schuss/-schlag). Mannschaftsbezogen schließt sich an das Anbieten & Orientieren, die kooperative Ballsicherung, das kooperative Herausspielen einer Überzahl sowie wiederum das Wahrnehmen und Ausnutzen von Abschlussmöglichkeiten an. Aufgrund der Verwandtschaftsmerkmale „Simultanität & Korrespondenz" der Ballschule Zielschussspiele werden in den Baustein-Spielen die zugehörigen, komplementären **Defensivbausteine** wie **Räumliche Positionsverteilung erkennen, Zusammenspiel stören, Kooperativ verteidigen, Lücke schließen** und **Torabschluss verhindern** automatisch mitgeschult.

Eine Besonderheit der Säule C der Ballschule Zielschussspiele besteht darin, dass innerhalb jedes Bausteins zwei Teil-Zielstellungen verfolgt werden. Die Kinder sollen lernen, die gestellten Spielaufgaben taktisch „intelligent" und taktisch „kreativ" zu lösen. Der Schwerpunkt aller Ballschulprogramme liegt dabei auf der spielerischen Kreativitätsförderung der Kinder. In der (psychologischen) Fachsprache ausgedrückt, geht es um die Verbesserung ihres divergenten taktischen Denkens, das an den Kriterien der **Flüssigkeit**, der **Originalität** und der **Flexibilität** gemessen wird. Das heißt, dass die

Tab. 6: Definition der Taktikbausteine

Anbieten & Orientieren: bezieht sich auf die taktische Basiskompetenz, zum richtigen Zeitpunkt eine optimale Position auf dem Spielfeld einzunehmen (Freilaufen/Raumaufteilung)
Ballbesitz individuell sichern: bezieht sich auf die taktische Basiskompetenz, in 1:1-Situationen, also in der Auseinandersetzung mit einem Gegenspieler, den Ballbesitz zu behaupten und Angriffsaktionen einzuleiten
Ballbesitz kooperativ sichern: bezieht sich auf die taktische Basiskompetenz, im Zusammenspiel mit Partnern den Ballbesitz zu behaupten und Angriffsaktionen einzuleiten
Überzahl individuell herausspielen: bezieht sich auf die taktische Basiskompetenz, sich durch ein „Umgehen" der Gegnerbehinderung – gegebenenfalls unter Einbeziehung einfacher Finten – einen Vorteil zu verschaffen
Überzahl kooperativ herausspielen: bezieht sich auf die taktische Basiskompetenz, sich im Zusammenspiel mit Partnern einen Vorteil zu verschaffen
Lücke erkennen: bezieht sich auf die taktische Basiskompetenz, sich ergebende Freiräume für die Chance eines „Durchbruchs", Abspiels oder direkten Punkt-/Torgewinns zu erkennen
Abschlussmöglichkeit nutzen: bezieht sich auf die taktische Basiskompetenz, zum richtigen Zeitpunkt und von einer optimalen Position auf dem Spielfeld die Chance für einen Zielwurf/-schuss/-schlag zu nutzen

Kinder erstens Kompetenzen erwerben, die sie in die Lage versetzen, viele taktische Lösungsideen zu entwickeln (Flüssigkeit). Zweitens sind dabei auch seltene und zugleich angemessene Antworten auf die Spielaufgaben gefordert (Originalität). Und drittens ist es wichtig, dass die Kinder in unterschiedlichen Situationen nicht immer auf das gleiche Repertoire zurückgreifen, sondern variable, kontextbezogene Lösungen berücksichtigen (Flexibilität).

Dass sich die Ballschulprogramme für eine kindgerechte Kreativitätsförderung bestens eignen, hat wiederum mit dem **Prinzip der Vielseitigkeit** zu tun. In der allgemeinen Kreativitätsforschung gilt die Sammlung umfassender und breit gestreuter Erfahrungen als eine der wichtigsten Bedingungsvariablen für die Herausformung bereichsspezifischer kreativer Kompetenzen (vgl. Sternberg, 1999; Runco, 2007). Roth (1996) hat diese Hypothese bereits vor der Gründung der Ballschule auf die Anfängerausbildung in den Sportspielen übertragen. Sie wird mittlerweile durch eine Reihe quasi-experimenteller (vgl. Roth, Raab & Greco, 2000) und experimenteller Untersuchungen (Memmert & Roth, 2007) sowie durch Biografiestudien aus der Expertiseforschung (vgl. z. B. Côté, Baker & Abernethy, 2003) gestützt.

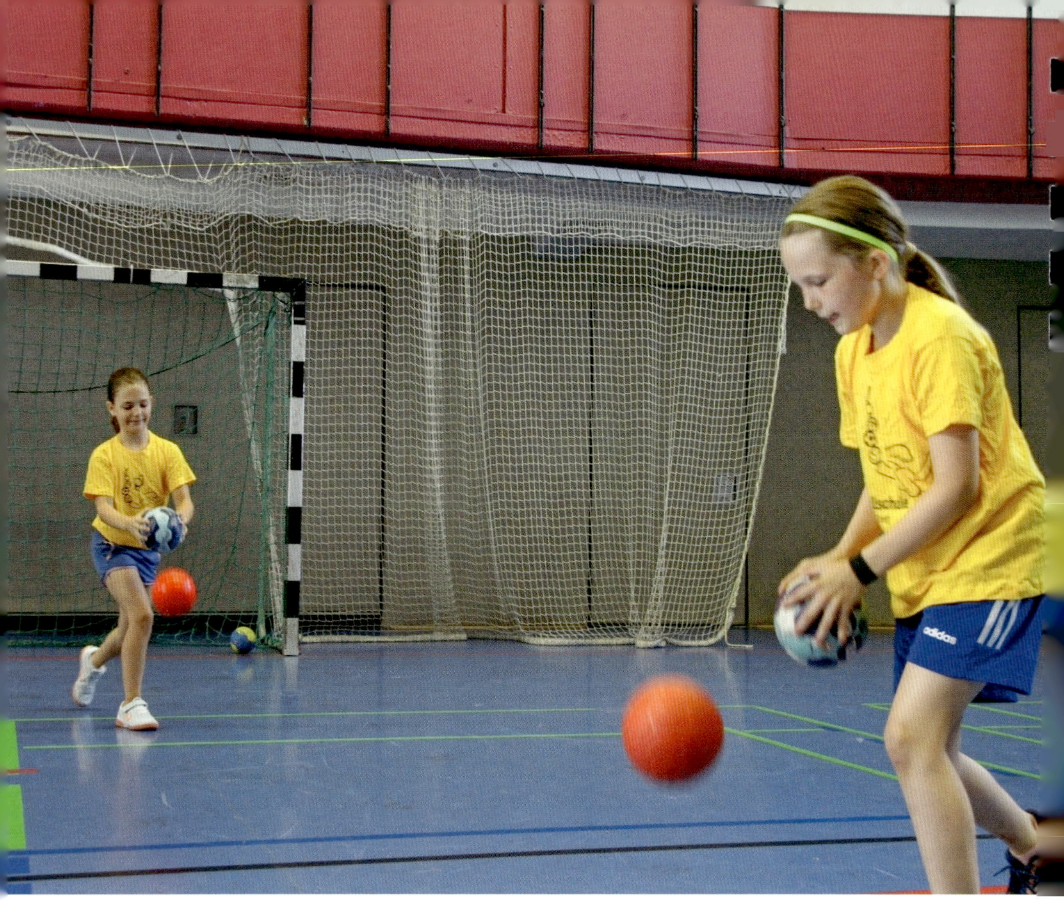
Ballschule
adidas

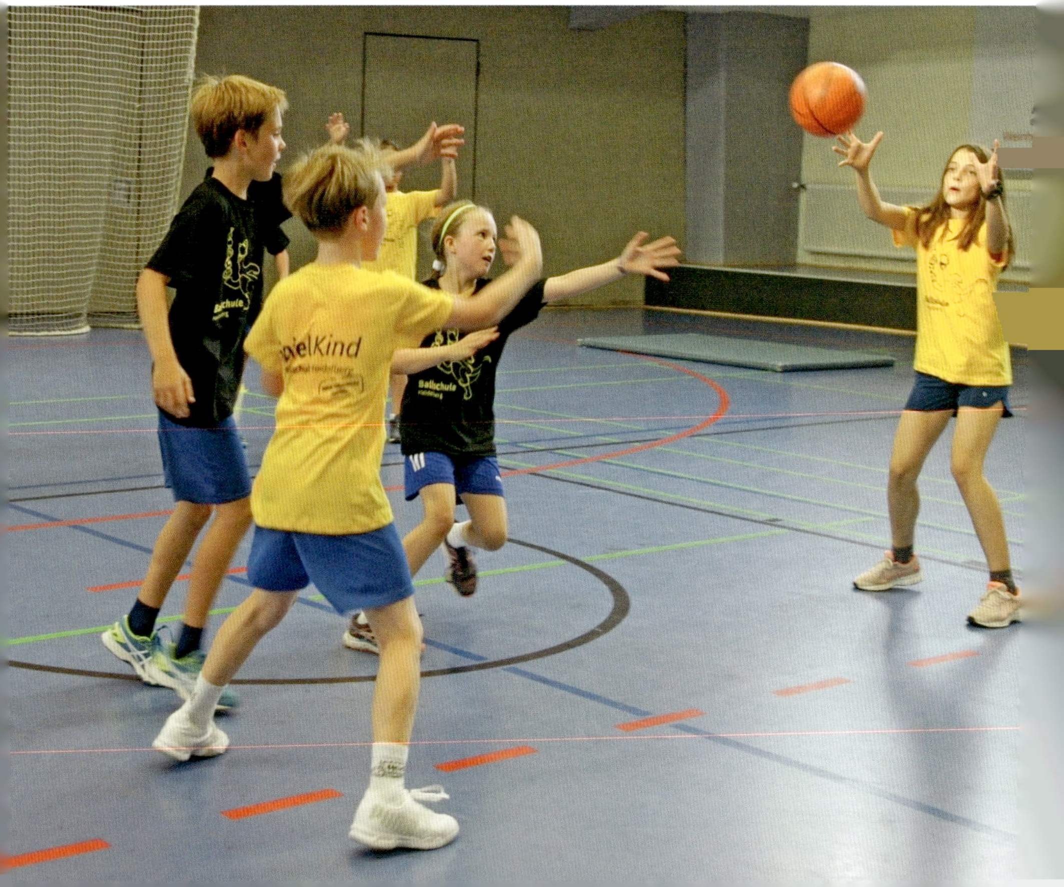
Ballschule

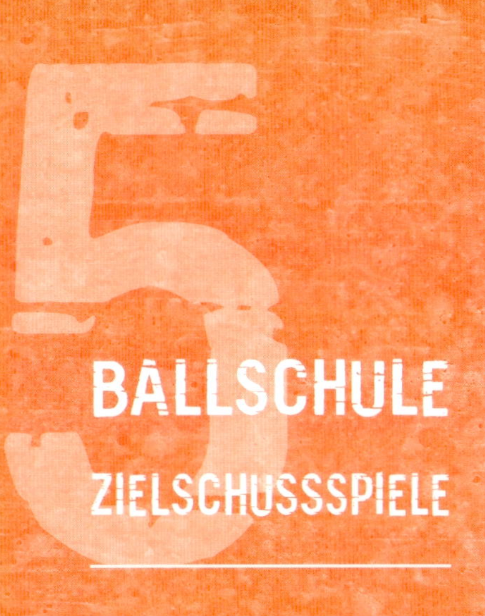

BALLSCHULE ZIELSCHUSSSPIELE

INHALTE UND METHODEN

INHALTE

„Kinder fassen die Natur spielerisch an! Jedes Kind „muss" spielen. Spielen – so sagt man – ist Kinderrecht" (vgl. UN-Kinderrechtskonvention Artikel 31: Recht auf Ruhe, Freizeit & Spiel).

Im Kindergarten- und Grundschulalter kommt dem freudbetonten **Spielen** eine Schlüsselrolle beim Lernen zu. Dieser Aussage wird wohl keine Pädagogische Fachkraft und kaum ein Pädagoge oder Entwicklungspsychologe widersprechen. In den frühen Ballschul-Programmstufen (vgl. Abb. 1: Stufen 1 bis 3) steht daher das Motto „Spielen macht den Meister" im Vordergrund. Das ist bei der Mehrzahl der sportspielübergreifenden Integrativen Einführungskonzepte nicht anders.

Unstrittig ist aber auch, dass spätestens ab der vierten Stufe der Ballschulsystematik dem ergänzenden **Üben** allmählich ein zunehmender Stellenwert zukommt. In der Ballschule Zielschussspiele ist für einseitige Entweder-Oder-Positionen kein Platz mehr. Es geht vielmehr um die richtigen Rezepturen, also um die Gewichtungen und Kombinationsmöglichkeiten der spielerischen und übungsorientierten Unterrichts-/Trainingsinhalte.

Bei der Beantwortung der Frage, wie genau gespielt und geübt wird, steht die Ballschule Zielschussspiele in unterschiedlichen gedanklichen Verwandtschaftsgraden zu den bis heute veröffentlichten Vermittlungsmodellen. Ein „eineiiges Zwillingskonzept" gibt es dabei nicht. Auf der Ebene der Inhalte ist vor allem mit der Idee der **Baustein-Spiele** und **Baustein-Übungen** so etwas wie ein Alleinstellungsmerkmal verbunden. Sie sind für die Ballschulprogramme neu erstellt oder aus Modifikationen bestehender Spiele/Übungen entwickelt worden.

Baustein-Spiele

In der Ballschule Zielschussspiele bleiben die Großen Sportspiele (Tennis, Volleyball usw.) in ihrer traditionellen Form unberücksichtigt. Angeboten werden stattdessen sogenannte Baustein-Spiele. Sie heißen z. B. Flipperkasten, Domino-Staffel, Rohes Ei, Dribbeln im Hagelsturm oder Abschluss-König. Die Konstruktion der Baustein-Spiele beruht auf drei Grundgedanken:

1. In den Spielen werden einzelne oder mehrere der 21 Basiskompetenzen aus Tabelle 1 immer wieder, in hoher zeitlicher Dichte gefordert und damit auch verbessert. Das heißt, dass die Spiele so entworfen wurden, dass die Kinder ständig mit gleichen, wiederkehrenden Aufgabenstellungen konfrontiert werden, z. B. den Ballbesitz individuell oder kooperativ zu sichern, Lücken zu erkennen, Abschlussmöglichkeiten zu nutzen usw. Die Baustein-Spiele sind vor allem in der Taktik-Säule C der Ballschule Zielschussspiele als „Inhalte der Wahl" anzusehen.
2. Die meisten Spiele lassen sich sowohl mit der Hand, dem Fuß oder dem Schläger durchführen (vgl. Prinzip der Vielseitigkeit; Kapitel 3).
3. Die Baustein-Spiele sind – mit Blick auf die zu lösenden Spielsituationen – unterschiedlich anspruchsvoll gestaltet. Dies wird im Praxisteil über die Zuordnung von **Komplexitätskennziffern** (I, II oder III) zum Ausdruck gebracht. Sie helfen

dem Sportlehrer/Übungsleiter, die Spielauswahl dem Leistungsniveau der Kinder anzupassen. Zu beachten ist, dass die Ziffern I, II oder III ausdrücklich keine Reihungskriterien für so etwas wie Methodische Spielreihen darstellen. Alle Spiele tragen – dem im Kapitel 3 erläuterten Aspekt der **Gleichwertigkeit** entsprechend – eigenständigen Charakter.

Baustein-Übungen

Die Kinder können auch beim Üben in der Ballschule Zielschussspiele Spaß haben und viele Erfolgserlebnisse sammeln (vgl. **Prinzip der Freudbetontheit**; Kapitel 3). Der Schwerpunkt der Baustein-Übungen ist auf die Zielbereiche A und B aus Tabelle 1 gerichtet. Ihre Gestaltungsmerkmale entsprechen „eins zu eins" den Konstruktionskriterien für die Baustein-Spiele. Die Übungsaufgaben dienen der Verbesserung einzelner oder mehrerer Basiskompetenzen, können in aller Regel mit der Hand, dem Fuß oder mit Schlägern gelöst werden und sie stehen für sich selbst, markieren also keine Teilschritte im Rahmen von Methodischen Übungsreihen. Für jede Übung wird wiederum eine Komplexitätskennziffer zwischen I und III angegeben.

METHODEN

Die wichtigsten methodischen Eingriffsmöglichkeiten von Sportlehrern und Übungsleitern bei der Steuerung von Lehr-/Lernprozessen betreffen die Informationsvorgabe (Instruktion), die Informationsrückmeldung (Korrektur) und die Festlegung der Trainingsformen (Spiele und Übungen). Dass in Ballschulstunden möglichst „sparsam" instruiert und korrigiert werden sollte, ist im Zusammenhang mit dem **Prinzip des impliziten Lernens** beschrieben und begründet worden (vgl. Kapitel 3). Dieser Leitsatz besitzt im Bereich der sportspielgerichteten Konzeptionen bis heute eher den Charakter eines „Minderheitenvotums". Sehr viel häufiger werden explizite Lehrwege und mit ihnen die Formel „explizites vor implizitem Lernen" präferiert. Die bekanntesten Modelle dieser Art – das „Teaching Games for Understanding (TGFU)" (Butler & Griffin, 2005; 2010) und der „Tactical Awareness Approach (TAA)" (Mitchell, Oslin & Griffin, 2021) – kommen aus der englischsprachigen Fachliteratur.

Vorläufer der Ballschul-Philosophie mit Plädoyers für zunächst weitgehend unangeleitete Erfahrungssammlungen finden sich nur vereinzelt, z. B. bei Fensky (1989, S. 408) und indirekt im Rahmen der „aufgaben-induktiven Methodik" von Nagel, Gloy und Kleipoedszus (1997, S. 204). Für Fensky (1989, S. 409) lautet der wichtigste Grundsatz: „Spielen/Üben lassen: Nicht abbrechen nach vorgegebenen Zeiten, nicht unterbrechen, um unter speziellen Zielperspektiven, die der Lehrer im Kopf hat, zu verändern". Interessanterweise begründet Fensky (1989) diesen methodischen Standpunkt mit dem Anspruch einer frühen Förderung der spielerischen Kreativität – also mit einer Zielstellung, die auch in der Taktiksäule C der Ballschule Zielschussspiele eine zentrale Rolle spielt.

Für die konkrete Ausgestaltung der Trainingsformen, also der Baustein-Spiele und -Übungen, wird in der Ballschule von drei einfachen, gedankenverwandten „Wenn-dann-Überlegungen" ausgegangen:

- Wenn Basiskompetenzen der Säule A zu schulen sind, dann müssen die Anforderungen an die Kompetenzen aus den Säulen B und C gering gehalten werden.
- Wenn Basiskompetenzen der Säule B zu schulen sind, dann müssen die Anforderungen an die Kompetenzen aus den Säulen A und C gering gehalten werden.
- Wenn Basiskompetenzen der Säule C zu schulen sind, dann müssen die Anforderungen an die Kompetenzen aus den Säulen A und B gering gehalten werden.

Diese methodischen Regeln lassen sich unschwer begründen. Wenn man z. B. bei der Schulung der koordinativen Basiskompetenzen (Säule A) einerseits an die (koordinativen) Könnensgrenzen der Kinder herangehen und sie andererseits aber nicht überfordern will, dürfen beim Umgang, z. B. mit **Zeitdruck** oder **Präzisionsdruck**, nicht gleichzeitig auch noch schwierige perzeptiv-motorische (z. B. **Spielpunkt des Balles bestimmen**) oder taktische Aufgaben (z. B. Lücke erkennen) zu bewältigen sein. Die Koordinationsschulung in der Ballschule Zielschussspiele basiert demnach in erster Linie auf Übungen mit Druckbedingungen aus der **Säule A** sowie auf der Einbeziehung von überlernten, stabil beherrschten motorischen Elementarformen (Werfen, Fangen, Prellen, Schießen, Köpfen, Schlagen, Rollen usw.), die unter weitgehend konstanten Situationsbedingungen (Ausnahme: Variabilitätsdruck) auszuführen sind.

Schulung der
Koordinationsbausteine (A)
=
schwierige koordinative Aufgaben
(Druckbedingungen)
+
einfache perzeptiv-motorische (B)
und
einfache taktische Aufgaben (C)

Bei den perzeptiv-motorischen (B) und taktischen Bausteinen (C) führen dieselben Überlegungen, die der Koordinationsgleichung zugrunde liegen, zu entsprechenden Veränderungen in den methodischen „Zutatenlisten“. In den Übungs-/Spielformen zur **Säule B** sind – für die Kinder (zu) anspruchsvolle – koordinative und situativ-taktische Anforderungen zu vermeiden. Sie sollten daher beispielsweise keine zusätzlichen Zeit-, Präzisions- oder Organisationsdruckaufgaben enthalten.

Schulung der
perzeptiv-motorischen Bausteine (B)
=
schwierige perzeptiv-motorische
Aufgaben (Druckbedingungen)
+
einfache koordinative (A)
und
einfache taktische Aufgaben (C)

Analog gilt für die Taktikbausteine, dass in den Spielen der **Säule C** (z. B. zum Baustein **Überzahl kooperativ herausspielen**) die koordinativen und perzeptiv-motorischen Aufgabenanteile einfach zu gestalten sind.

Schulung der Taktikbausteine (C)
=
schwierige taktische Aufgaben
(Druckbedingungen)
+
einfache koordinative (A)
und
einfache perzeptiv-motorische
Aufgaben (B)

Das „Methoden-Resümee" zur Ballschule Zielschussspiele ist damit schnell gezogen. In ihrem ABC werden die drei „Buchstaben-Bereiche" nach unterschiedlichen Grundformeln geschult. Eine Kombination bzw. Vermischung der Inhalte aus zwei oder drei Säulen (Komplextraining) gewinnt erst in fortgeschrittenen Lernstadien der sportspielgerichteten Ballschul-Ausbildung an Bedeutung.

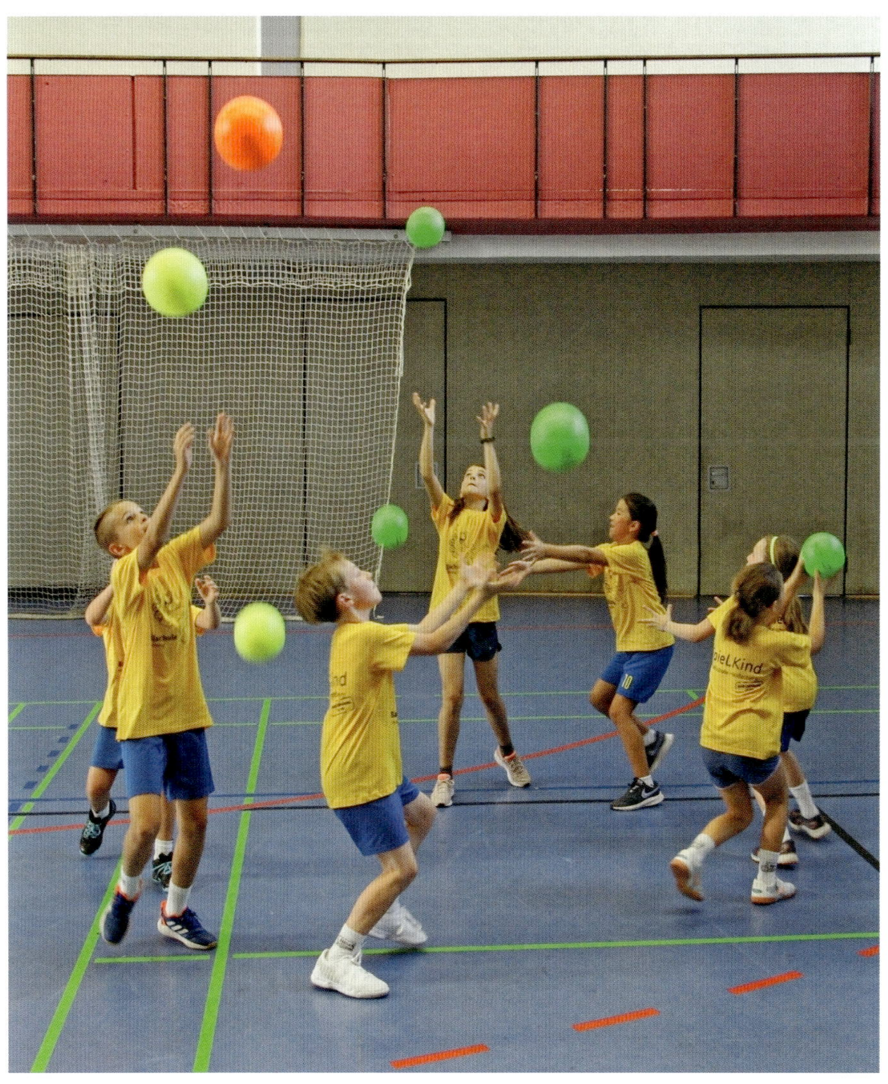

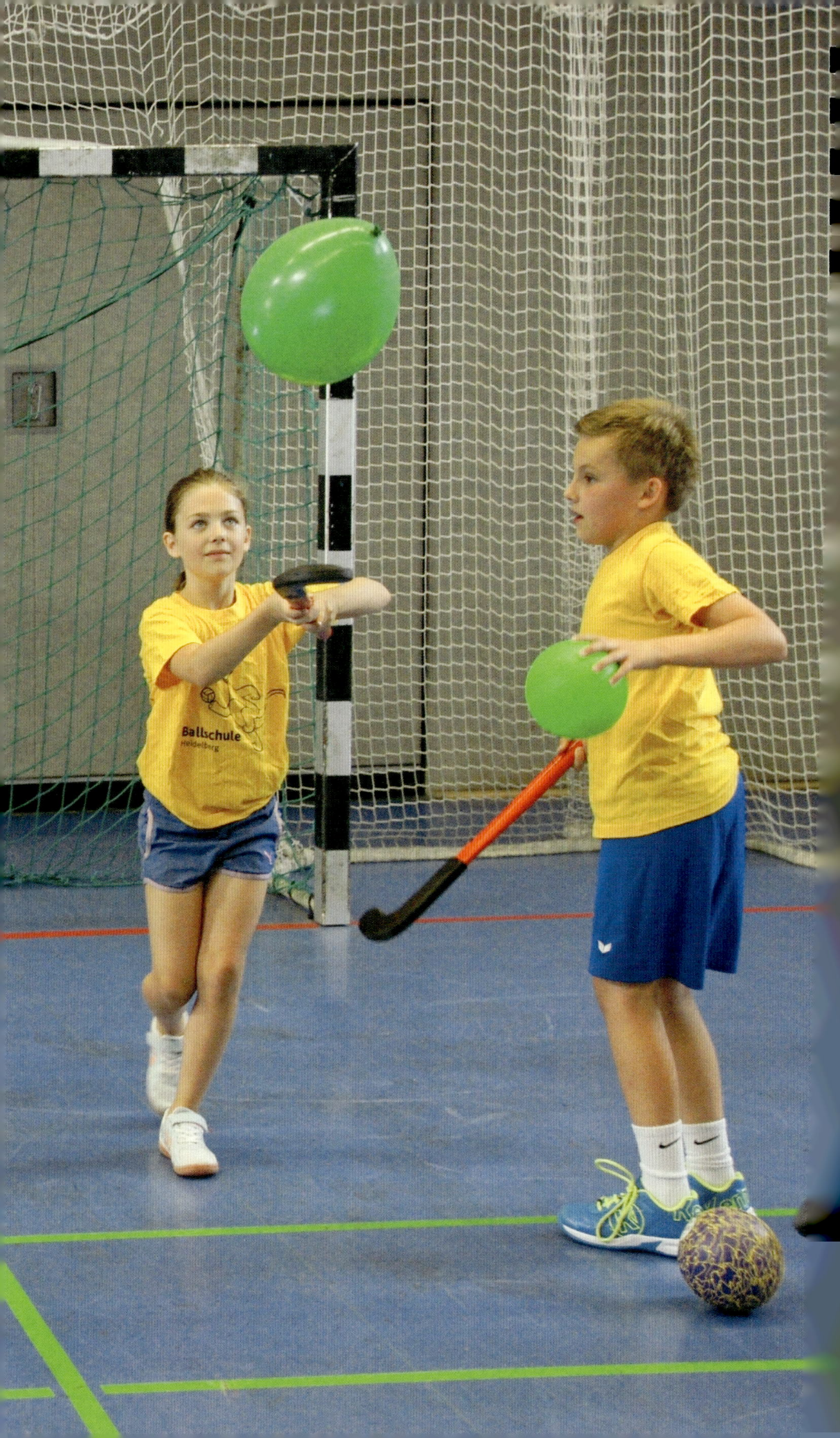
Ballschule

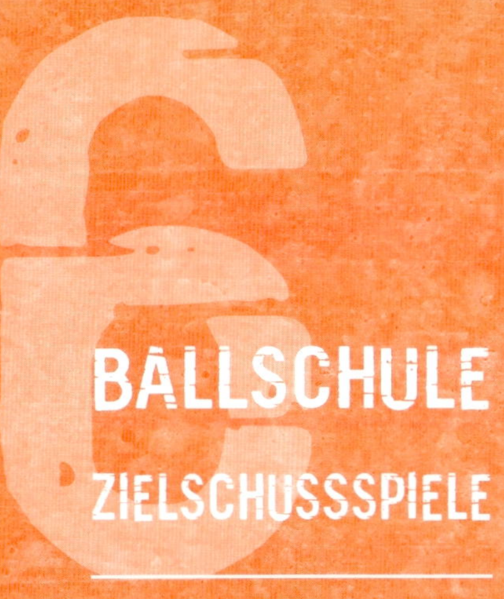

BALLSCHULE ZIELSCHUSSSPIELE

PRAKTISCHE BEISPIEL-SAMMLUNG:

EINFÜHRUNG

GLIEDERUNG UND ORDNUNGSKRITERIEN

Die Ziele, Inhalte und Methoden der Ballschule Zielschussspiele wurden in den Kapiteln 4 und 5 dargestellt. Im Folgenden geht es um Beispielsammlungen für die Unterrichts- und Trainingspraxis. Die Abfolge der Kapitel 7 bis 9 orientiert sich dabei am ABC der Ballschule Zielschussspiele. Das Kapitel 7 enthält Baustein-Übungen zur Säule A (Koordination). In den Kapiteln 8 und 9 werden Trainingsformen zu den perzeptiv-motorischen und taktischen Basiskompetenzen präsentiert. Innerhalb der Säulen A, B und C sind die Spiel- und Übungsvorschläge nach der Reihung der Basiskompetenzen in den drei Spalten der Tabelle 3 geordnet. Das Kapitel 9 beginnt z. B. mit Spielen zum **Anbieten & Orientieren** und endet mit Spielbeispielen zum Baustein **Abschlussmöglichkeit nutzen.**

LERNMATERIALIEN

Es gibt kaum Spielgeräte, die Kinder so faszinieren wie Bälle. Die vergleichsweise günstigen Anschaffungspreise und die unzähligen Möglichkeiten ihres Einsatzes lassen sie zu einem unverzichtbaren Bestandteil der Ausstattung von Schul- und Vereinssportstätten werden. Für die Umsetzung der Ballschule Zielschussspiele ist es wichtig, dass auf ein ausreichendes Repertoire an Bällen, kleinen Spiel-/Übungsmaterialien und Sportgeräten zurückgegriffen werden kann. Die Tabelle 7 gibt einen Überblick über die Lernmaterialien, die bei einer Durchführung der Ballschule Zielschussspiele vorhanden sein sollten.

Tab. 7: Lernmaterialien

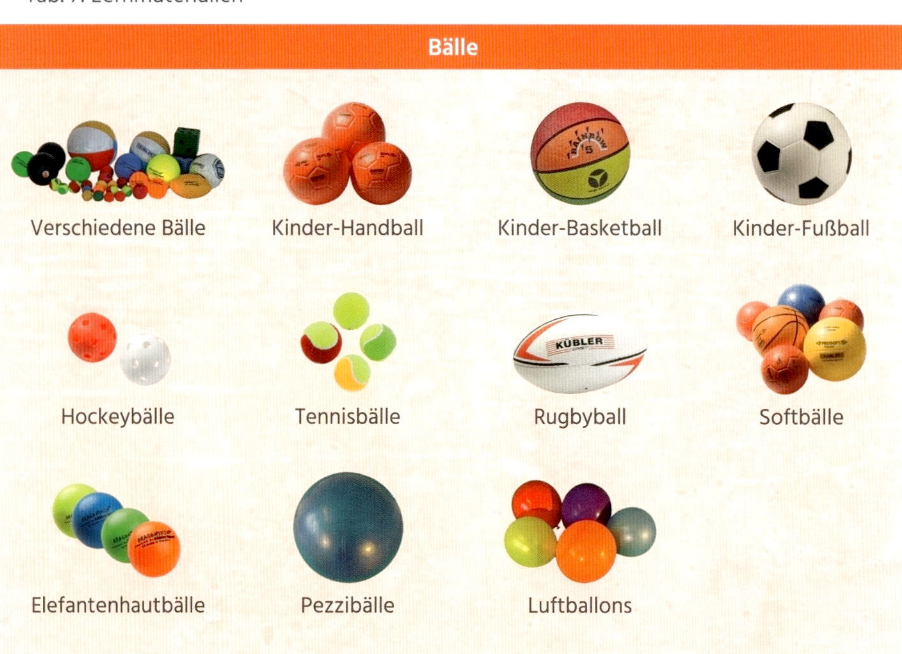

Kleine Spiel-/Übungsmaterialien

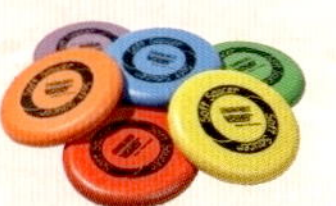
Frisbees

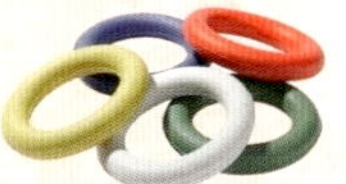
Tennisringe

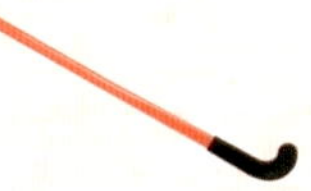
(Hockey-)Schläger

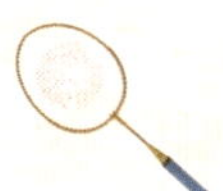
Badmintonschläger

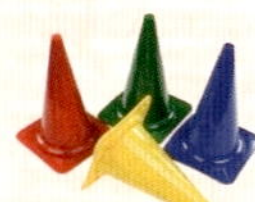
Hütchen

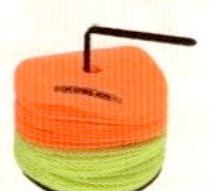
Markierungsscheiben

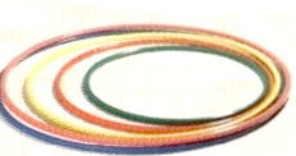
Gymnastikreifen

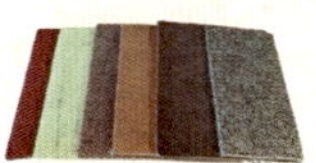
Teppichfliesen

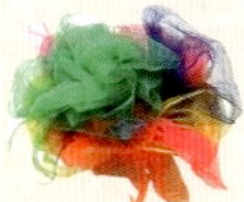
Tücher

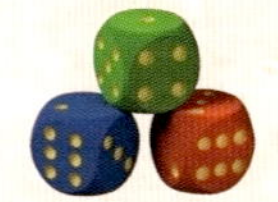
Schaumstoffwürfel

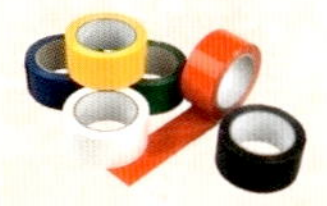
Markierungsbänder

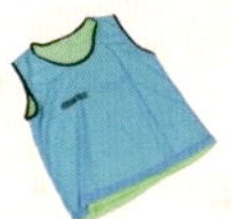
Leibchen

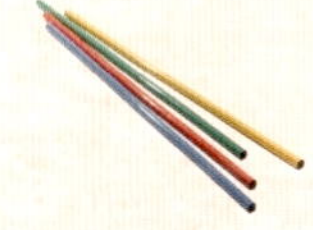
Gymnastikstäbe

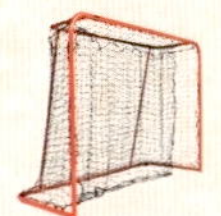
Kleines Tor

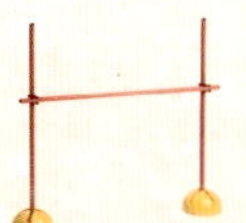
Torstangen

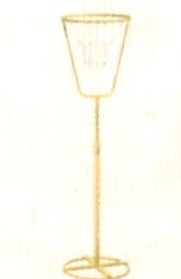
Korbständer

Sportgeräte

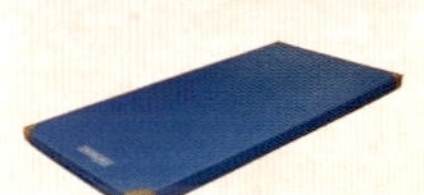
Turnmatte

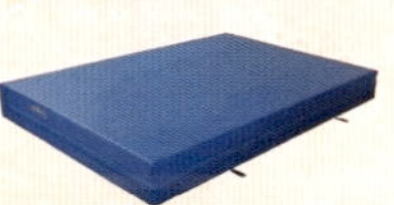
Weichbodenmatte

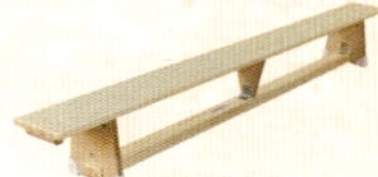
Bank

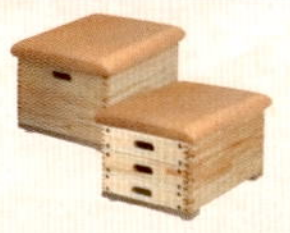
Kleiner Kasten

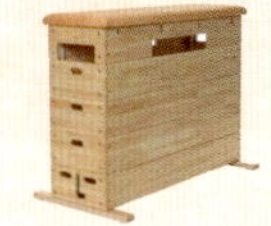
Großer Kasten
Kastenteile

KÜBLER SPORT

Für die Kooperationspartner der Ballschule Heidelberg hat die Firma Kübler passende, rabattierte Ballschul-Basispakete zusammengestellt.
https://www.kuebler-sport.de/themen/ballschule/

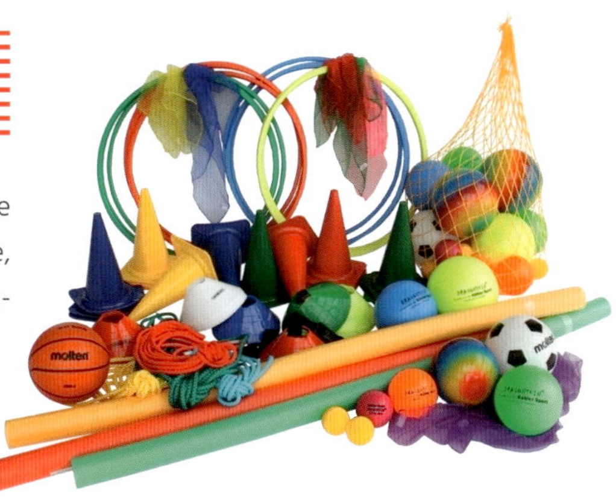

DARSTELLUNGSFORM

Die Beschreibungen der Spiele und Übungen in den Kapiteln 7 bis 9 sind einheitlich gestaltet und nehmen in aller Regel jeweils genau eine Buchseite ein. Sie beginnen mit drei Kopfzeilen. In der **obersten** Zeile steht der Name des Spiels/der Übung. Darunter – in der **mittleren** Zeile – finden sich Fotos der benötigten Lernmaterialien und ein Symbol für die möglichen motorischen Ausführungsformen (Hand, Fuß, Schläger). Die **untere** Zeile startet mit der Angabe derjenigen Basiskompetenz aus Tabelle 3, die in dem Spiel/der Übung mit höchster Priorität verbessert werden soll. Daran schließen sich maximal zwei weitere Bausteine an, die zusätzlich mitgeschult werden können. Je dunkler der Grundton der roten Unterlegungen ist, umso bedeutsamer sind die markierten Basiskompetenzen für die Bewältigung der Spiel-/Übungsaufgabe. Am Ende der dritten Kopfzeile wird der Schwierigkeits-/Komplexitätsgrad eingeschätzt: Stufe I = gering, II = mittel, III = hoch. Diese Bewertungen stellen allerdings nur Orientierungshilfen dar. Wie kompliziert das Spiel/die Übung für eine Gruppe oder Klasse tatsächlich ist, hängt vom jeweiligen Lern- und Entwicklungsstand ab.

Unter den Kopfzeilen werden die Spiele/Übungen über Grafiken oder Fotos veranschaulicht und verständlich erklärt. Den Abschluss bilden organisatorische Hinweise sowie Beispiele für sinnvolle Variationen. Bei den Variationen werden in Klammern erneut die – u. U. veränderten – Aufgabenschwierigkeiten angegeben.

SPIEL-/ÜBUNGSNAME

Fotos der benötigten Lernmaterialien

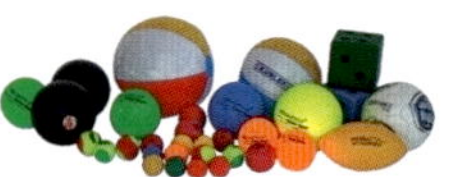

Symbol(e) für die motorische(n) Ausführungsform(en)

Wichtigster Baustein	Weitere Bausteine		I–III

Grafik oder Foto der Spiel-/Übungsform

SPIELIDEE / ABLAUF

Text zur Erklärung der Spielidee oder des Übungsablaufs

ORGANISATORISCHE HINWEISE

VARIATIONEN

- (I–III)

7

BALLSCHULE

ZIELSCHUSSSPIELE

KOORDINATIVE BASIS-KOMPETENZEN

REGISTER

Name der Baustein-Übung	Komplexität	Motorische Ausführung	Seite
Komplexitätsdruck - Zeit & Präzision			
Dribbel-Raub	I	Fuß, Hand, Hockeyschläger	64
Bushaltestelle	I	Fuß, Hand, Hockeyschläger	65
Partnerübungen	I, II, III	Hand, Fuß	66
Schnelle Beine	II	Hand	68
Flipperkasten	II	Hand, Fuß	69
Organisationsdruck - Zeit & Präzision			
Pass-Lauf	II	Hand, Fuß	70
Treffer-Wettkampf	II	Hand, Fuß	71
Luftballon-Jonglage	II	Fuß, Hand	72
Zwei-Ball-Prellen	II	Hand	73
Multi-Tasking	III	Fuß, Hand	74
Variabilitätsdruck – Zeit & Präzision			
Gutes Auge	I	Hand, Fuß, Hockeyschläger	75
Ball-Hochhalten	II	Hockeyschläger	76
Zahlen-Ronaldo	I	Hand, Fuß	77
Ballgefängnis	II	Fuß, Hockeyschläger	79
Farbvariationen	II	Hand	80

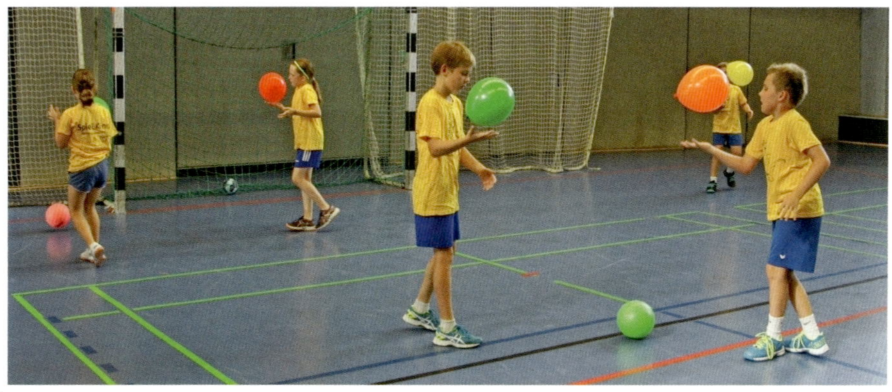

TORHÜTER

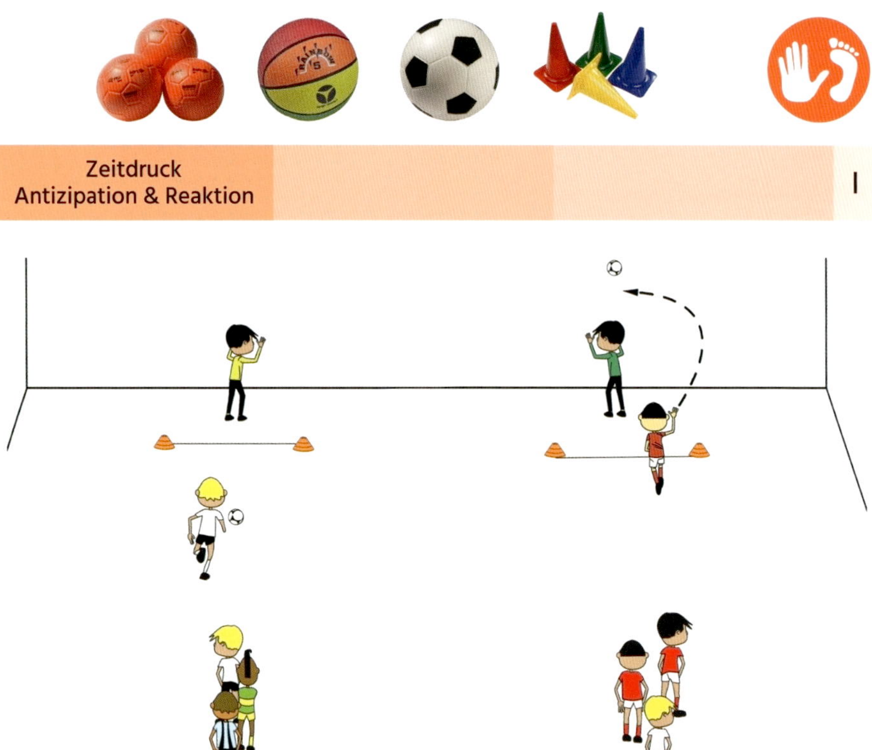

SPIELIDEE / ÜBUNGSABLAUF

Links und rechts neben dem Tor steht jeweils ein „Torhüter" mit dem Gesicht zur Wand. Die Kinder der beiden zugehörigen Teams prellen nacheinander bis zu einer Abwurflinie (ca. sechs Meter von der Wand entfernt) und werfen über ihren Torhüter hinweg gegen die Wand. Der Torhüter versucht, den Ball direkt (zwei Punkte) oder nach einmaligem Aufspringen (ein Punkt) zu fangen. Nach zehn Würfen werden die Torhüter gewechselt, solange bis jedes Kind einmal Torhüter war. Welches Kind hat die meisten Punkte erzielt? (eventuell Teamwertung).

HINWEISE

- Das Spiel kann auch mit dem Fuß durchgeführt werden. Der Ball wird jetzt flach (links oder rechts) am Torhüter vorbei geschossen

VARIATIONEN

- Ein „Rebounder" steht mit dem Gesicht zum Basketballkorb. Die Kinder dribbeln aus der Mitte zum Korb und werfen gegen das Brett. Der „Rebounder" versucht, den abspringenden Ball direkt zu fangen, zum Korb zu gehen und zu werfen **(II)**

SCHWARZ-WEISS-FANGEN

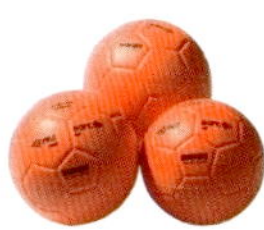
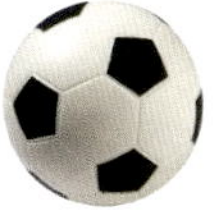
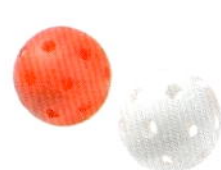
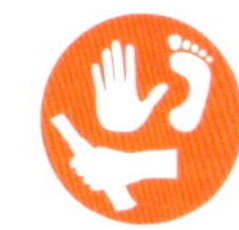

Zeitdruck Antizipation & Reaktion	Zeitdruck Antritt & Ablauf		I

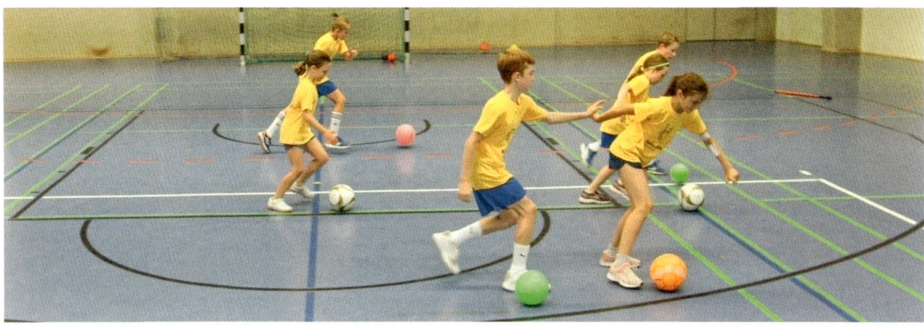

SPIELIDEE / ÜBUNGSABLAUF

Die Kinder stehen sich paarweise im Abstand von ca. ein bis zwei Metern gegenüber und schauen sich gegenseitig an. Hinter den Kinderpaaren wird auf beiden Seiten eine Ziellinie festgelegt, die mindestens fünf Meter von der Hallenwand entfernt liegen sollte. Eine Linie steht für die Farbe „schwarz" (oder eine andere Farbe, ein Tier usw.), die andere für „weiß". Jedes Kind hat einen Ball. Der ÜL ruft nun „schwarz" oder „weiß" und die Kinder prellen in die genannte Richtung. Das weiter entfernte Kind (das Kind, dessen Farbe nicht genannt wurde) versucht, das andere einzuholen/zu überholen und als erstes die Ziellinie zu überqueren.

VARIATIONEN

- Um den kognitiven Anteil der Aufgabe zu erhöhen, ruft der Übungsleiter z. B. „Schneemann" – womit weiß gemeint ist – und „Schornsteinfeger" für schwarz **(II)**
- Der ÜL kann auch bestimmte Zahlen oder andere Farben, Tiere oder Namen bestimmen, die für schwarz oder weiß stehen und zwischen diesen in seinen Ansagen wechseln **(II)**
- Wenn der ÜL jetzt „weiß" ruft, ist schwarz gemeint und umgekehrt **(III)**
- Die Kinder bekommen Rechenaufgaben gestellt. Beispiel: Ist das Ergebnis eine gerade Zahl, sprinten sie zur weißen, ist es ungerade, zur schwarzen Ziellinie **(III)**

HINWEISE

- Das Spiel kann auch mit dem Fuß oder dem Hockeyschläger durchgeführt werden (dribbeln)

AB DURCH DIE MITTE

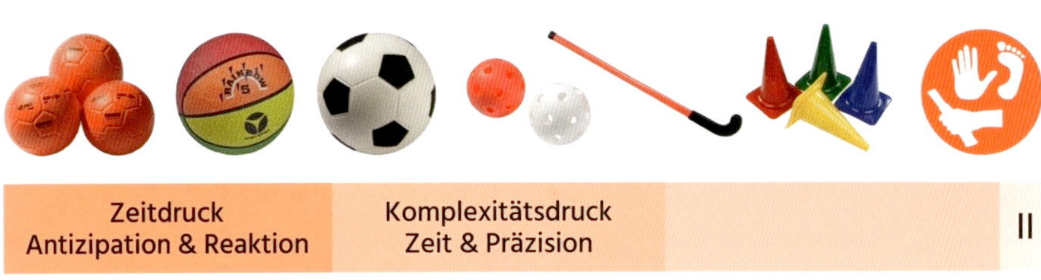

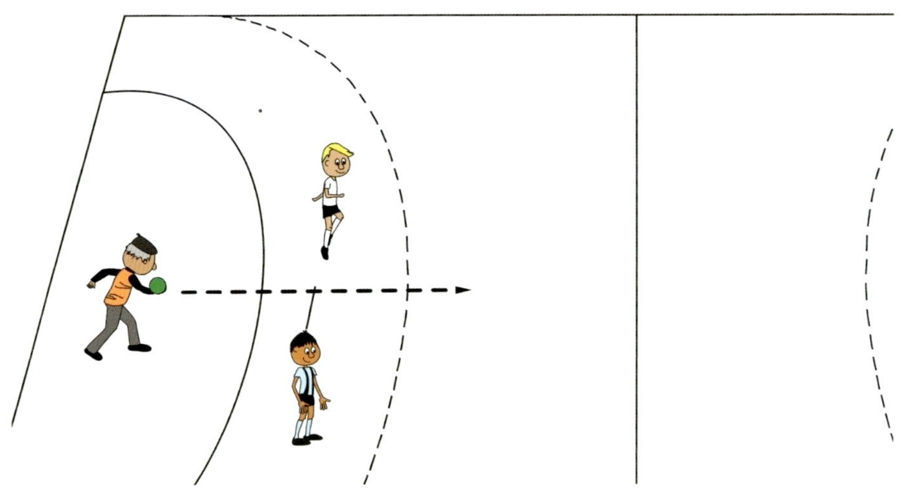

SPIELIDEE / ÜBUNGSABLAUF

Jeweils zwei Kinder stehen mit dem Rücken zum Tor nebeneinander am 7-Meter-Punkt (Abstand ca. zwei Meter). Der Übungsleiter (oder ein anderes Kind) befindet sich im Torraum hinter ihnen. Der ÜL rollt/wirft den Ball durch die Gasse zwischen den beiden Kindern. Diese sprinten hinter dem Ball her. Das Kind, das den Ball zuerst erreicht, wird zum Angreifer, das andere zum Abwehrspieler. Das angreifende Kind dribbelt mit dem Fuß in Richtung des gegnerischen Tores, mit dem Ziel, den Angriff mit einer Abschlussaktion (einem Torschuss, Hütchen im Tor abschießen, durch einen Reifen schießen usw.) zu beenden. Das verteidigende Kind versucht, vor der Abschlussaktion den Ball zu erobern. Das nächste Kinderpaar startet, sobald der Angreifer mit der Abschlussaktion beginnt. Welches Team erzielt zuerst eine bestimmte Anzahl von Treffern?

HINWEISE

- Bei großen Gruppen kann das Spiel gleichzeitig auf der rechten und linken Hallenseite durchgeführt werden (in gegenläufiger Richtung)

VARIATIONEN

- Das Spiel wird mit der Hand oder dem Hockeyschläger durchgeführt. Abschlussaktion: Torwurf/Torschuss, Hütchen im Tor abwerfen/abschießen, durch Hütchentore prellen/dribbeln usw. **(II)**

MITSPIELER ERKENNEN (Roth, Memmert & Schubert, 2013, S. 99)

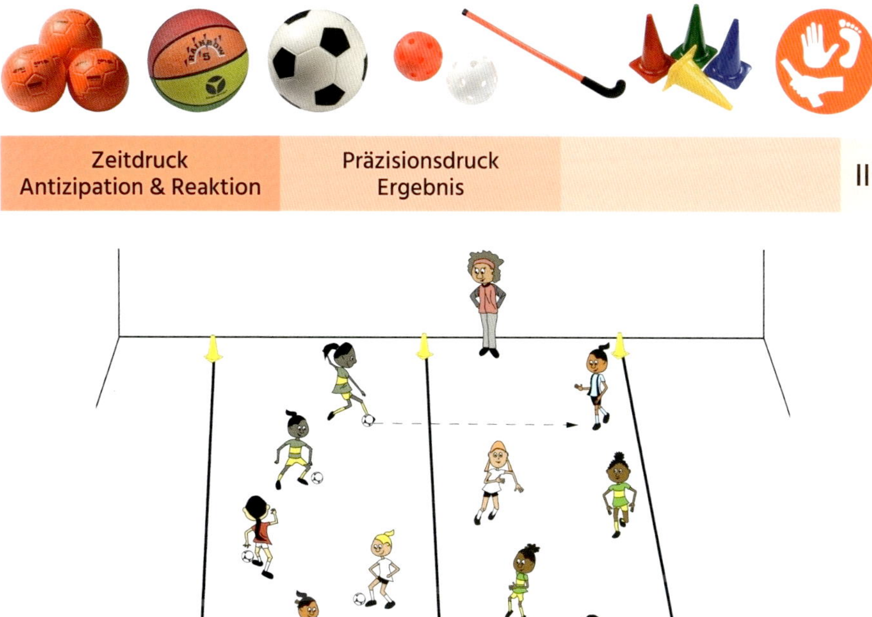

SPIELIDEE / ÜBUNGSABLAUF

In einem mit Hütchen markierten Raum dribbeln sechs (oder mehr) Kinder mit ihrem Ball. Jedem Kind werden zwei Buchstaben zugeordnet. Auf dem benachbarten Spielfeld bewegt sich die gleiche Anzahl von Mitspielern ohne Ball. Ihnen werden jeweils (ohne dass die Kinder auf der anderen Seite es mitbekommen) vom Übungsleiter zwei unterschiedliche Zahlen zugewiesen. Ruft der Übungsleiter einen Buchstaben und eine Zahl, bleiben die beiden betreffenden Kinder sofort stehen und passen sich den Ball genau zu (Hin- und Rückpass).

VARIATIONEN

- Passen mit der nicht-dominanten Hand **(III)**
- Die Spieler müssen vor dem Pass noch eine Zusatzaufgabe erfüllen (z. B. um ein Hütchen laufen, sich im Kreis drehen, sich hinsetzen und wieder aufstehen) **(III)**
- Die Spieler tauschen – nachdem sie die Aufgabe erfüllt haben – ihren Platz und übernehmen die Zahl/den Buchstaben des anderen **(III)**

HINWEISE

- Das Spiel kann auch mit der Hand oder dem Hockeyschläger durchgeführt werden

SCHATZSUCHE

Zeitdruck Antizipation & Reaktion			II

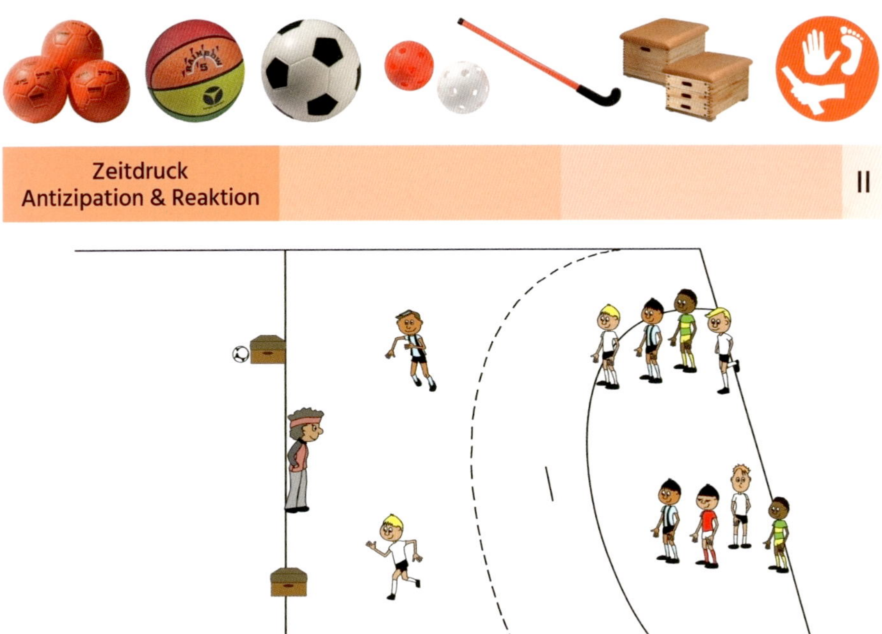

SPIELIDEE / ÜBUNGSABLAUF

Der Übungsleiter befindet sich in der Mitte des Spielfeldes. Zwei Teams stehen rechts und links neben dem Tor. Die beiden vorderen Kinder stehen mit dem Rücken zum Übungsleiter. Dieser legt nun einen Ball hinter einen der Kästen, die sich auf der Mittellinie befinden. Auf ein Signal drehen sich die Kinder schnellstmöglich um und laufen zu ihrem Kasten. Der Spieler, hinter dessen Kasten der Ball liegt, nimmt ihn mit der Hand auf und wird zum Angreifer. Das andere Kind wird zum Abwehrspieler. Der Angreifer versucht, im Spiel eins gegen eins einen Treffer (= Punkt) zu erzielen. Mittlerweile haben sich die nächsten beiden Kinder umgedreht. Der Übungsleiter versteckt wieder einen Ball usw. Welches Team erreicht zuerst eine bestimmte Anzahl von Punkten?

HINWEISE

- Das Spiel kann auch mit dem Fuß oder dem Hockeyschläger durchgeführt werden
- Als Ziele kommen ein Tor, bestimmte Zielfelder, z. B. auf einem Kasten, ein Basketballkorb usw. in Frage
- Der Übungsleiter muss darauf achten, dass die Anzahl der Angriffe der beiden Teams immer vergleichbar bleibt

VARIATIONEN

- Der Angreifer darf nur aus einer vorab festgelegten Spielfeldzone heraus einen Treffer erzielen **(III)**
- Die Spieler erhalten nach der Mittellinie einen Pass vom Übungsleiter. Der Ballgewinner wird zum Angreifer **(II)**

BRENNBALL+

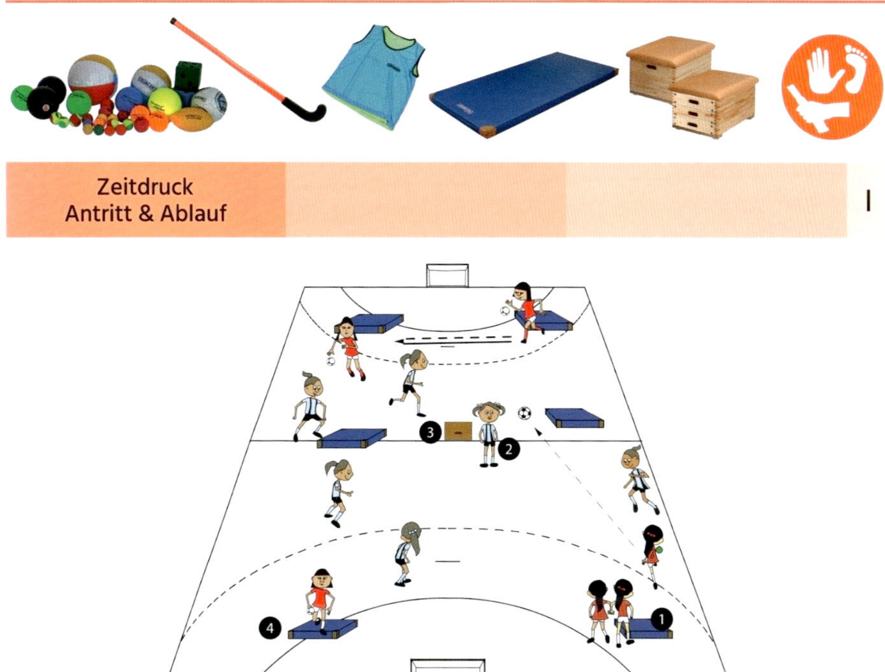

SPIELIDEE / ÜBUNGSABLAUF

Die Kinder werden in zwei Mannschaften eingeteilt. Die Läufermannschaft stellt sich am Startpunkt ❶ auf. Die Fänger verteilen sich im Spielfeld. Der erste Läufer kickt den Ball in Richtung einer freien Stelle im Spielfeld. Während die Fänger den Ball erlaufen und in Richtung Brennmeister ❷ kicken, startet der Läufer mit einem zweiten Ball in der Hand und versucht, prellend die erste Matte zu erreichen. Solange der gekickte erste Ball nicht im Brennmal ❸ „verbrannt" (in den Kasten gelegt) wurde, kann der Läufer die weiteren Matten der Reihenfolge nach anlaufen. Sobald der Ball im Brennmal landet, muss der Läufer sicher auf einer Matte stehen. Schafft er das nicht, scheidet er aus dem Spiel aus und muss zurück zur Startmatte. Wenn der Läufer rechtzeitig auf einer Matte stehen bleibt, darf er – nachdem der nächste Spieler den Ball ins Spielfeld gekickt hat – seinen Weg fortsetzen. Ziel ist es, die letzte Matte ❹ zu erreichen. Es dürfen mehrere Spieler auf derselben Matte stehen. Nur der Brennmeister darf den Ball ins Brennmal legen. Er ruft laut „verbrannt". Jeder Läufer erhält für das Erreichen der letzten Matte einen Punkt. Schafft ein Spieler einen „Homerun" (er durchläuft alle Matten mit einem Lauf), erhält er drei Punkte. Die Punkte aller Spieler werden nach dem letzten Läufer (oder nach einer festgelegten Zeit) zusammengezählt. Danach wechseln die Mannschaften die Aufgaben. Am Ende gewinnt die Mannschaft, die mehr Punkte erlaufen konnte.

FARBENSPRINT

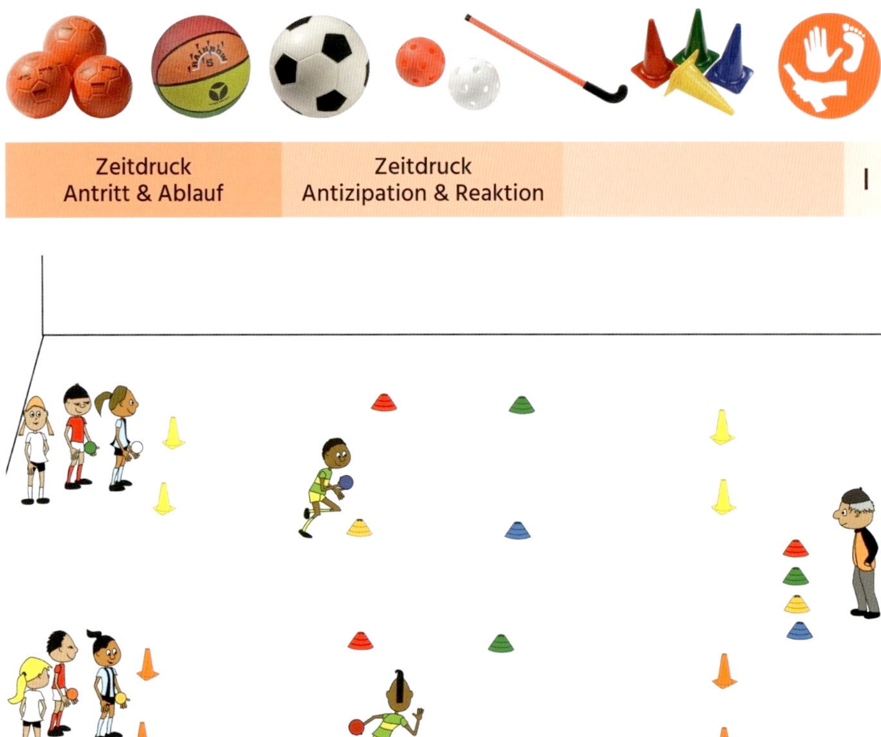

SPIELIDEE / ÜBUNGSABLAUF

Die Kinder zweier Teams stehen jeweils hintereinander an der Startlinie. Der Übungsleiter tippt drei oder vier farbige Hütchen an und ruft dann „los!". Die beiden vorderen Kinder müssen so schnell wie möglich die Hütchen in ihrem Quadrat in der vorgegebenen Farbreihenfolge anlaufen und mit ihrem Ball berühren. Danach sprinten sie mit dem Ball in Richtung des gegenüberliegenden Handballtors. Das Kind, das als erstes den 9-Meter-Raum erreicht hat, darf auf das Tor werfen. Jedes erzielte Tor erbringt einen Punkt für die Gruppe. Welches Team erzielt in einer bestimmten Zeit die meisten Punkte?

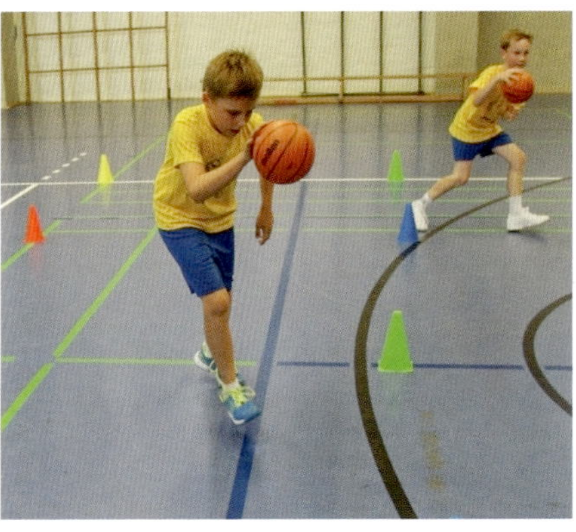

VARIATIONEN

- Das Spiel wird mit dem Fuß oder dem Hockeyschläger durchgeführt **(II)**

DRIBBEL-STAFFEL

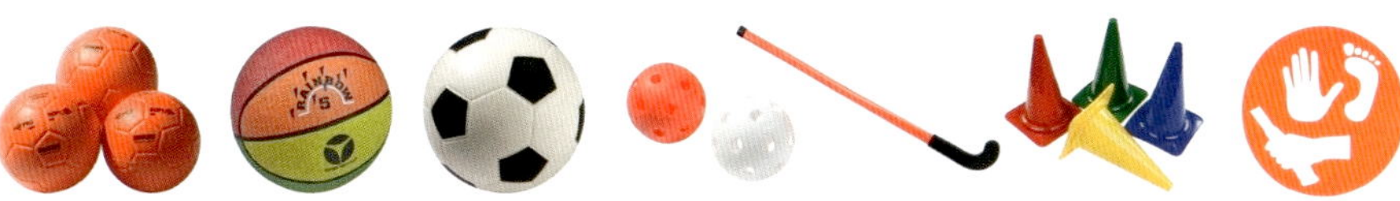

Zeitdruck Antritt & Ablauf	Organisationsdruck Zeit & Präzision		II

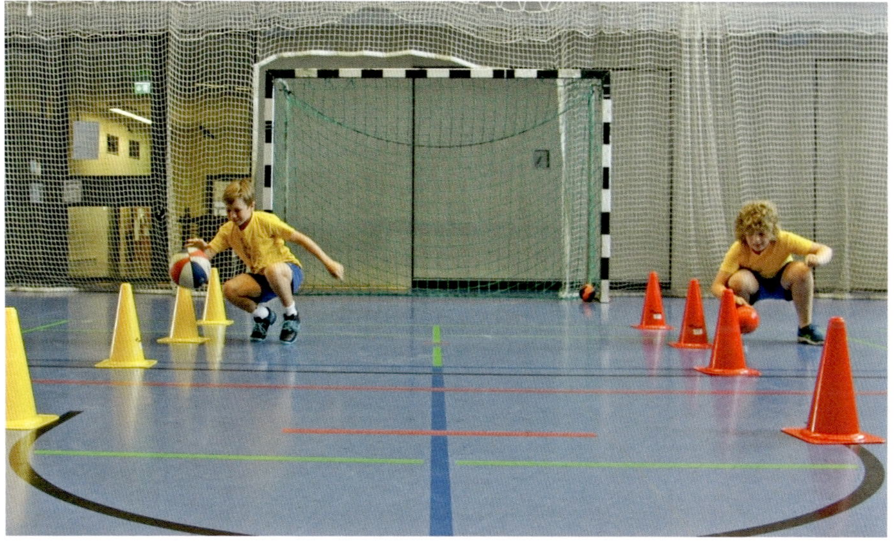

SPIELIDEE / ÜBUNGSABLAUF

Zwei Mannschaften treten in einer Staffel gegeneinander an (Umkehrstaffel, Pendelstaffel im Hütchenparcours/in einer Slalomstrecke). Aufgaben:

- Slalomprellen
- Slalomprellen mit der nicht-dominanten Hand
- Rückwärts prellen
- In der Hocke prellen
- Zwei Bälle prellen usw.

VARIATIONEN

- Die Staffel wird mit dem Fuß oder dem Hockeyschläger durchgeführt:
  - Slalomdribbeln
  - Ball über Hindernisse „lupfen“ usw. **(III)**

HINWEISE

- Die Teams sollten maximal aus vier bis fünf Kindern bestehen. Bei großer Teilnehmerzahl mehrere Mannschaften bilden

ZIELWERFEN

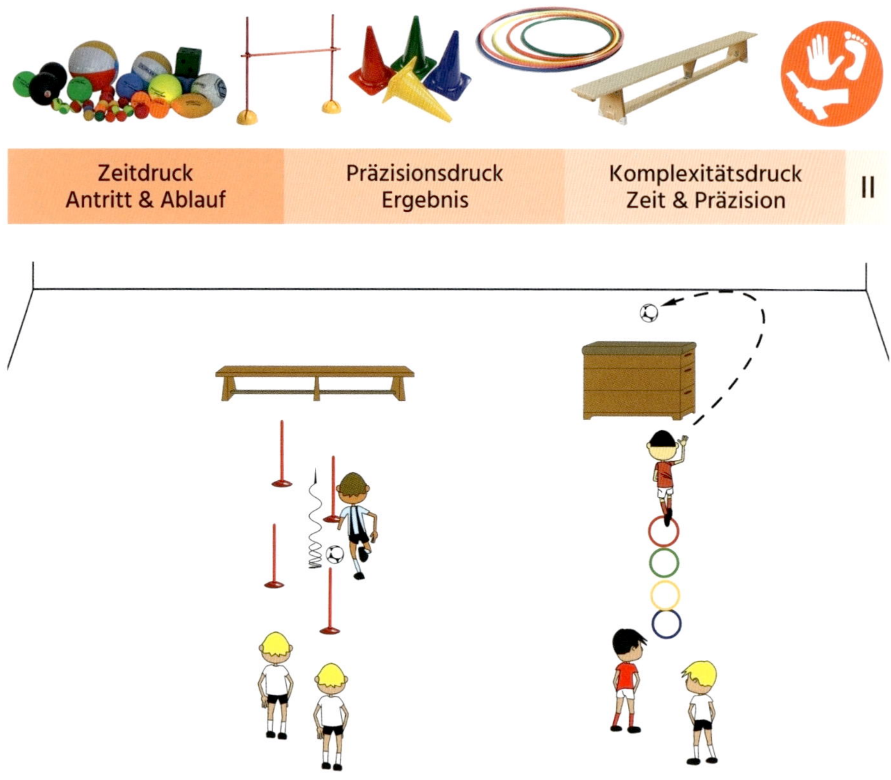

SPIELIDEE / ÜBUNGSABLAUF

Es werden mehrere (verschiedene) Laufbahnen aufgebaut. Die Kinder verteilen sich an den Startlinien vor den Laufbahnen und haben jeweils einen Ball. Sie prellen durch den Parcours (z. B. Slalomstrecke oder Reifenbahn) auf ein Hindernis zu (z. B. einen Kasten oder eine Turnbank), werfen über dieses, umlaufen es und nehmen ihren Ball wieder auf.

HINWEISE

- Das Spiel kann auch mit dem Fuß oder dem Schläger durchgeführt werden. Das Hindernis ist dann ein Hütchentor, durch das der Ball geschossen wird
- Das Spiel kann als Teamstaffel durchgeführt werden. Auf dem Rückweg wird das Hindernis mit Ball umlaufen

VARIATIONEN

- Die Kinder versuchen, indirekte Pässe auf den Kasten zu spielen und den Ball hinter dem Kasten wieder zu fangen **(III)**
- Die Kinder versuchen, ihren Ball über den Kasten hinweg zu prellen, lassen ihn einmal hinter dem Kasten aufspringen und prellen weiter **(III)**
- Die Kinder werfen/schießen am Ende der Laufbahn auf ein Tor/einen Korb **(III)**

HIP-HOP

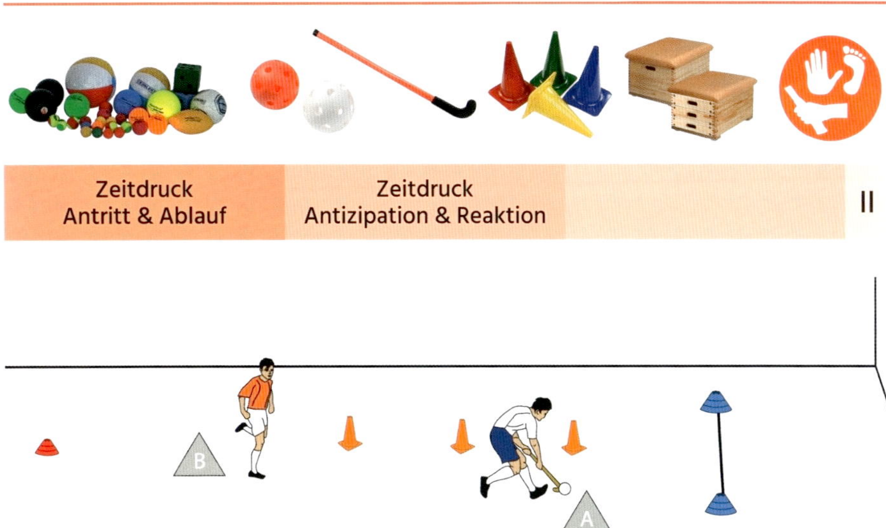

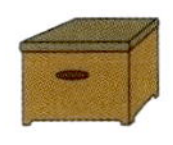

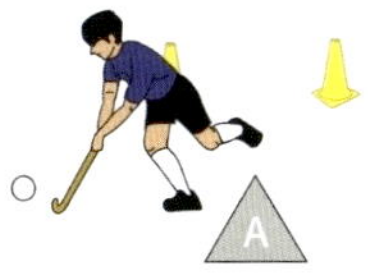

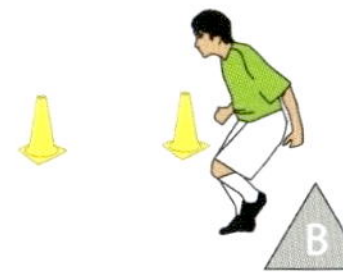

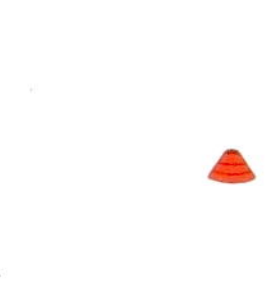

SPIELIDEE / ÜBUNGSABLAUF

Es wird eine Slalomstrecke mit (Grafik oben) oder ohne Hütchentor (Grafik unten) aufgebaut. Kind A steht mit dem Hockeyschläger/Ball an der Startlinie vor dem Parcours. Auf ein Signal startet Kind A in den Parcours und auf ein zweites Signal startet kurz danach sein Verfolger (ohne Ball). Kind B versucht, das Kind A einzuholen und abzuschlagen, bevor es den Parcours beendet hat. Gelingt dies, werden die Rollen gewechselt.

VARIATIONEN

- Zwei Kinder stehen neben dem Ball. Jedem Kind wird ein Kommando zugeordnet (z. B. A = hip / B = hop). Bei Kommando „hip“ startet Kind A mit dem Ball und bei „hop“ Kind B (und umgekehrt). Beliebige andere Kommandos sind möglich (Farben, Rechenaufgaben usw.) **(III)**

HINWEISE

- Das Spiel kann auch mit der Hand (prellen) oder dem Fuß (dribbeln) durchgeführt werden
- Es können mehrere Paare gleichzeitig laufen

SISYPHOS-SPIEL

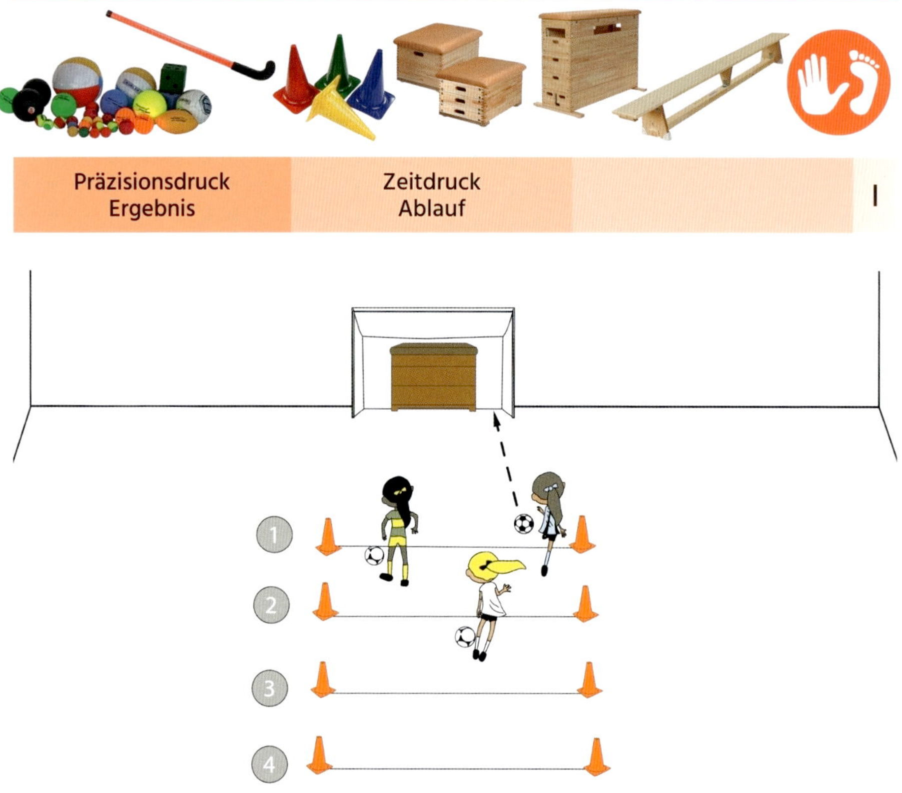

SPIELIDEE / ÜBUNGSABLAUF

Als Treffziel wird – je nach Leistungsniveau – ein kleiner/großer Kasten, eine Turnbank, eine Wandzone usw. vorgegeben. Vor dem Ziel werden in regelmäßigen Abständen Abwurflinien markiert (es können auch vorhandene Linien genutzt werden). Alle Kinder stehen nebeneinander auf der Linie, die dem Ziel am nächsten ist, und versuchen, mit einem Torschuss das Ziel zu treffen. Bei einem Treffer gehen sie eine Linie weiter nach hinten, bei einem Fehlschuss wieder eine nach vorne. Wer wird Zielkönig und ist als erster auf der letzten Linie?

HINWEISE

- Alle Kinder spielen gleichzeitig und ohne Kommando
- Bei vielen Kindern mehrere unterschiedlich große Ziele aufstellen

VARIATIONEN

- Das Spiel wird mit der Hand **(I)** oder dem Hockeyschläger **(II)** durchgeführt
- Auf zwei parallelen Zielbahnen kann das Spiel als Teamwettbewerb durchgeführt werden **(I, II)**

ZIELVARIATIONEN

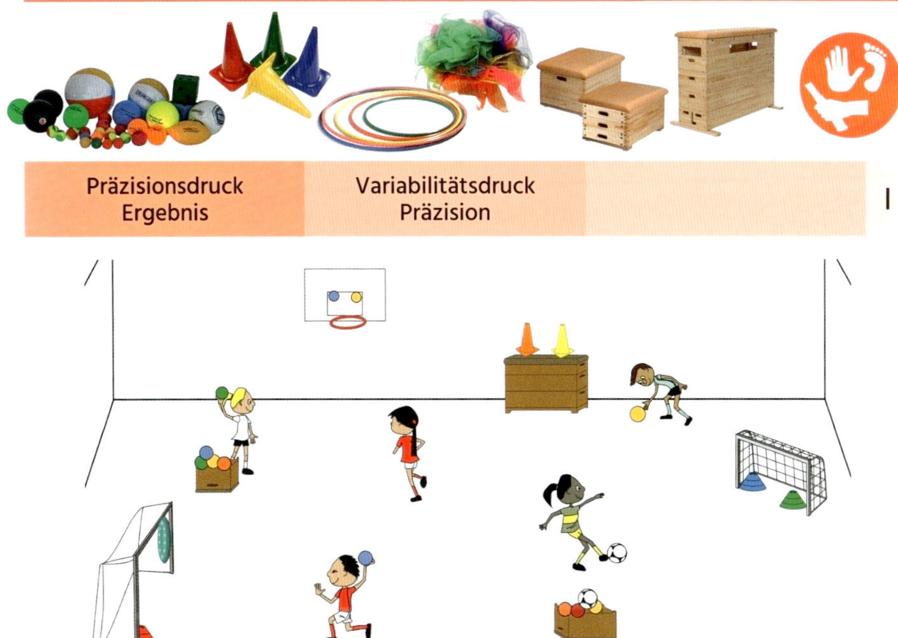

SPIELIDEE / ÜBUNGSABLAUF

Es werden verschiedene Wurfstationen aufgebaut, z. B. Ziele im Tor (Tücher, Gymnastikreifen usw.), Aufkleber am Korb oder Hütchen auf einem Kasten. An jeder Wurfstation steht ein Zuspieler mit einer Ballkiste (umgedrehter kleiner Kasten). Die Kinder laufen an, fangen den zugespielten Ball und versuchen, das jeweils vorgegebene Ziel zu treffen. Nach jedem Durchgang nehmen die Kinder eine andere (räumliche) Ausgangsposition ein, so dass die Würfe aus unterschiedlichen Anlaufrichtungen erfolgen.

VARIATIONEN

- Die Kinder prellen/dribbeln von der Mittellinie auf das Ziel zu, spielen einen Doppelpass mit dem Zuspieler und werfen/schießen dann **(II)**
- Die Kinder prellen/dribbeln mit der nichtdominanten Hand/Fuß, spielen einen Doppelpass und werfen dann **(III)**
- Die Kinder prellen/dribbeln auf ein Tor zu. Ein Kind am Handballkreis zeigt ihnen die Position an, von der sie werfen/schießen sollen **(II)**
- Je nach Position werden verschiedene Wurf- bzw. Schusstechniken ausgeführt **(III)**

HINWEISE

- Den Abstand zum Ziel leistungsabhängig anpassen; eher mehr Treffer zulassen
- Das Spiel kann auch mit dem Fuß oder dem Hockeyschläger durchgeführt werden

HALTE DEN GARTEN SAUBER „DELUXE“

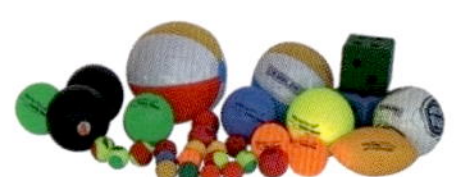
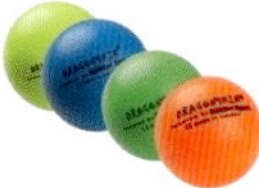
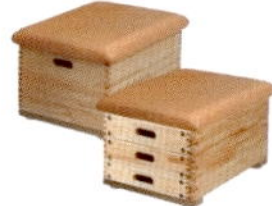
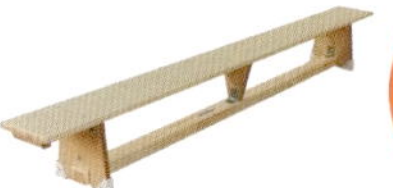
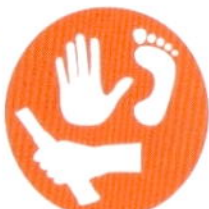

Präzisionsdruck
Ergebnis

II

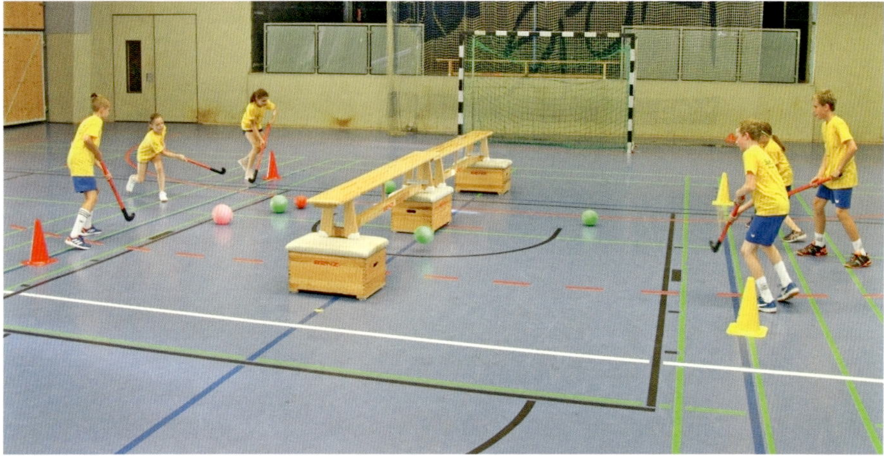

SPIELIDEE / ÜBUNGSABLAUF

Das Spielfeld wird durch zwei Turnbänke getrennt, die auf kleinen Kästen stehen. Auf jeder Seite befindet sich eine Mannschaft. Jedes Kind hat einen Ball (es eignen sich besonders Elefantenhautbälle). Auf Pfiff müssen die Bälle mit Hockeyschlägern unter den Turnbänken hindurch auf die Seite der gegnerischen Mannschaft geschlagen werden. Es gewinnt das Team, das nach Ablauf einer bestimmten Spielzeit weniger Bälle auf seiner Seite liegen hat.

HINWEISE

- Das Spiel kann auch mit dem Fuß oder mit der Hand durchgeführt werden

VARIATIONEN

- Es werden mehrere kleine Kästen aufgestellt. Die Bälle müssen durch die Lücken zwischen den Kästen gespielt werden **(III)**

INSELSPIEL (Roth & Kröger, 2021, S. 74)

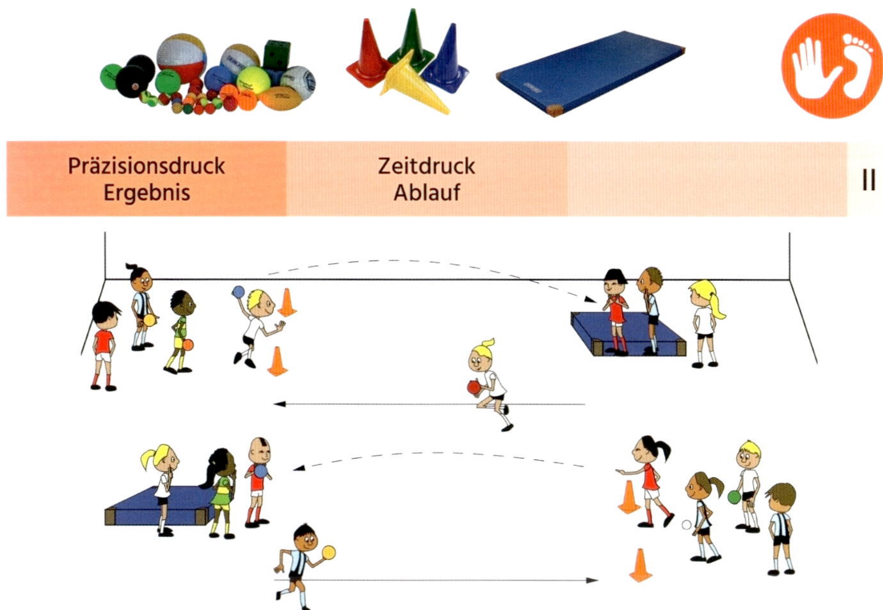

SPIELIDEE / ÜBUNGSABLAUF

Zwei Teams spielen gegeneinander. Jedes Team teilt sich in gleich viele Werfer und Fänger. Die Fänger stehen auf einer „Team-Turnmatte" nahe der Hallenwand. Vor den Matten befindet sich eine Verbotszone mit einer Breite von ca. sechs bis neun Metern. Erste Halbzeit: Die Werfer versuchen, die Bälle den Fängern zuzuwerfen. Wenn ein Fänger den Ball gefangen hat, ohne dabei die Matte zu verlassen, wird er auch zum Werfer. Wenn kein Fänger mehr auf der Matte ist, beginnt unmittelbar die zweite Halbzeit: Die Werfer der ersten Halbzeit sprinten auf die Matte und sind nun Fänger. Wenn die Fänger jetzt einen Ball fangen, bleiben sie auf der Matte und zählen laut bis zehn Mattentreffer erzielt wurden. Dann laufen alle schnell auf ihre Team-Matte. Welche Mannschaft beendet zuerst das Spiel?

VARIATIONEN

- Rückwärtswürfe **(III)**
- Die Bälle werden mit dem Fuß (Spannstoß) gespielt **(III)**
- In der Mitte der Verbotszone steht ein Netz/eine Bank, das/die überspielt werden muss **(III)**

HINWEISE

- Die Größe der Verbotszonen und damit die Abstände zwischen Fängern und Werfern an das Können der Kinder anpassen
- Fänger dürfen nicht ihre Matte verlassen, um den Werfern die Bälle zurückzuspielen

BUMP (mod. nach Roth, Memmert & Schubert, 2013, S. 97)

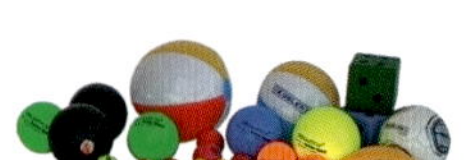

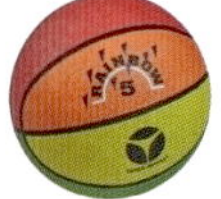

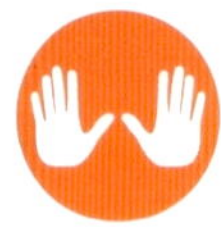

Präzisionsdruck Ergebnis	Variabilitätsdruck Präzision		II

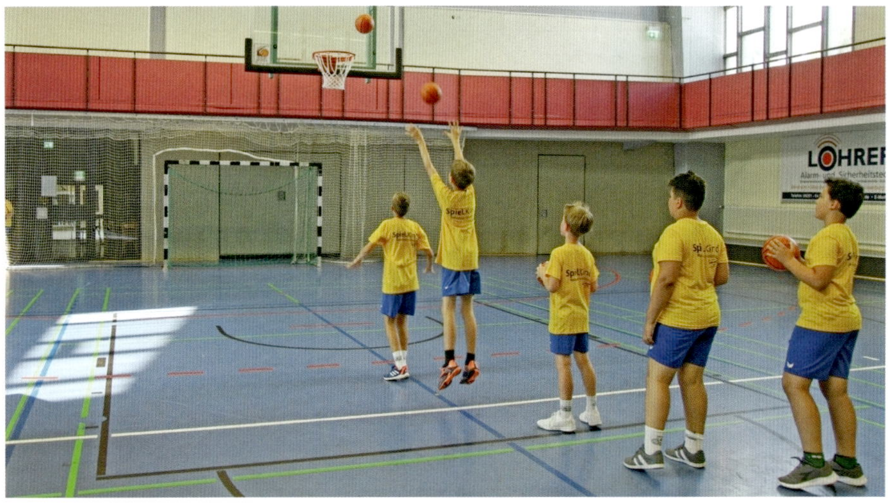

SPIELIDEE / ÜBUNGSABLAUF

Mehrere Spieler stellen sich zwei Meter vor der Basketball-Freiwurflinie hintereinander auf. Jeder Spieler hat einen Ball. Spieler A versucht, einen Treffer in den Korb zu erzielen. Nachdem er geworfen hat, darf Spieler B direkt versuchen, einen Treffer zu erzielen. Hat Spieler A nicht getroffen, aber B, dann scheidet Spieler A aus und muss sich in einem „Qualifikationsspiel" für die Rückkehr in den Wettkampf qualifizieren. Jeder, der den Korb trifft, bleibt im Spiel und stellt sich wieder hinten an. Wer als letzter noch vor dem Korb steht, hat gewonnen.

HINWEISE

- Im „Qualifikationsspiel" muss der ausgeschiedene Spieler aus einer festgelegten Distanz dreimal in einen offenen Kasten treffen
- Den Abstand zum Korb leistungsabhängig anpassen; eher mehr Treffer zulassen

VARIATIONEN

- Die Abwurflinie variieren **(II)**
- Verschiedene Bälle einsetzen **(II)**
- Der Ball muss vor dem Treffen das Brett berühren **(II)**
- Mit der nicht-dominanten Hand werfen **(III)**

PASSEN DURCH HÜTCHENTORE

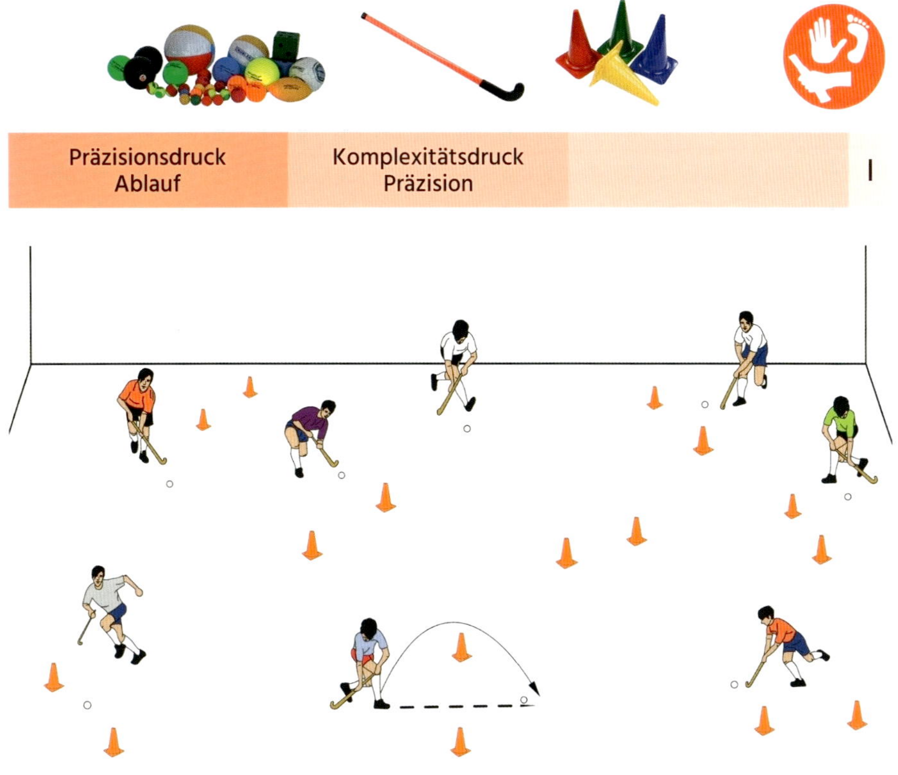

SPIELIDEE / ÜBUNGSABLAUF

Jedes Kind hat einen Hockeyschläger und einen Ball. Auf dem Feld werden mehrere Hütchentore aufgebaut. Die Kinder führen den Ball über das Feld. Wenn sie an einem Hütchentor ankommen, passen sie ihren Ball hindurch, umlaufen das Tor und stoppen ihn hinter dem Tor wieder. Danach laufen sie das nächste Tor an.

VARIATIONEN

- Nach dem Tor den Ball durch die Beine rollen lassen **(II)**
- Eines der Hütchen soll getroffen werden **(II)**
- Die Bälle zweier Kinder sollen sich zwischen den Hütchen treffen **(III)**

HINWEISE

- Das Spiel kann auch mit der Hand (prellen, durch das Hütchentor rollen) oder mit dem Fuß (dribbeln, durch das Hütchentor passen) durchgeführt werden

RUNDEN-LAUF

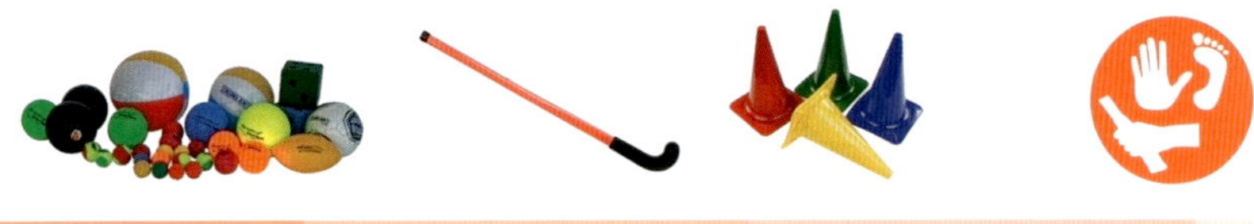

Präzisionsdruck Ablauf				I

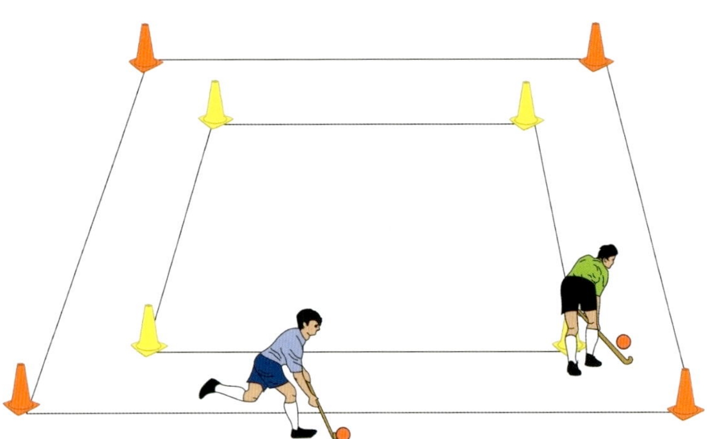

SPIELIDEE / ÜBUNGSABLAUF

Zwei Quadrate werden mit jeweils vier Hütchen aufgebaut. Sie sind unterschiedlich groß. Das kleinere befindet sich innerhalb des größeren Quadrats. Ein Kind steht an einem Startpunkt am äußeren Quadrat, das andere am inneren. Beide Kinder haben einen Hockeyschläger und einen Ball. Auf ein Signal laufen sie gleichzeitig los und führen ihren Ball um das jeweilige Quadrat. Die Kinder versuchen dabei, gleichschnell zu laufen. Am Startpunkt tauschen die Kinder die Laufrunde (das Quadrat).

VARIATIONEN

- Die Kinder tauschen ihre Bälle an jeder Ecke des Quadrats **(II)**
- Im inneren Quadrat wird der Ball mit dem Fuß gedribbelt, im äußeren mit der Hand geprellt **(II)**
- Wettkampf: Wer ist schneller? Innen: rückwärts, seitwärts, mit Hockeyschläger ... Außen: vorwärts, mit dem Ball am Fuß ... **(III)**

HINWEISE

- Die Übung kann auch mit der Hand oder dem Fuß durchgeführt werden

HÜTCHENWALD

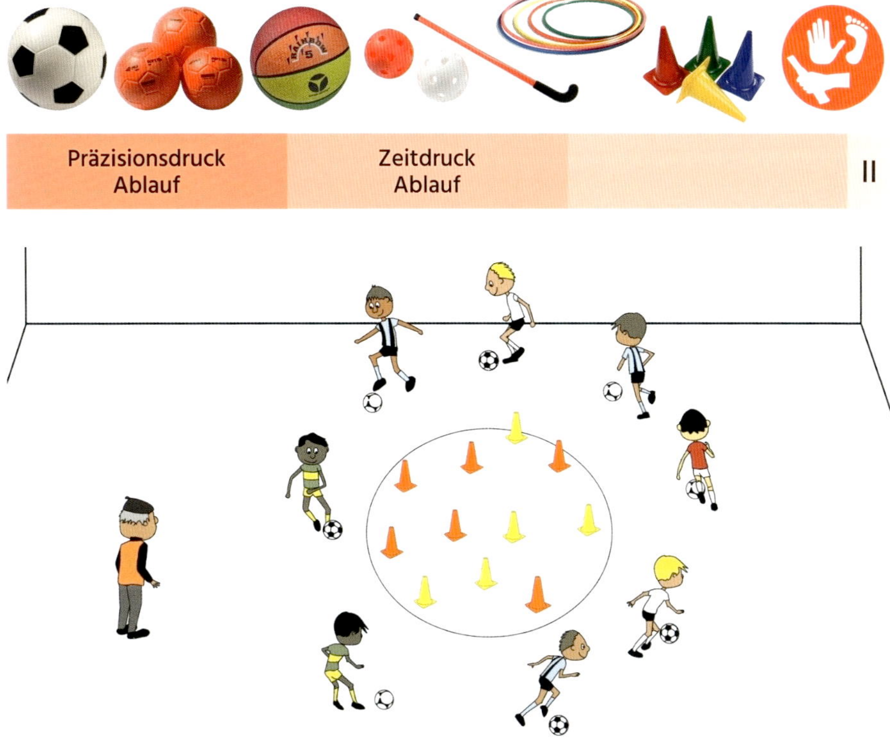

SPIELIDEE / ÜBUNGSABLAUF

Im Mittelkreis werden unregelmäßig Hütchen verteilt (Abstände eng wählen). Jedes Kind bekommt einen Ball und dribbelt um den Kreis herum. Auf ein Signal müssen alle Kinder durch den Hütchenwald auf die gegenüberliegende Seite dribbeln, ohne ein Hütchen/ein anderes Kind/einen anderen Ball zu berühren.

VARIATIONEN

- Als Wettspiel: Welches Team ist als erstes vollständig auf der anderen Seite angekommen? **(II)**
- Im Hütchenwald (dann sehr groß) gibt es eine Lichtung. Dort liegen Reifen in unterschiedlichen Farben. Bei Kommando „blau/rot/…" dribbeln alle Kinder durch den Hütchenwald auf die Lichtung und versuchen, als erste in einem Reifen mit dieser Farbe zu sein **(II)**

HINWEISE

- Das Spiel kann auch mit der Hand oder dem Hockeyschläger durchgeführt werden
- Bei einer großen Zahl von Kindern sollten Gruppen gebildet werden. Alle Kinder laufen um den Hütchenwald herum, aber jede Gruppe hat ihr eigenes Signal, bei dem nur ihre Kinder durch den Hütchenwald dribbeln

ROLLENDE PEZZIBÄLLE

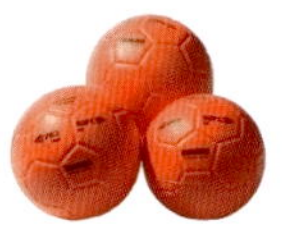 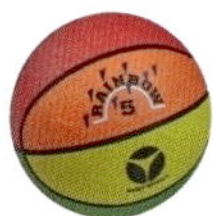 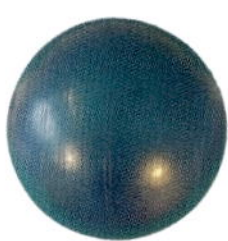 

Präzisionsdruck Ablauf			II

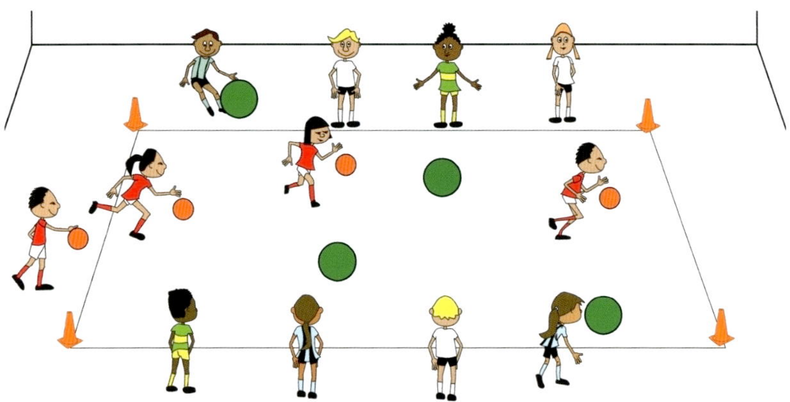

SPIELIDEE / ÜBUNGSABLAUF

Zwei Teams mit je vier bis sechs Kindern werden gebildet. Alle Kinder der Mannschaft A erhalten jeweils einen Pezziball und stellen sich in einer Gasse auf. Mannschaft B steht am Ende der Gasse. Auf ein Startsignal laufen die Kinder von Mannschaft B nacheinander durch die Gasse. Mannschaft A versucht, sie mit den rollenden Pezzibällen zu treffen. Wenn ein Pezziball ein Kind berührt, muss es wieder an den Anfang der Gasse zurücklaufen und einen neuen Versuch starten. Die vollendeten Läufe werden gezählt. Danach wechseln die Aufgaben. Welches Team schafft mehr Läufe durch die Gasse?

HINWEISE

- Darauf achten, dass die Pezzibälle nur leicht gerollt werden
- Alternativ kann der Trainer die Bälle von vorne rollen und alle Kinder versuchen, sie zu umlaufen

VARIATIONEN

- Falls vorhanden, können auch Taue, die an der Hallendecke hängen, als Hindernisse genutzt werden. Mannschaft A stößt dann auf ein Signal die Taue leicht an und Mannschaft B versucht, durch die Gasse zu laufen **(II)**
- Jedes Kind bekommt einen Basketball/Handball. Die Kinder versuchen, durch die Gasse zu prellen. Wenn sie getroffen werden oder ihren Ball verlieren, müssen sie zurück zum Gassenanfang **(III)**

BIATHLON

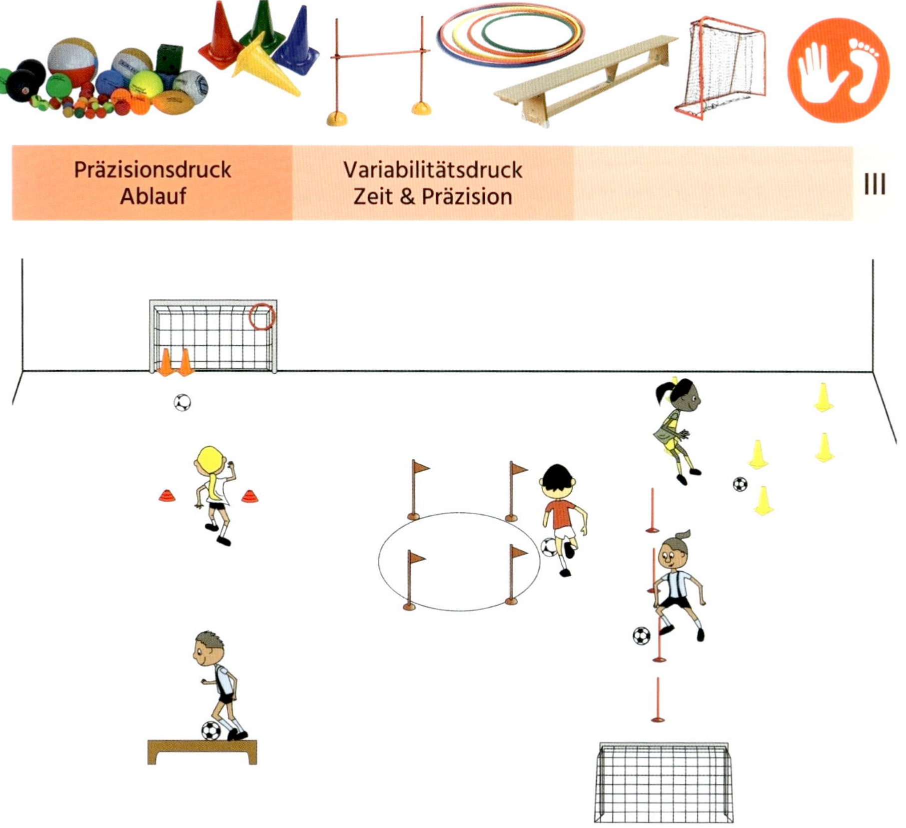

SPIELIDEE / ÜBUNGSABLAUF

Es wird ein Parcours mit verschiedenen Stationen als Rundlauf aufgebaut:

- Dribbeln/Ball prellen auf der Turnbank
- Selbstpass durch schmale Lücke
- Enger Slalom
- Zielschüsse/-würfe

Zu den Stationen können zusätzlich Abschlussgelegenheiten hinzugefügt werden, z. B. ein kleines Tor oder ein kleiner Kasten. Wenn die Kinder an Schuss-/Wurfstationen kommen, müssen sie versuchen, die Ziele zu treffen (Schüsse/Würfe – abwechselnd mit der dominanten und der nicht-dominanten Seite). Haben sie zweimal getroffen, dürfen sie im Parcours weiterlaufen. Aber: pro Fehlversuch müssen sie zuvor eine Strafrunde (z. B. einen kleinen Parcours in der Mitte) oder eine Zusatzaufgabe absolvieren. Die Kinder sollen versuchen, in einer bestimmten Zeit (z. B. zehn Minuten) so viele Runden wie möglich zu schaffen.

HINWEISE

- Genaue Ausführungen müssen sich lohnen, d. h. Fehler/Strafrunden sollten zu deutlichen Zeiteinbußen führen

DRIBBEL-RAUB (mod. nach Scherer, 2005, S. 38)

Komplexitätsdruck Zeit & Präzision	Zeitdruck Antritt & Ablauf		I

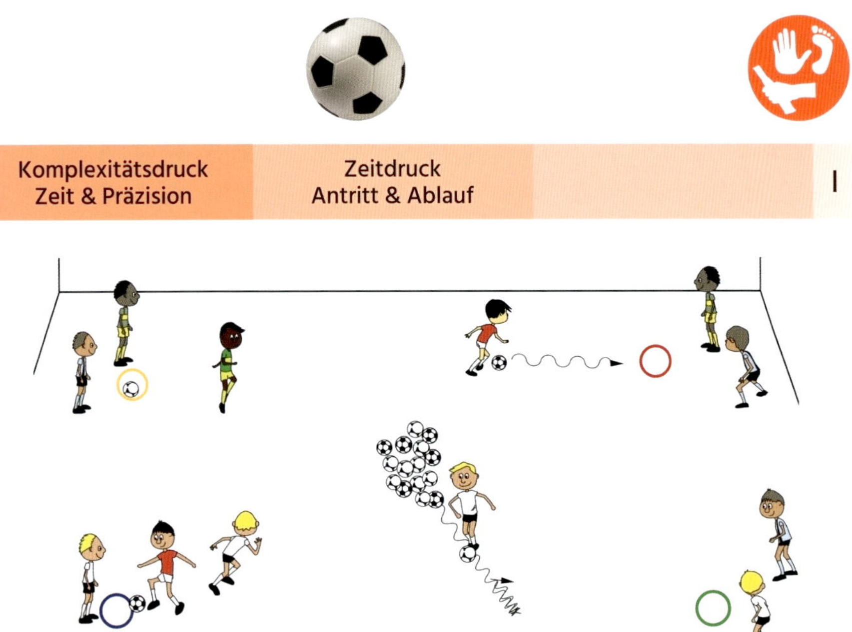

SPIELIDEE / ÜBUNGSABLAUF

In der Mitte des Feldes liegen mehrere Fußbälle. Es werden vier Mannschaften gebildet. Sie stellen sich in den beiden Neun-Meter-Räumen des Handballfeldes jeweils rechts und links auf. Auf ein Signal sprinten die ersten Spieler der vier Teams los, holen sich einen Ball, nehmen diesen nach einer halben Drehung mit dem Fuß mit und dribbeln zurück in ihren Kreis. Dort stoppen sie den Ball und schlagen den zweiten Spieler ab. Nun startet dieser usw. Gewonnen hat das Team, das in einer festgelegten Zeit die meisten Bälle gesammelt hat.

HINWEISE

- Das Spiel kann auch mit der Hand oder dem Hockeyschläger durchgeführt werden
- Als Spielfeld kann auch das Handballfeld mit den Sechsmeterkreisen verwendet werden
- Darauf achten, dass eine ungerade Zahl von Bällen in der Mitte liegt
- Spielt sich ein Spieler den Ball vor und dribbelt nicht die ganze Zeit, wird dieser Ball nicht gewertet (aus dem Spiel genommen)

VARIATIONEN

- Im Kreis angekommen machen die Spieler eine 360°-Drehung mit dem Ball, bevor sie ihn stoppen **(II)**
- Nach der Drehung im Mittelkreis dürfen die Spieler den Ball zu Spieler 2 im eigenen Kreis passen. Dieser stoppt den Ball und darf danach ebenfalls zum Mittelkreis laufen **(II)**

BUSHALTESTELLE (mod. nach Roth et al., 2014, S. 161)

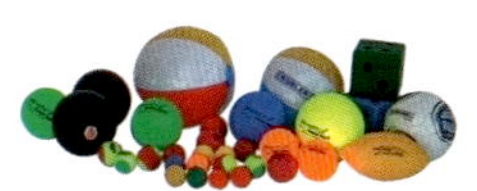
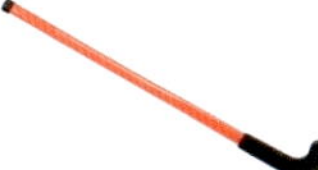
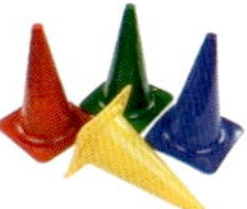
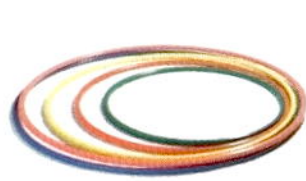
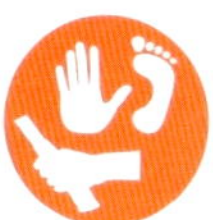

Komplexitätsdruck
Zeit & Präzision

I

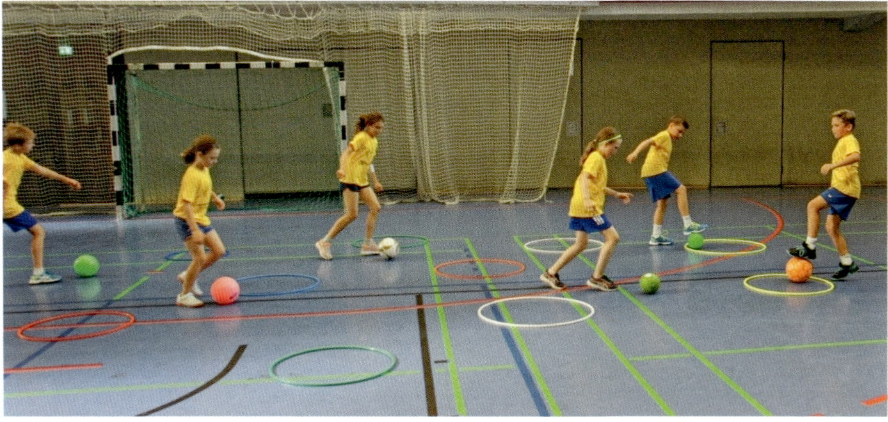

SPIELIDEE / ÜBUNGSABLAUF

In einem Spielfeld werden verschiedenfarbige Reifen (z. B. weiße, rote, gelbe) verteilt. Die Kinder dribbeln mit dem Ball am Fuß durch das Feld. Auf ein Signal des Übungsleiters, z. B. „weiß" sollen folgende Aufgaben ausgeführt werden:

- Alle Kinder dribbeln zu einem weißen Reifen und legen ihren Ball darin ab
- Alle Kinder lassen ihren Ball liegen, sprinten zu einem weißen Reifen, berühren diesen, rennen zu ihrem Ball zurück und dribbeln weiter
- Es werden mehrere Reifenfarben genannt, die nacheinander angelaufen werden müssen

VARIATIONEN

- Jede Reifenfarbe muss anders angelaufen werden (vorwärts, rückwärts, seitwärts usw.) **(II)**
- Verschiedene Dribbelformen vorgeben (rechts, links, Außenrist, Innenseite usw.) **(III)**

HINWEISE

- Das Spiel kann auch mit der Hand oder dem Hockeyschläger durchgeführt werden
- Es sollten immer mehrere Reifen einer Farbe ausgelegt werden
- Statt Reifen können verschiedenfarbige Hütchen verwendet werden

PARTNERÜBUNGEN

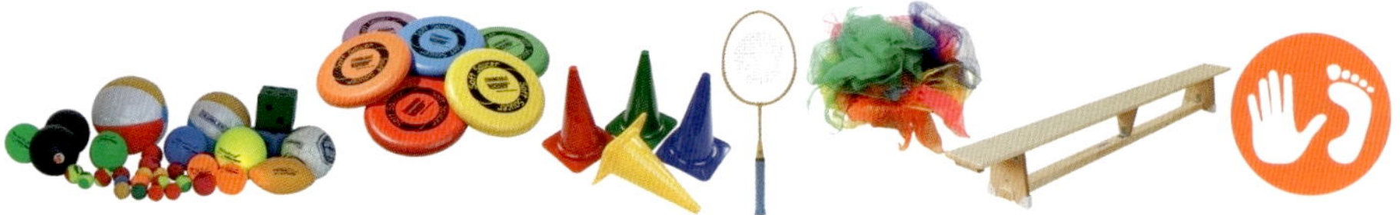

Komplexitätsdruck Zeit & Präzision	Organisationsdruck Zeit & Präzision		I–III

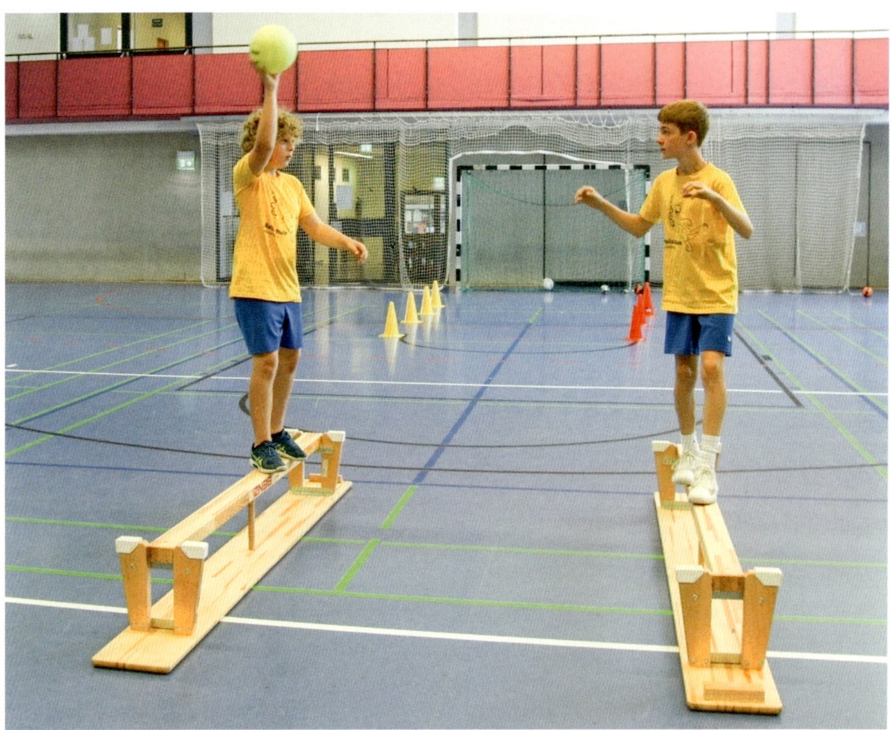

SPIELIDEE / ÜBUNGSABLAUF

In der Halle werden vier bis sechs Stationen aufgebaut. Die Kinder gehen paarweise zusammen. Während sie sich einen Ball zupassen, laufen sie die verschiedenen Stationen an und versuchen, diese gemeinsam zu bewältigen.

Die Kinder ...

- laufen auf zwei umgedrehten Turnbänken und werfen sich dabei den Ball zu (zuerst direkte Pässe, dann indirekte Pässe)
- laufen auf einen Basketballkorb zu. Der Spieler, der nicht in Ballbesitz ist, kriecht unter einer Bank hindurch, erhält danach einen Pass vom Partner und wirft auf den Korb
- laufen auf ein Tor zu. An zwei Hütchen liegt jeweils ein Fußball. Beide Spieler treiben einen Ball mit dem Fuß vorwärts

und werfen sich gleichzeitig ihren (mitgebrachten) Ball mit der Hand zu. Am 9-Meter-Kreis schießen beide Spieler auf das Tor

- kommen an eine Slalomstrecke (Hütchen). An dieser Station liegen Badmintonschläger, Frisbees und/oder Tücher sowie Bälle auf dem Boden. Die Kinder nehmen sich einen der Gegenstände und einen dazu passenden Ball und balancieren ihn durch den Slalomparcours (wenn dies zu einfach ist, können sie gleichzeitig einen Ball am Fuß führen)
- kommen zu einer Reihe mit kleinen Kästen (oder Hütchen). Kind A läuft hinter und Kind B vor dieser Reihe entlang. Kind A passt Kind B durch jede Lücke zwischen den Kästen den Ball mit den Fuß zu. Kind B wirft ihn mit der Hand über die Kästen zu Kind A zurück.

VARIATIONEN

- Die Bewegungsarten wechseln z. B. Rückwärtslaufen, in Seitwärtssprüngen vorwärtsbewegen **(III)**

HINWEISE

- Es müssen genügend Stationen oder manche Stationen mehrmals aufgebaut sein, so dass alle Kinder beschäftigt sind

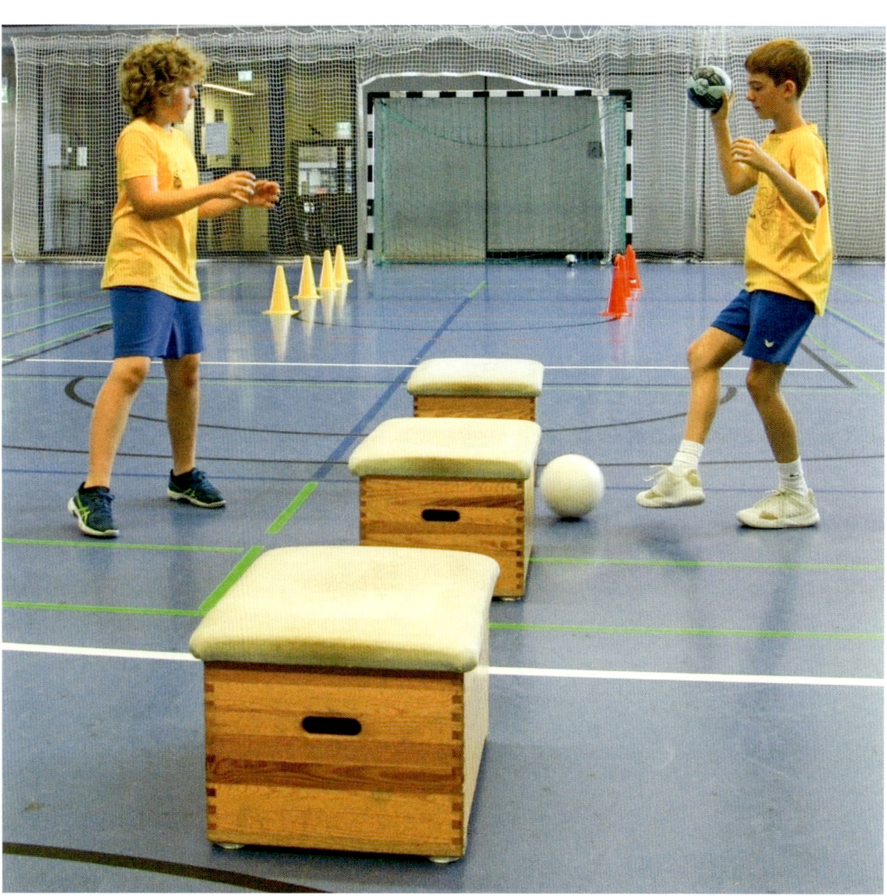

SCHNELLE BEINE (Roth, Memmert & Schubert, 2013, S. 93)

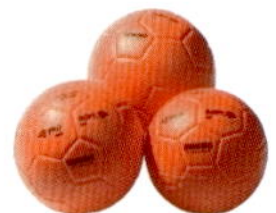
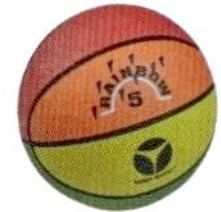
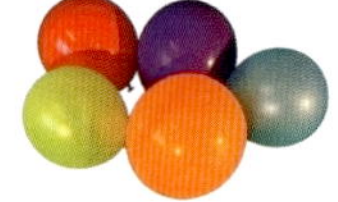
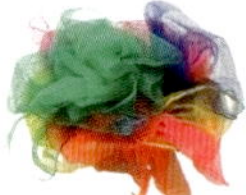
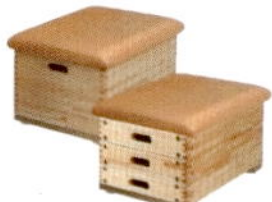

Komplexitätsdruck Zeit & Präzision	Zeitdruck Ablauf		II

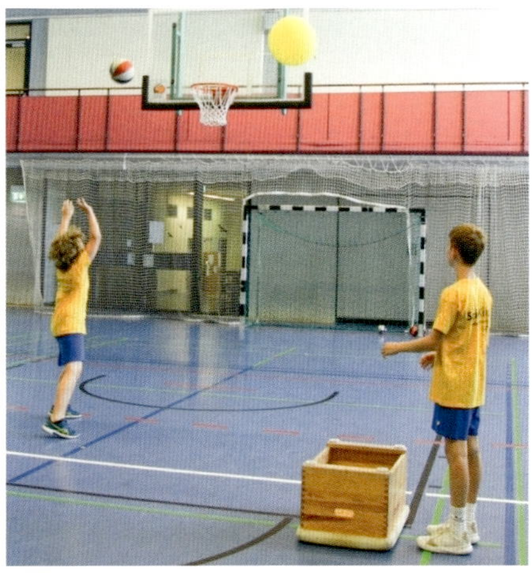
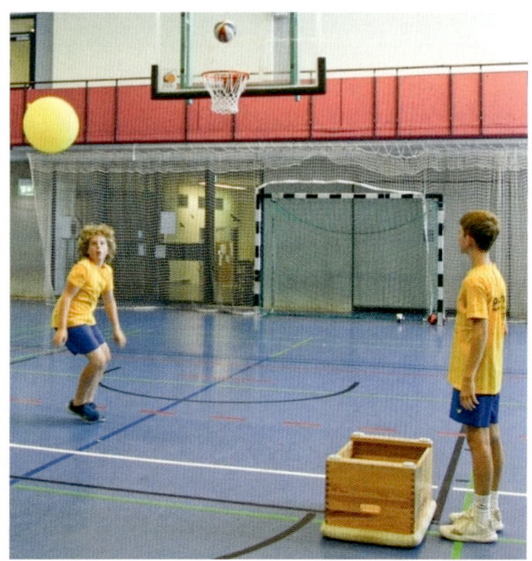

SPIELIDEE / ÜBUNGSABLAUF

Alle Spieler bekommen einen Luftballon und stehen vor einem Basketballkorb oder Handballtor. Neben dem Basketballkorb oder an der Freiwurflinie des Handballfeldes befindet sich ein Zuspieler mit einer Ballkiste (umgedrehter kleiner Kasten). Der erste Spieler schlägt seinen Ballon in die Luft, erhält einen Pass von seinem Zuspieler, wirft auf das Tor oder den Basketballkorb und versucht, anschließend den Ballon wieder zu fangen, bevor dieser den Boden berührt.

HINWEISE

- Der Werfer wechselt auf die Anspielposition, während sich der Zuspieler, nachdem er den Ballon vom Werfer übernommen hat, hinter seinem Team anstellt

VARIATIONEN

- Anstelle von Luftballons sollen die Kinder ein vom Übungsleiter geworfenes Tuch oder Markierungshemd fangen **(II)**
- Als Wettkampf: Es werden zwei Teams gebildet. Für jeden Tor-/Korbtreffer erhält das Team einen Punkt und für jeden gefangenen Luftballon einen Zusatzpunkt. Welches Team erzielt in einer vorgegebenen Zeit mehr Punkte? **(III)**

FLIPPERKASTEN

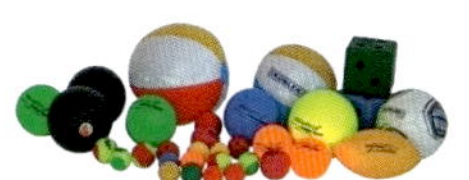
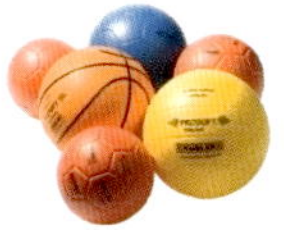
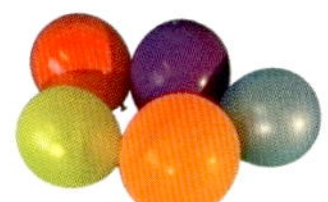
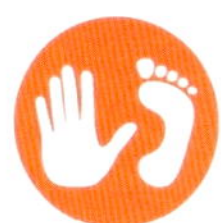

Komplexitätsdruck
Zeit & Präzision

II

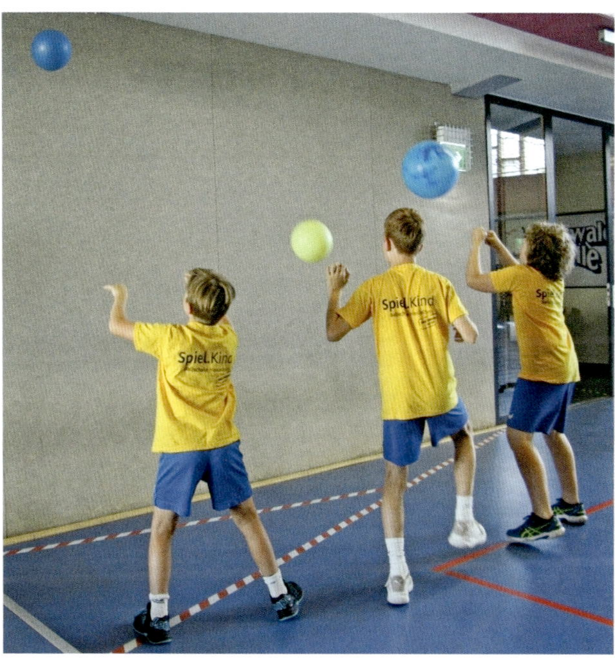

SPIELIDEE / ÜBUNGSABLAUF

Alle Kinder stehen mit einem Ball vor einer Wand. Sie sollen ihn so gegen die Wand werfen, dass er direkt wieder mit einem Körperteil (der Hand, der Brust, dem Oberschenkel, dem Kopf usw.) an die Wand zurückgespielt werden kann. Wer schafft die meisten Wandberührungen mit seinem Ball, bevor er auf den Boden fällt?

VARIATIONEN

- Ein bestimmtes Körperteil vorschreiben (nur Hand, nur Kopf usw.) **(III)**
- Zusatzaktionen zwischen den Ballkontakten einfügen, z. B. in die Hände klatschen oder sich einmal um die Körperlängsachse drehen **(III)**

HINWEISE

- Kopfbälle sollten im Kindesalter nur mit weichen Bällen gemacht werden (keine Lederbälle)
- Eventuell zuerst mit Luftballons üben lassen

PASS-LAUF

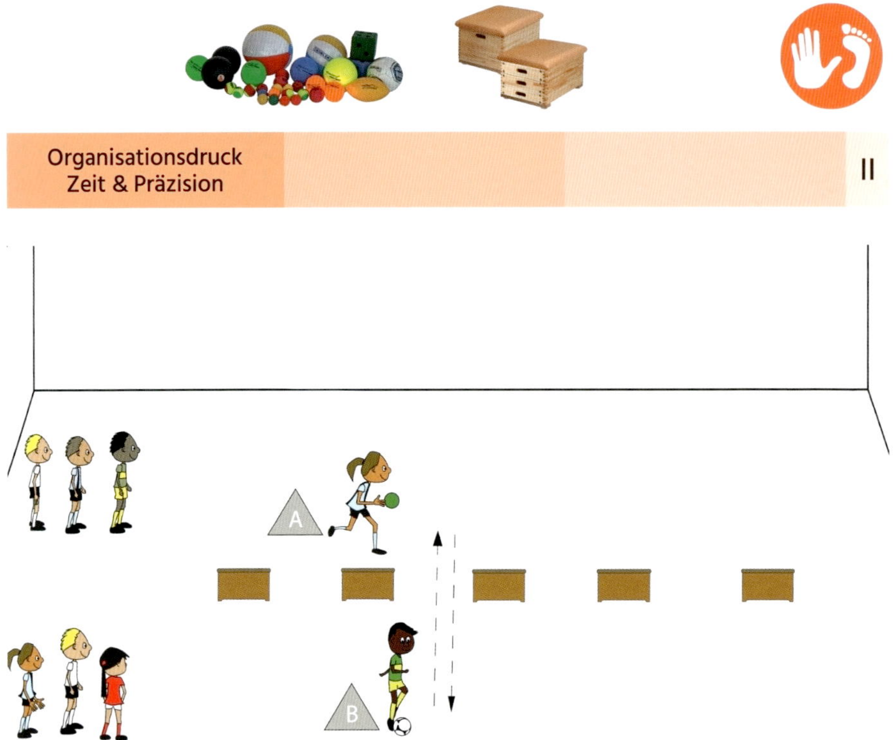

SPIELIDEE / ÜBUNGSABLAUF

Eine Reihe aus kleinen Kästen (oder Hütchen) wird aufgebaut. Kind A läuft hinter den Kästen entlang und prellt einen Ball. Kind B dribbelt parallel zu Kind A auf der anderen Seite der Kästen mit einem Ball am Fuß. In jeder Lücke zwischen den Kästen passen sich die Kinder die Bälle zu. Kind A dribbelt dann bis zur nächsten Lücke und Kind B prellt den Ball mit der Hand. Die Aufgabe wiederholt sich.

VARIATIONEN

- Kind A spielt immer mit der Hand und Kind B immer mit dem Fuß **(I)**

TREFFER-WETTKAMPF

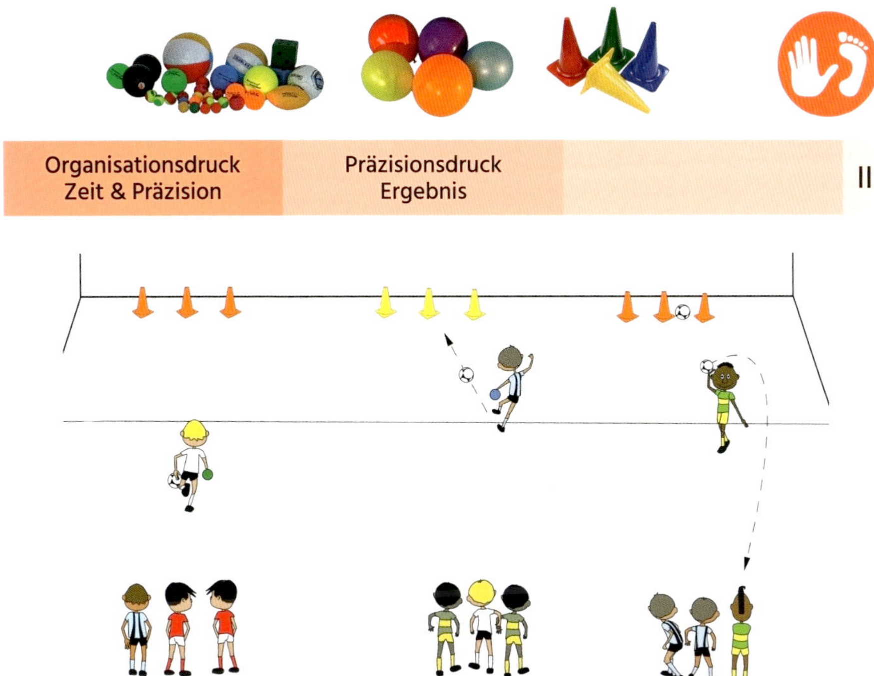

SPIELIDEE / ÜBUNGSABLAUF

Es werden Teams mit je vier Kindern gebildet. Jedes Team hat ein Starthütchen und eine Schusslinie. Etwa vier bis fünf Meter hinter der Schlusslinie stehen pro Team drei Hütchen nebeneinander. Auf ein Startsignal läuft das erste Kind jeder Gruppe los. Dabei prellt es einen Ball mit der Hand und führt gleichzeitig einen zweiten Ball am Fuß. An der Schusslinie bleiben die Kinder stehen und schießen mit dem Fuß auf die Hütchen. Den anderen Ball halten die Kinder – während sie schießen – in der Hand. Danach passen sie ihn zum nächsten Kind in der Reihe. Dieses Kind hat schon einen eigenen Ball am Fuß und kann sofort starten, um erneut auf die Hütchen zu schießen. Das erste Kind holt den geschossenen Ball und stellt sich wieder hinten an der Gruppe an. Welches Team hat zuerst alle drei Hütchen getroffen?

VARIATIONEN

- Statt einen Ball zu prellen, können die Kinder zunächst einen Luftballon mit der Hand hochhalten **(I)**
- Während die Kinder auf die Hütchen schießen, prellen sie den anderen Ball mit der Hand weiter **(III)**
- Die Kinder können auch mit der Hand auf die Ziele werfen und den Ball mit dem Fuß passen **(III)**

LUFTBALLON-JONGLAGE

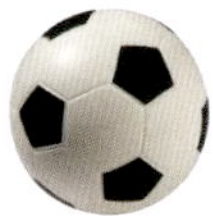
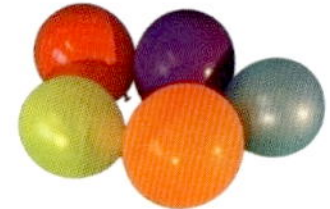
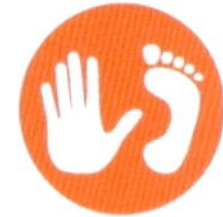

Organisationsdruck Zeit & Präzision	Präzisionsdruck Ablauf		II

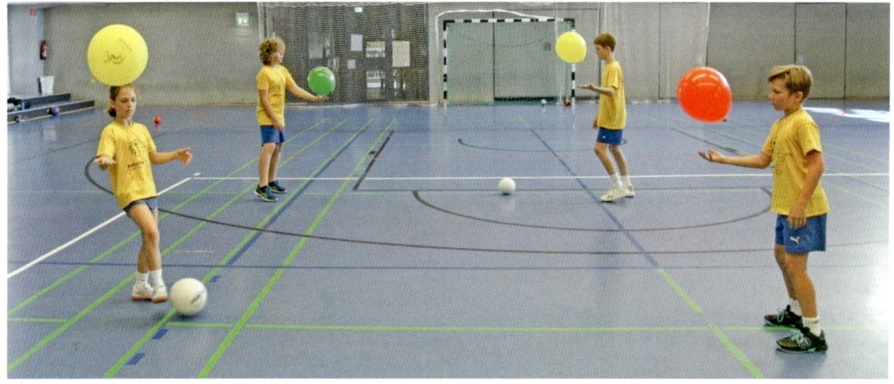

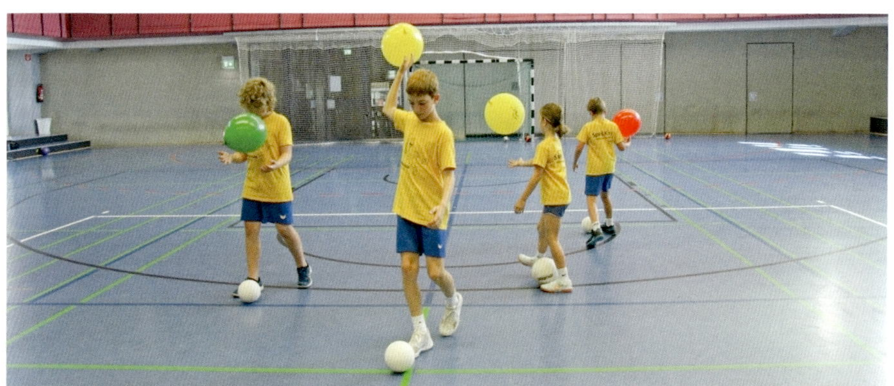

SPIELIDEE / ÜBUNGSABLAUF

Die Kinder passen sich paarweise einen Ball mit dem Fuß zu. Gleichzeitig halten sie jeweils einen Luftballon mit den Händen (dem Kopf, den Füßen, dem Ellenbogen usw.) in der Luft (Aufgabe 1). Alle Kinder dribbeln mit dem Fuß einen Ball durch die Halle und versuchen, gleichzeitig einen Luftballon in der Luft zu halten (Aufgabe 2).

VARIATIONEN

- Wenn sich Kinder begegnen oder auf Signal des Übungsleiters tauschen die Kinder ihre Bälle/Luftballons **(III)**

ZWEI-BALL-PRELLEN (Roth et al., 2013, S. 107)

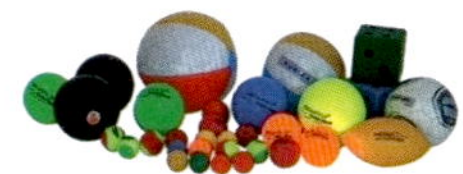

Organisationsdruck Zeit & Präzision	Komplexitätsdruck Zeit & Präzision		II

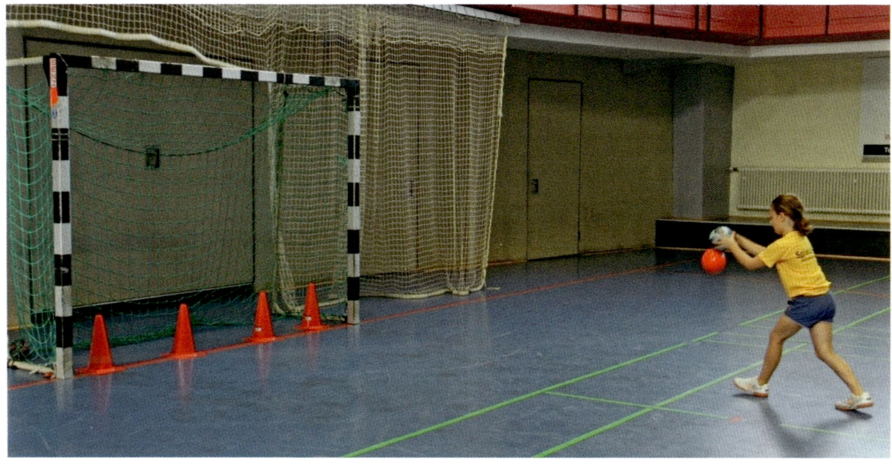

SPIELIDEE / ÜBUNGSABLAUF

Die Kinder halten einen Ball in ihrer dominanten Hand. Mit diesem prellen sie einen zweiten Ball (das Prellen kann zunächst auch beidhändig erfolgen). An einer Markierung prellen sie den zweiten Ball fest auf und werfen mit dem ersten Ball auf ein Ziel (z. B. einen Korb, ein Tor oder einen Kegel). Der Spieler holt sich dann den zweiten Ball und wirft diesen ebenfalls auf das Ziel (oder auf ein zweites Ziel).

VARIATIONEN

- Es wird mit zwei unterschiedlichen Bällen geprellt **(II)**
- Der zweite Ball wird nicht geprellt, sondern nach oben geschlagen (wie beim Baggern) **(III)**
- In der Halle werden Hindernisse aufgebaut (Stangen, Hütchen), die umprellt werden müssen **(III)**

HINWEISE

- Es können viele verschiedene Ziele (Kästen, Kartons, Körbe, Eimer, Tore, Basketballkörbe usw.) genutzt werden

MULTI-TASKING

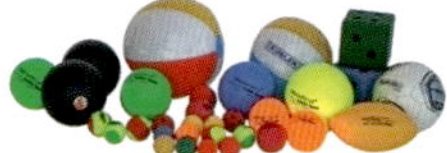

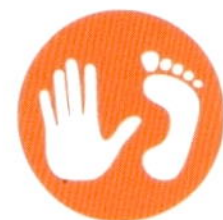

Organisationsdruck Zeit & Präzision			III

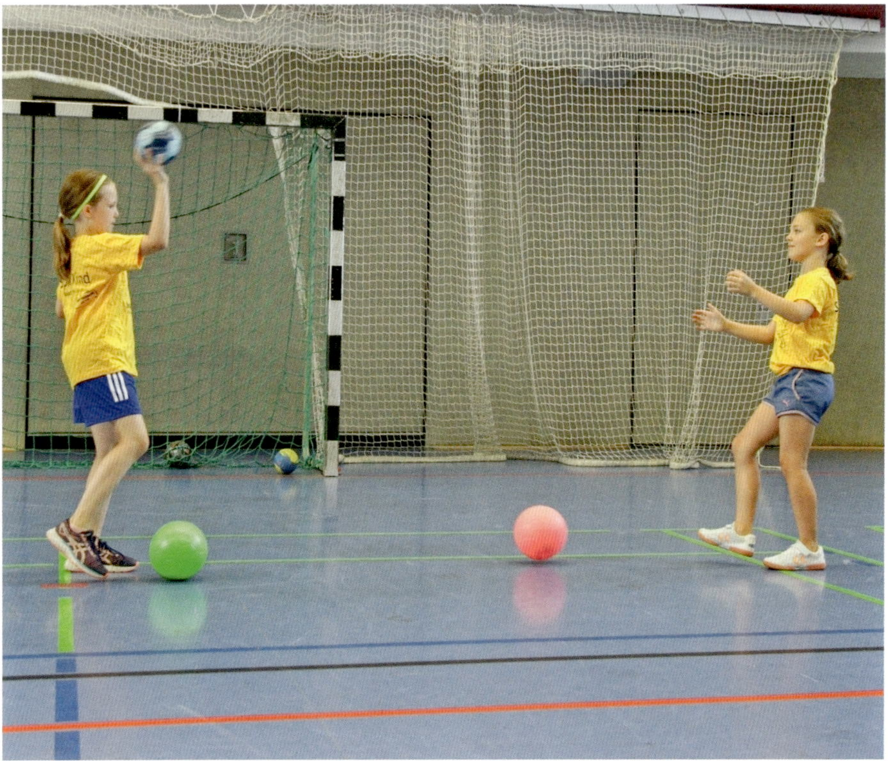

SPIELIDEE / ÜBUNGSABLAUF

Zwei Kinder passen sich einen Ball mit dem Fuß und einen weiteren Ball zeitgleich mit den Händen zu. Als Steigerung können zwei Bälle mit den Füßen und einer mit der Hand gepasst werden.

VARIATIONEN

- Ein Ball wird mit den Füßen hin und her gepasst, ein weiterer Ball wird mit dem Fuß und dem Kopf hin und her gespielt, sodass er stets nur einmal aufspringt **(III)**

GUTES AUGE (Roth, Memmert & Schubert, 2013, S. 109)

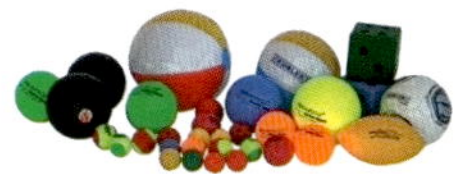

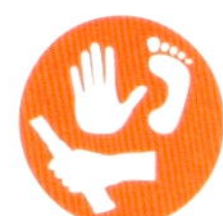

Variabilitätsdruck Zeit & Präzision	Zeitdruck Reaktion		I

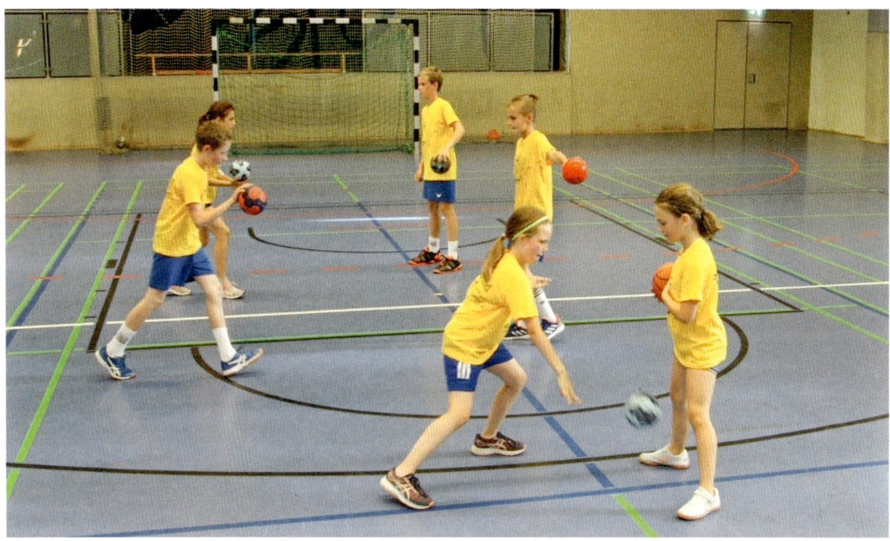

SPIELIDEE / ÜBUNGSABLAUF

Zwei gleichgroße Kindergruppen A und B stehen sich in einem Abstand von 15 bis 20 Meter gegenüber (Hallenlinien verwenden). Jeder Spieler hat einen Ball. Auf ein Kommando laufen beide Gruppen aufeinander zu. Die Kinder der Gruppe B zeigen, kurz bevor sie die Spieler der Gruppe A in der Mitte des Feldes treffen, eine von vier Aktionen:

- Arm nach links ausstrecken
- Arm nach rechts ausstrecken
- Beine grätschen
- Auf den Boden hocken

Die Kinder der Gruppe A müssen bei den beiden ersten Aktionen als Folgehandlung den Ball unter dem entsprechenden Arm eines Kindes der Gruppe B durchprellen, bei der dritten Aktion den Ball durch die Beine und bei der vierten mit einem Aufsetzer über ein Kind der Gruppe B spielen.

VARIATIONEN

- Die Übung wird mit dem Fuß oder Hockeyschläger durchgeführt **(II)**

HINWEISE

- Die Aktionen müssen frühzeitig und deutlich angezeigt werden

BALL-HOCHHALTEN

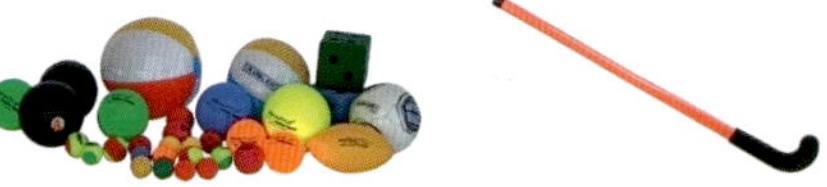

Variabilitätsdruck Zeit & Präzision	Präzisionsdruck Ablauf		II

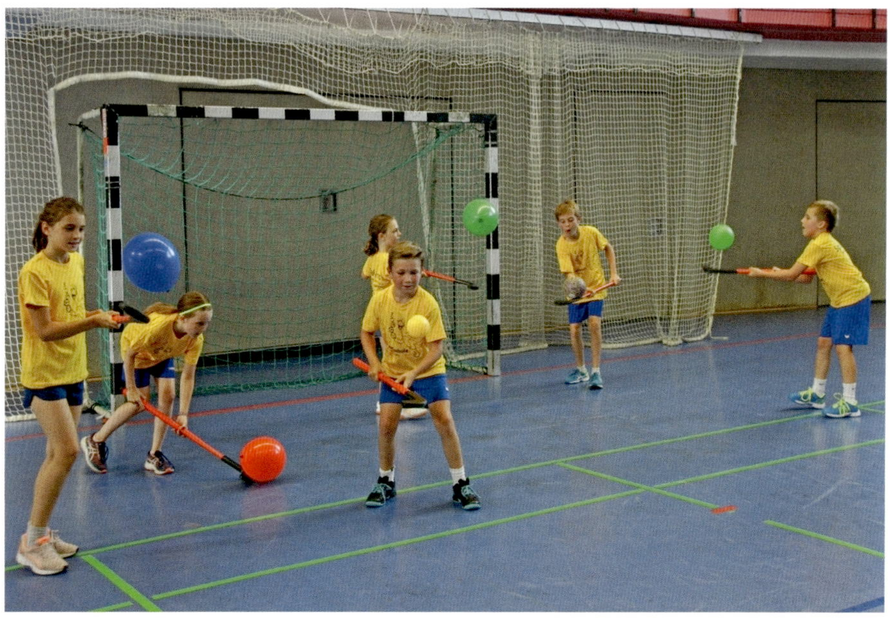

SPIELIDEE / ÜBUNGSABLAUF

Jedes Kind bekommt einen Hockeyschläger und einen Ball. Es sollten möglichst viele verschiedene Bälle benutzt werden (kleiner Softball, großer Softball, Wasserball, leichter Plastikball, Luftballon, Tennisball). Die Kinder versuchen, ihre Bälle mit dem Schläger fortlaufend hochzuschlagen. Auf ein Signal des Übungsleiters sucht sich jedes Kind einen neuen Ball. Welchen Ball können sie am häufigsten hochschlagen, ohne dass er den Boden berührt?

VARIATIONEN

- Die Bälle werden auf dem Schläger balanciert **(I)**

ZAHLEN-RONALDO

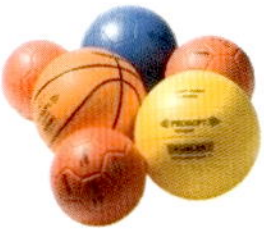
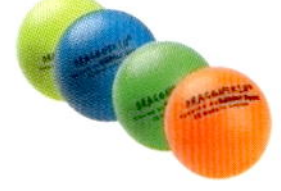
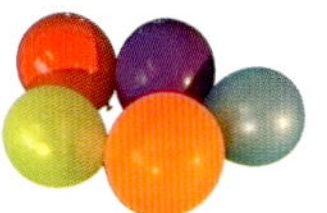
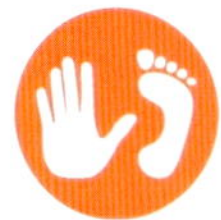

Variabilitätsdruck Zeit & Präzision	Zeitdruck Reaktion		I

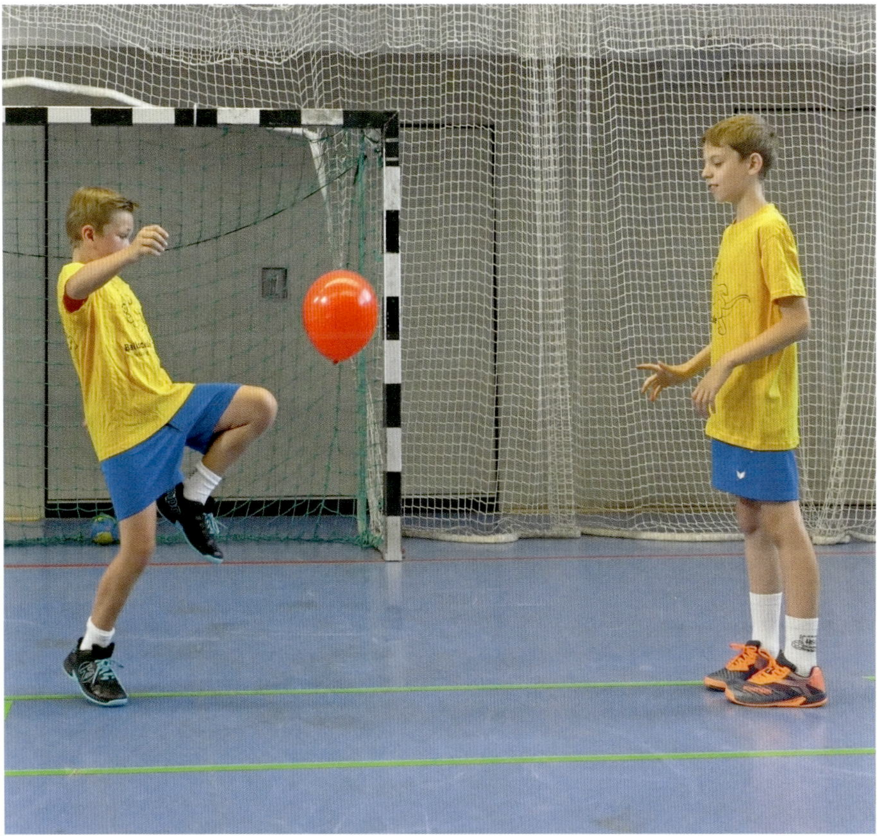

SPIELIDEE / ÜBUNGSABLAUF

Die Kinder stehen sich paarweise gegenüber. Den Körperteilen Fuß (r/l), Oberschenkel (r/l) und gegebenenfalls Kopf werden die Zahlen 1 bis 4 (5) zugeordnet. Kind A ruft eine Zahl (1, 2, 3, 4, (5)) und wirft zeitgleich/kurz danach Kind B den Ball zu. Kind B versucht, den Ball mit dem entsprechenden Körperteil (zurück) zu spielen.

VARIATIONEN

- Kind B steht mit dem Rücken zu Kind A und dreht sich erst nach dem Signal von Kind A um **(II)**

HINWEISE

- Das Zuspiel muss in Richtung des angesagten Körperteils erfolgen
- Leichte, weiche Bälle verwenden (gegebenenfalls Luftballons)

- Kind B versucht, den Ball so anzunehmen, dass er auf dem Boden aufprellt und dann mit dem Fuß zu Kind A zurückzuspielen **(III)**
- Beide Kinder versuchen, den Ball/Luftballon gemeinsam in der Luft zu halten und nutzen dafür situativ alle Körperteile 1 bis 5. Auch als Wettkampf zwischen den Kinderpaaren einsetzbar **(III)**

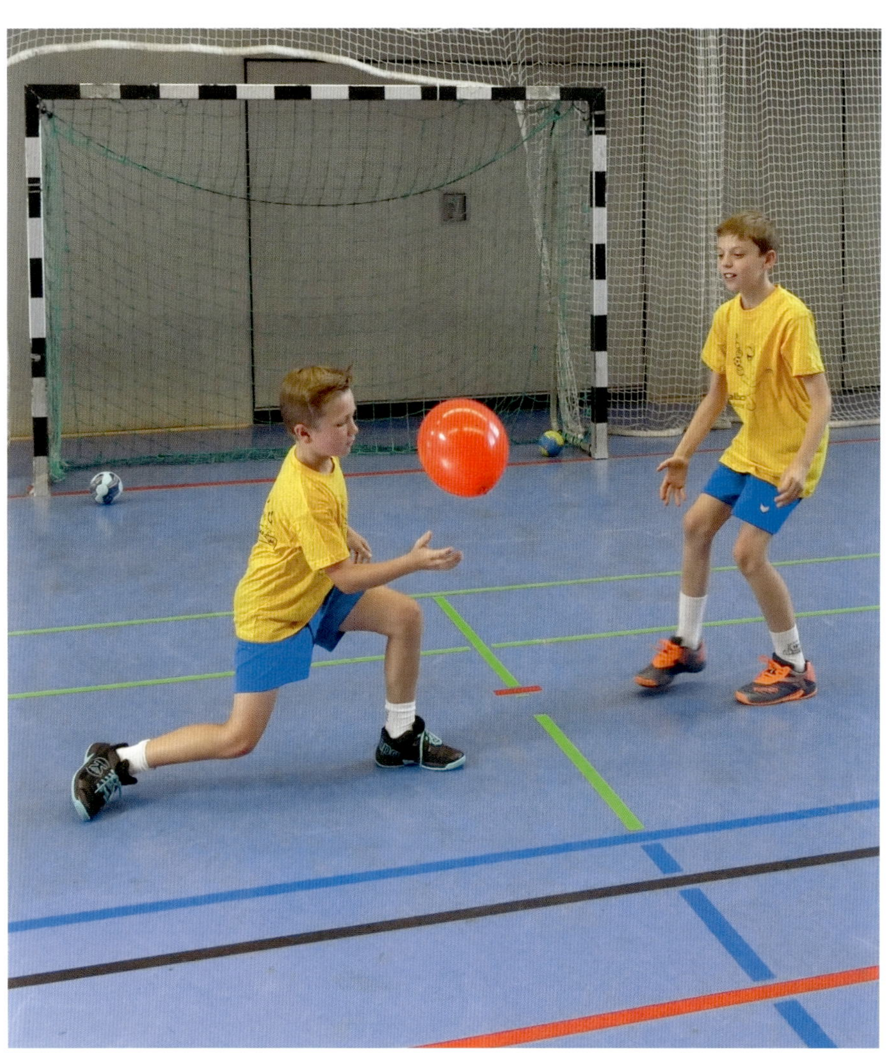

BALLGEFÄNGNIS

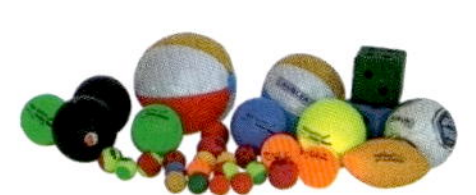
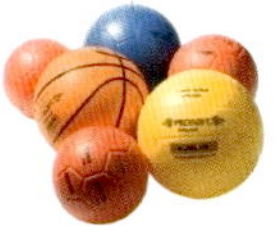
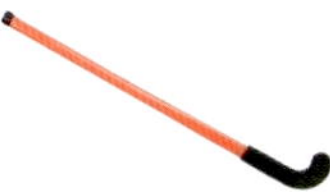
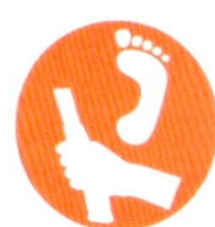

Variabilitätsdruck
Zeit & Präzision

II

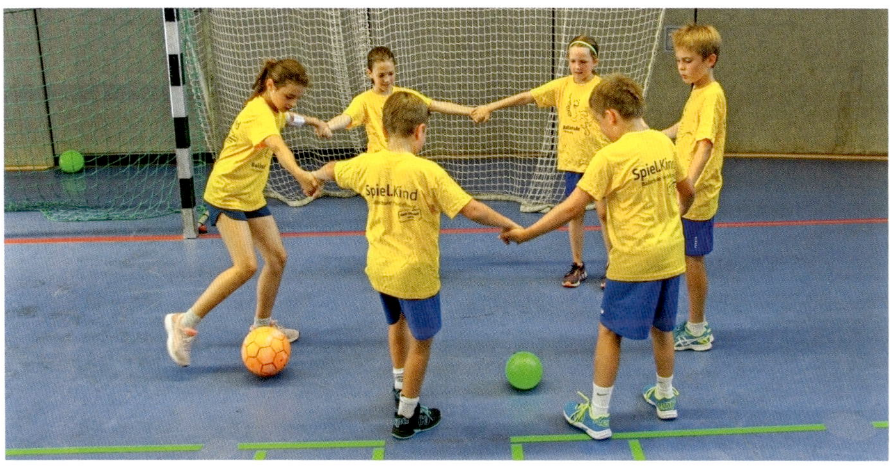

SPIELIDEE / ÜBUNGSABLAUF

Mindestens sechs Kinder fassen sich an den Händen und bilden einen geschlossenen Kreis. Die Kinder sollen sich mit dem Fuß unterschiedliche Bälle frei, ohne vorgegebenes Muster direkt oder mit zwei Kontakten zupassen, ohne dass ein Ball den Kreis verlässt. Die Anzahl der Bälle wird kontinuierlich erhöht. Wie viele Bälle schaffen die Kinder gleichzeitig?

VARIATIONEN

- Der Kreis dreht sich, während die Kinder den Ball passen **(II)**
- Mehrere Kreise machen ein Wettrennen. Durch Regeln das Hin- und Herpassen zweier Kinder im Kreis verhindern **(II)**
- Es werden zwei Bälle pro Kreis genutzt **(III)**
- Die Kinder eines Kreises spielen nicht mehr mit-, sondern gegeneinander. Das Kind mit Ball versucht, zwischen zwei anderen Spielern hindurchzuschießen, sodass immer alle Kinder ohne Ball zu Verteidigern werden (Softbälle nutzen) **(III)**

HINWEISE

- Die Übung kann auch mit dem Hockeyschläger durchgeführt werden. Dann fassen sich die Kinder nicht an den Händen

FARBVARIATIONEN

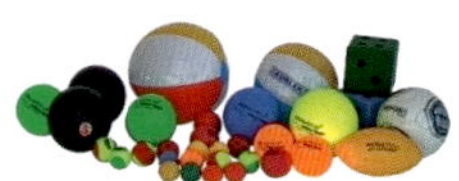

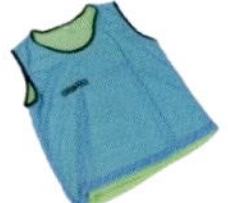

Variabilitätsdruck
Zeit & Präzision

II

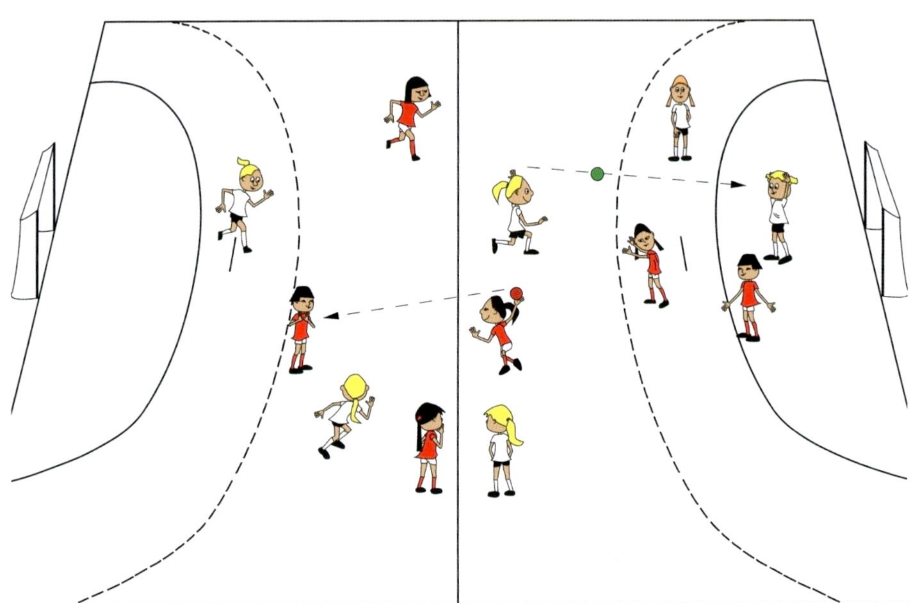

SPIELIDEE / ÜBUNGSABLAUF

Zwei Mannschaften spielen gegeneinander. Ziel ist es, einen Ball im gegnerischen Torraum (oder Zielfeld) abzulegen. Der Torraum darf von allen Kindern betreten werden. Es wird mit zwei Bällen unterschiedlicher Farbe gleichzeitig gespielt. Dabei darf z. B. der rote Ball nur mit der rechten Hand und der grüne Ball nur mit der linken Hand gepasst werden. Mit dem Ball in der Hand darf nicht gelaufen oder geprellt werden. Welchem Team gelingt es in einer bestimmten Zeit, mehr Bälle im gegnerischen Torraum zu platzieren?

VARIATIONEN

- Wird ein Pass als Bodenpass gespielt, muss das nächste Kind einen direkten Pass spielen und umgekehrt **(III)**
- Auf Pfiff des Übungsleiters wird die Spielrichtung geändert **(III)**

8

BALLSCHULE

ZIELSCHUSSSPIELE

PERZEPTIV-MOTORISCHE BASIS-KOMPETENZEN

REGISTER

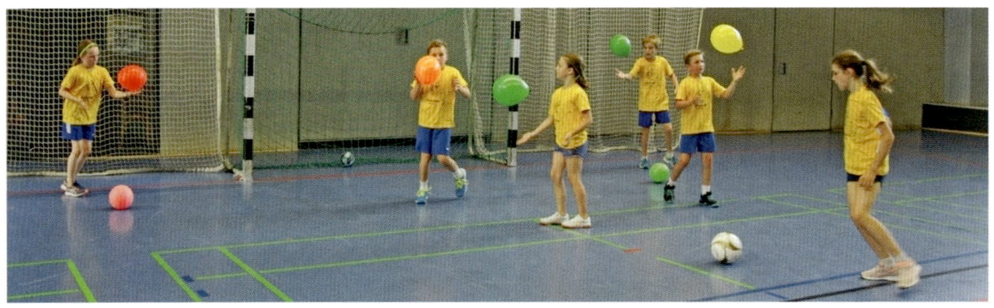

Name der Baustein-Übung	Komplexität	Motorische Ausführung	Seite
Ballannahme/-mitnahme			
Rückpass-Staffel	I	Fuß, Hockeyschläger	100
Gib ihm die Kirsche	II	Fuß, Hockeyschläger	101
Alles fliegt	II	Hand	102
Stopp mal!	II	Fuß, Hockeyschläger	103
Domino-Staffel	III	Hand, Fuß, Hockeyschläger	104
One-Touch	III	Hand, Fuß	105
Ballbesitz kontrollieren			
Ball am Berg	I	Fuß, Hockeyschläger	106
Schiebung	II	Hand, Fuß, Hockeyschläger	107
Rohes Ei	II	Fuß, Hockeyschläger	108
Um die Pfützen	II	Hand	109
Hinterkind	III	Fuß, Hockeyschläger	110
Zwillingspreller	III	Hand	111
Ballabgabe & Zielschuss – Winkel steuern			
Hütchentreffer	I	Hand, Fuß, Hockeyschläger	112
Mexiko	II	Fuß, Hockeyschläger	113
Viele Ziele	II	Hand	114
Hütchenwurfspiel	III	Hand, Fuß, Hockeyschläger	115
Gegen die Wand	III	Fuß, Hockeyschläger	116
Ballabgabe & Zielschuss – Krafteinsatz steuern			
Von der Wand	I	Hand	117
Schneller als der Ball	II	Fuß, Hockeyschläger, Hand	118
Klickerles	II	Fuß, Hockeyschläger, Hand	119
Pässe sparen	III	Hand	120

SCHIESS IHN RAUS!

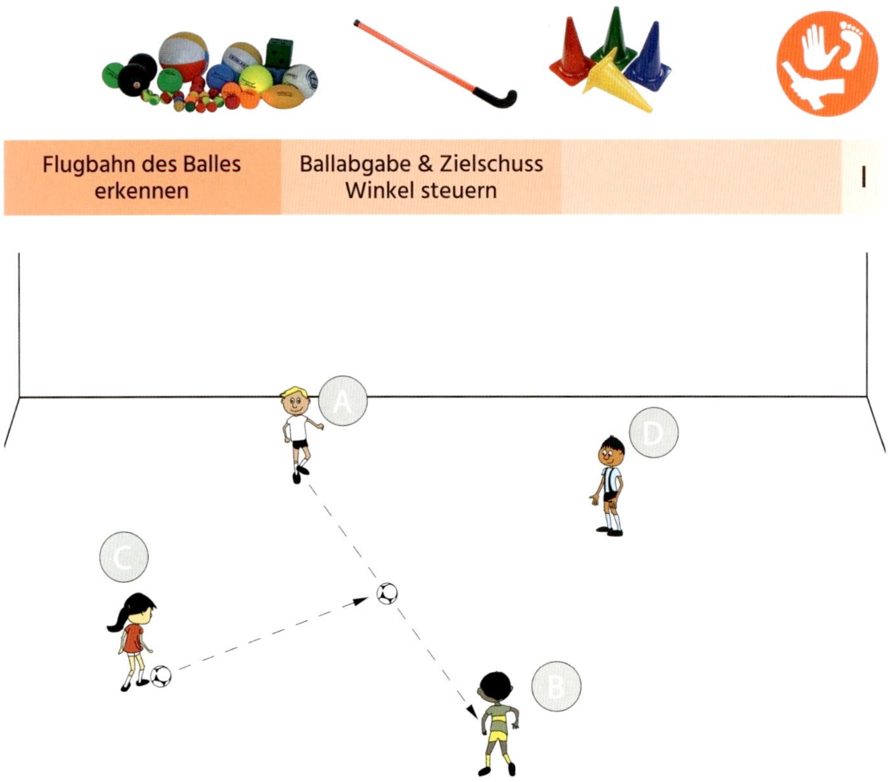

SPIELIDEE / ÜBUNGSABLAUF

Vier Kinder bilden ein Kreuz. Die jeweils gegenüberstehenden Kinder (A und B – C und D) sind Paare mit je einem Ball. A passt mit dem Fuß oder Hockeyschläger zu B und C versucht, mit seinem Ball den von A gepassten Ball „abzuschießen". Gelingt dies oder kann B den Ball nicht stoppen, tauschen die Paare die Rollen. Wenn kein Treffer gelingt und B den Ball stoppen kann, spielt B zu A und D versucht, den Ball herauszuschießen usw.

VARIATIONEN

- Das Spiel wird mit der Hand gespielt. Der Pass wird in diesem Fall gerollt oder mit dem Fuß/Hockeyschläger gespielt, aber per Wurf „abgeschossen" **(I)**

FUSSBALLTENNIS

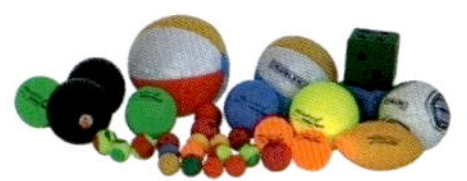
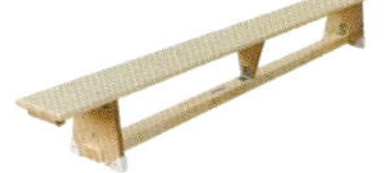
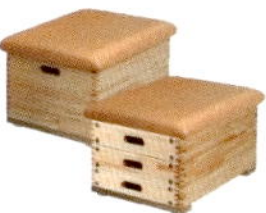
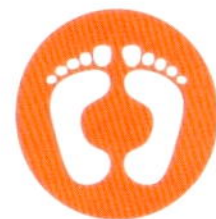

Flugbahn des Balles erkennen	Laufweg zum Ball bestimmen	Mit- & Gegenspielerpositionen/ -bewegungen erkennen	I

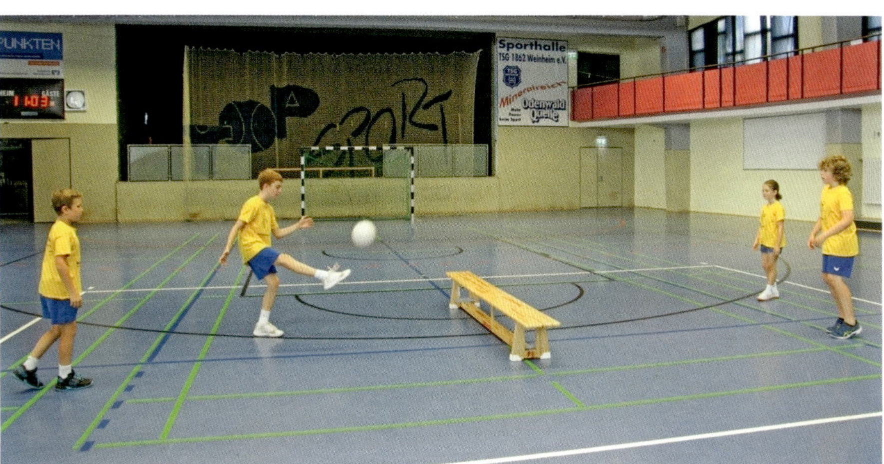

SPIELIDEE / ÜBUNGSABLAUF

Zwei Kinder spielen auf einem Feld, das durch eine Turnbank getrennt ist, gegeneinander. Der Ball wird mit dem Fuß aus der Hand geschossen, sodass er über die Bank fliegt und im gegnerischen Feld landet. Dort versucht das andere Kind, den Ball zu fangen, bevor er das zweite Mal den Boden berührt. Gelingt dies, schießt das Kind den Ball von der Position des Fangens auf dieselbe Weise wieder zurück. Gelingt es einem Kind nicht, den Ball vor dem zweiten Bodenkontakt zu fangen, erhält das andere Kind einen Punkt. Ist der erste Bodenkontakt außerhalb des Spielfeldes oder bleibt der Ball an der Turnbank hängen, erhält ebenfalls das andere Kind einen Punkt. Die Angabe erfolgt abwechselnd.

VARIATIONEN

- Das Spiel wird als Mannschaftsspiel mit zwei bis sechs Kindern pro Seite gespielt. Pässe innerhalb der Mannschaft sind erlaubt **(I)**
- Als Steigerung wird ohne Bodenkontakt gespielt **(II)**

HINWEISE

- Gegebenenfalls darf der Ball auch aus der Hand auf den Boden fallen gelassen werden und wird erst dann geschossen

ABWEHRSCHATTEN

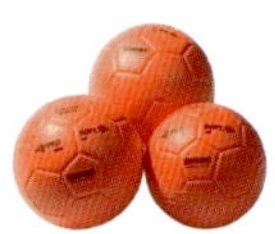
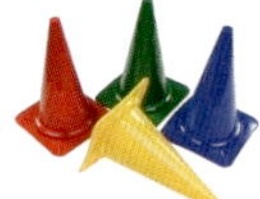
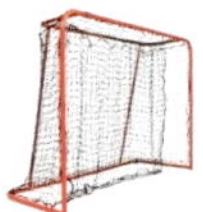
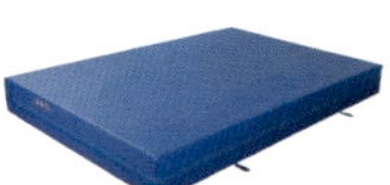
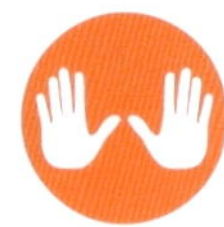

Flugbahn des Balles erkennen	Mit- & Gegenspielerpositionen/ -bewegungen erkennen		II

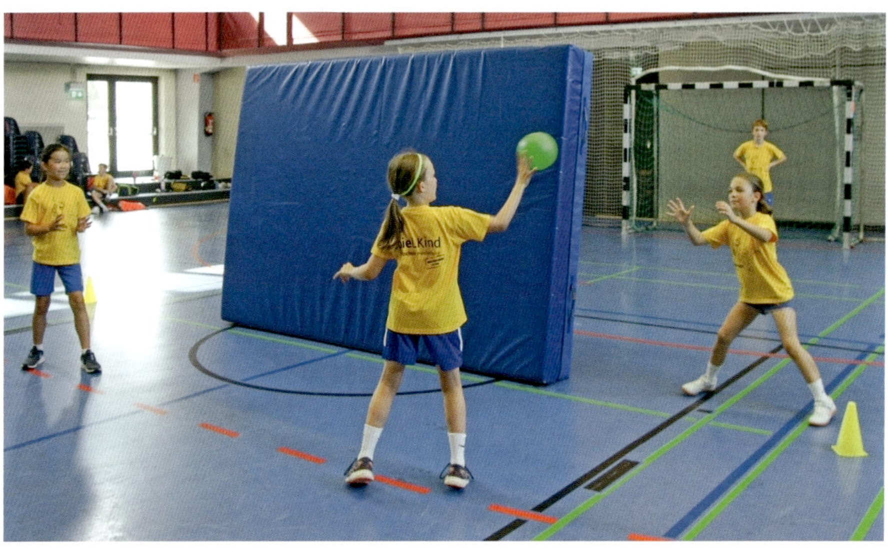

SPIELIDEE / ÜBUNGSABLAUF

Auf der Sieben-Meter-Linie steht eine Weichbodenmatte als Sichtschutz. Dahinter befindet sich direkt am Kreis ein Kind. Zwei weitere Kinder passen sich auf Höhe der Freiwurflinie im Abstand von drei bis vier Metern fortwährend einen Ball zu. Irgendwann läuft das Kind am Kreis zu einem der beiden Hütchen und bekommt schnellstmöglich einen Pass von dem Kind, das gerade den Ball hat. Das Kind am Kreis fängt den Ball und schließt mit einem Torwurf ab.

VARIATIONEN

- Statt der Weichbodenmatte steht ein weiteres Kind auf der Sieben-Meter-Linie und versucht, den Pass abzufangen bzw. das Zuspiel zu erschweren **(III)**

ABROLLEN

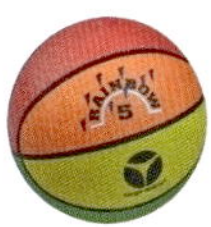
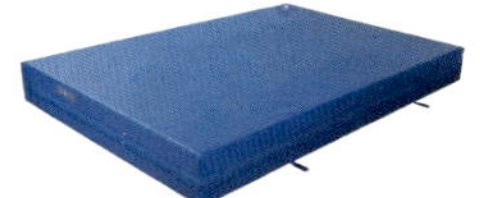
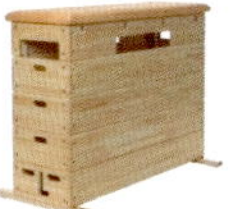

Flugbahn des Balles erkennen	Laufweg zum Ball bestimmen		II

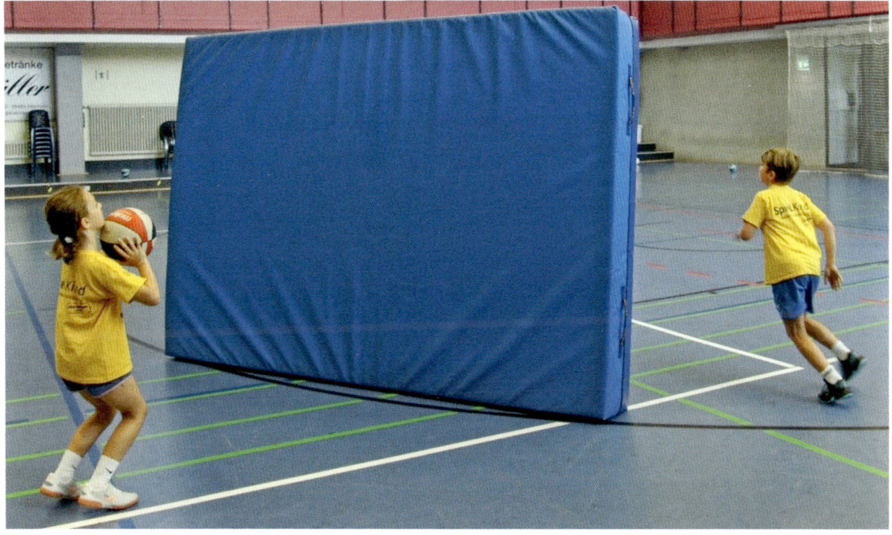

SPIELIDEE / ÜBUNGSABLAUF

An der 3-Punkte-Linie des Basketballfeldes befindet sich eine aufgestellte Weichbodenmatte als Sichtschutz. Die Matte kann z. B. durch einen großen Kasten gestützt werden. Ein Kind steht mit Ball vor der Matte. Ein weiteres Kind steht seitlich neben der Matte mit Blick zur Matte. Das Kind mit Ball prellt diesen einmal auf den Boden. Daraufhin dreht sich das andere Kind an der Matte weg und läuft Richtung Korb. Das Kind vor der Matte spielt einen Pass über die Matte in den Lauf des gestarteten Kindes, das den Ball fängt und mit einem Korbwurf abschließt.

VARIATIONEN

- Flugkurven und Geschwindigkeiten der Würfe werden ständig variiert **(III)**

GEGENSTOSS

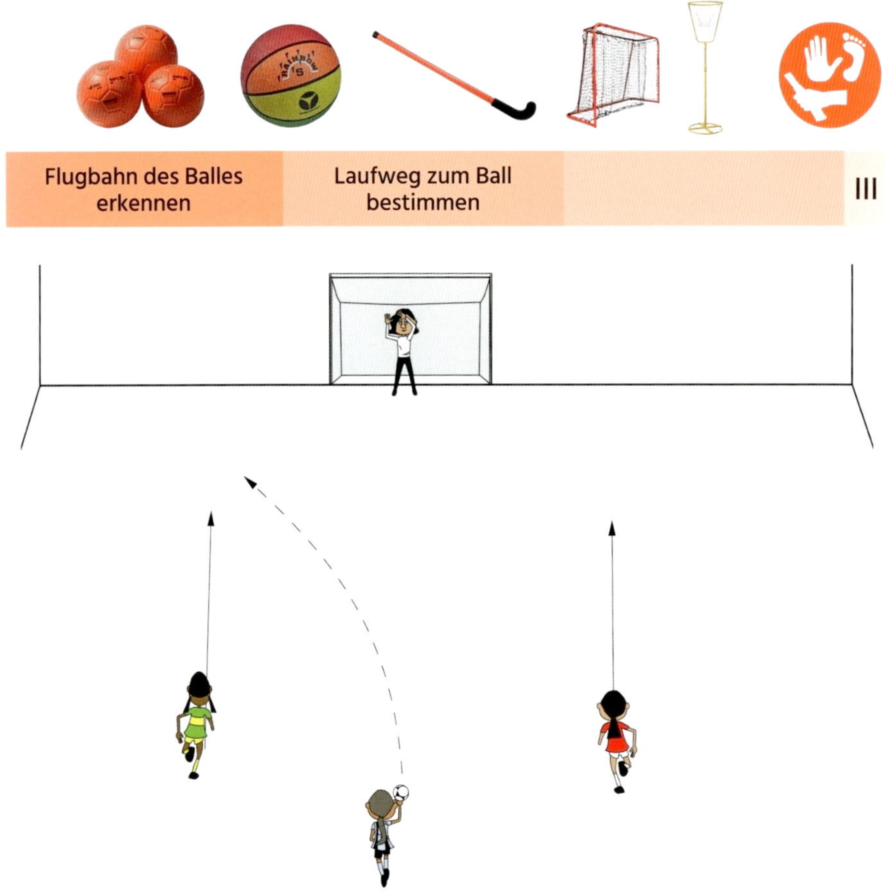

SPIELIDEE / ÜBUNGSABLAUF

Zwei Kinder stehen mit Blickrichtung zum gegenüberliegenden Tor etwa sieben Meter auseinander. Einige Meter hinter ihnen steht ein weiteres Kind mit Ball (Torhüter). Auf ein Kommando starten die beiden Kinder ohne Ball geradeaus in Richtung des Tores. An einer definierten Linie (⅓ bis ½ des Weges zum Tor) schauen die beiden Kinder im Lauf nach hinten. Das Kind mit Ball passt den Ball in diesem Moment einem der beiden Kinder in den Lauf. Dieses Kind wird nun zum Angreifer, das andere Kind zum Verteidiger. Das angreifende Kind versucht, ein Tor zu erzielen.

HINWEISE

- Die Kinder dürfen ihr Tempo nicht verlangsamen, der Torhüter muss den Ball in den Lauf spielen. Es gibt eine festgelegte Zone, in der auf das Tor oder den Korb geworfen wird

VARIATIONEN

- Das Spiel wird mit dem Fuß oder mit Hockeyschlägern gespielt **(III)**

BALL-ABWEHR (vgl. Roth, Memmert & Schubert, 2013, S. 123)

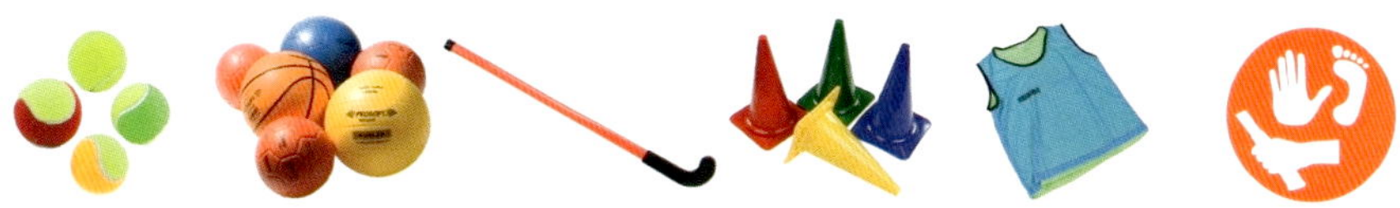

Mit- & Gegenspielerpositionen/ -bewegungen erkennen	Lücke erkennen		I

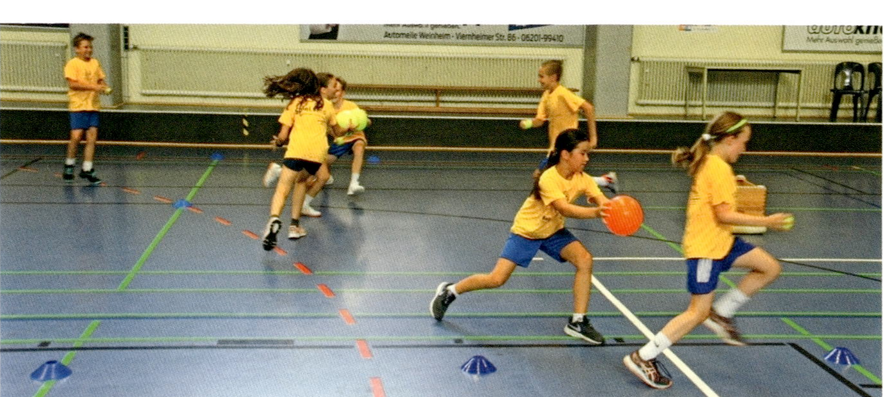

SPIELIDEE / ÜBUNGSABLAUF

Vier bis sechs Kinder bilden das angreifende Team. Ihre Aufgabe besteht darin, Tennisbälle aus einem Vorrat in eine Zielzone zu bringen und dort abzulegen. Auf dem Weg vom Vorrat zur Zielzone müssen sie die Abwehrzone durchqueren. Hier befinden sich drei bis fünf Kinder (eins weniger als Angreifer), die einen Softball in beiden Händen halten. Die Abwehrkinder versuchen, die Angriffskinder beim Durchqueren der Zone mit ihrem Ball zu berühren. Gelingt ihnen dies, muss das berührte Kind zurück zum Startpunkt/Vorrat und von Neuem beginnen. Nach einer bestimmten Zeit oder wenn alle Tennisbälle erfolgreich abgelegt wurden, werden die Rollen gewechselt.

VARIATIONEN

- Um die Schwierigkeit zu erhöhen und mehr Kindern das Mitspielen zu ermöglichen, werden zwei (oder mehr) Verteidigungszonen eingerichtet **(II)**
- Statt Tennisbälle zu tragen, werden größere Bälle geprellt oder mit dem Fuß/ Hockeyschläger geführt **(II)**

HINWEISE

- Bei geübten Gruppen kann in Gleichzahl zwischen Angriff und Abwehr gespielt werden
- Statt der Softbälle können andere weiche Bälle oder Luftballons genutzt werden. Ebenso können statt der Tennisbälle andere Bälle oder beliebige Alltagsgegenstände transportiert werden

PENDELABWEHR

Mit- & Gegenspielerpositionen/ -bewegungen erkennen	Überzahl kooperativ herausspielen		I

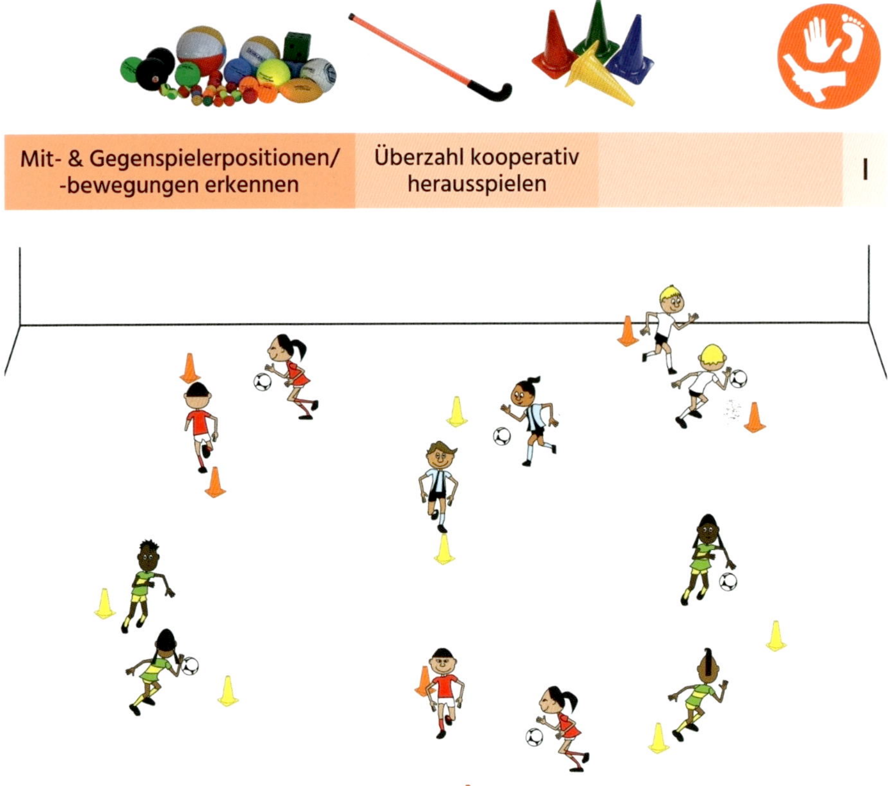

HINWEISE

- Die Rollen der Kinder sollten häufig getauscht werden
- Die Breite der Hütchentore sollte dem Könnensstand der Kinder angepasst werden. Je größer die Tore, desto einfacher wird es, hindurchzukommen

SPIELIDEE / ÜBUNGSABLAUF

Auf einem beliebigen Spielfeld werden Hütchentore aufgestellt. In jedem Hütchentor bewegt sich ein verteidigendes Kind permanent hin und her. Das Tempo soll konstant bleiben und die Richtung immer nur an den Hütchen geändert werden. Die Kinder „pendeln" also zwischen den Hütchen. Nun versucht ein anderes Kind ballführend oder -prellend, im richtigen Moment durch das Hütchentor zu laufen.

DURCHBRUCH

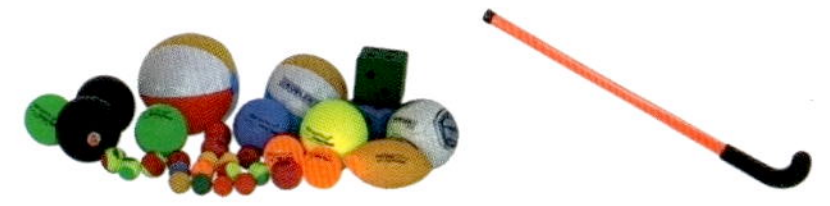

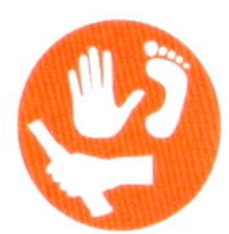

Mit- & Gegenspielerpositionen/ -bewegungen erkennen | Lücke erkennen | Ballbesitz individuell sichern

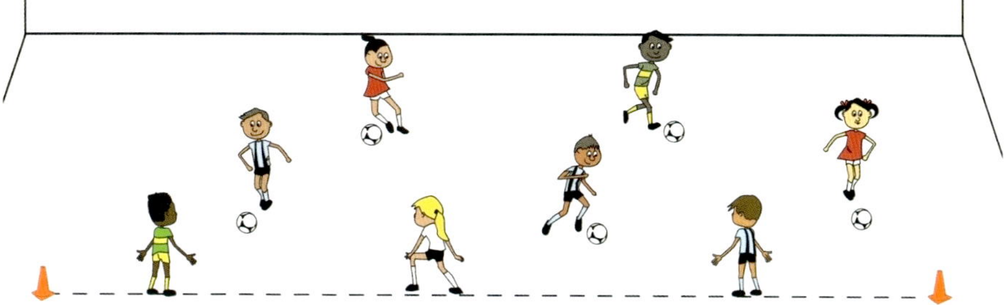

SPIELIDEE / ÜBUNGSABLAUF

Ein bis drei Wächterkinder stehen auf der Mittellinie. Alle anderen Kinder stehen auf einer Seite der Mittellinie und haben einen Ball am Fuß/Hockeyschläger. Ab dem Startkommando haben die Kinder z. B. 20 Sekunden Zeit, die Mittellinie dribbelnd/ballführend zu überqueren, ohne von den Wächterkindern berührt zu werden (oder den Ball abgenommen zu bekommen). Die Wächterkinder dürfen sich auf der Linie frei bewegen, diese aber nicht nach vorne oder hinten verlassen (ein Fuß muss immer die Linie berühren). Wer von den Wächterkindern berührt wurde (oder den Ball verliert), wird in der nächsten Runde zu einem weiteren Wächterkind. Das Spiel wird nun von der anderen Seite gegebenenfalls mit mehr Wächterkindern wiederholt, bis nur noch ein Kind nicht zum Wächterkind wurde bzw. bis kein Durchbruch mehr möglich ist.

VARIATIONEN

- Die dribbelnden Kinder starten in zwei Gruppen zeitgleich von beiden Seiten der Linie. Die Wächterkinder müssen nun in beide Richtungen verteidigen **(II)**
- Es ist nur ein Ball im Spiel. Dieser muss an den Wächtern vorbeigedribbelt werden, darf also nicht über die Linie gepasst/geschossen werden. Die Kinder dürfen sich den Ball gegenseitig zuspielen, bis ein Durchbruch möglich ist **(II)**

HINWEISE

- Das Spiel ist auch mit der Hand möglich. In diesem Fall wird der Ball geprellt
- Falls keine Linie vorhanden ist, kann diese mit Hütchen dargestellt werden. Alternativ kann eine Bahn aus Turnmatten gelegt werden. Diese bildet bei rollenden Bällen allerdings ein Hindernis

BALLTRANSPORT

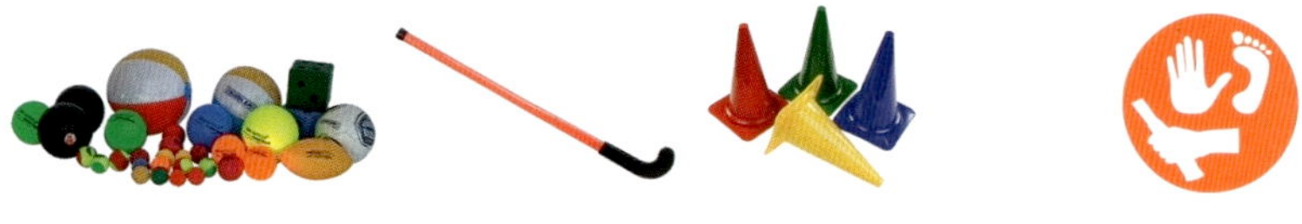

Mit- & Gegenspielerpositionen/ -bewegungen erkennen	Überzahl kooperativ herausspielen		II

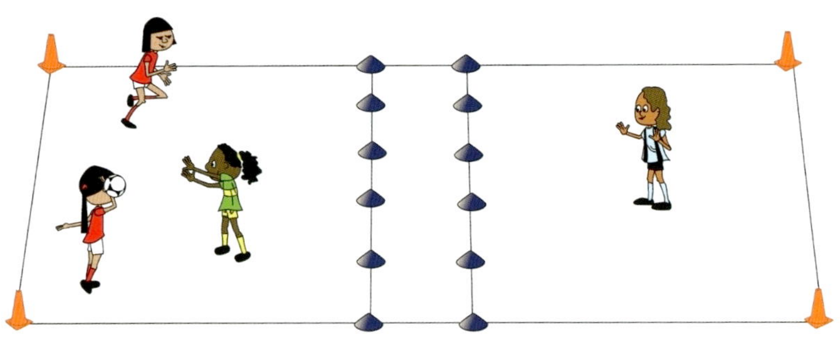

SPIELIDEE / ÜBUNGSABLAUF

Zwei Kinder versuchen, ein längliches Spielfeld zu durchqueren. Das Spielfeld ist in zwei Zonen unterteilt und in jeder der Zonen befindet sich ein verteidigendes Kind. Zwischen den beiden Zonen ist ein kleiner neutraler Korridor. Die angreifenden Kinder sollen mittels Passspiels und/oder Dribbling (prellen/Ball mit dem Fuß oder Hockeyschläger führen) die beiden verteidigenden Kinder nacheinander ausspielen. Den verteidigenden Kindern können verschiedene Abwehrmethoden an die Hand gegeben werden: Die Verteidigung kann körperlos erfolgen, es darf demnach nur der Raum verteidigt und der Ball berührt werden. Die Verteidigung kann aber auch per Kontakt („abschlagen") des ballführenden Kindes erfolgen.

VARIATIONEN

- Das Spiel wird mit mehr angreifenden und entsprechend mehr verteidigenden Kinder pro Zone gespielt. Gegebenenfalls muss die Spielfeldgröße angepasst werden **(III)**

KREISABWEHR

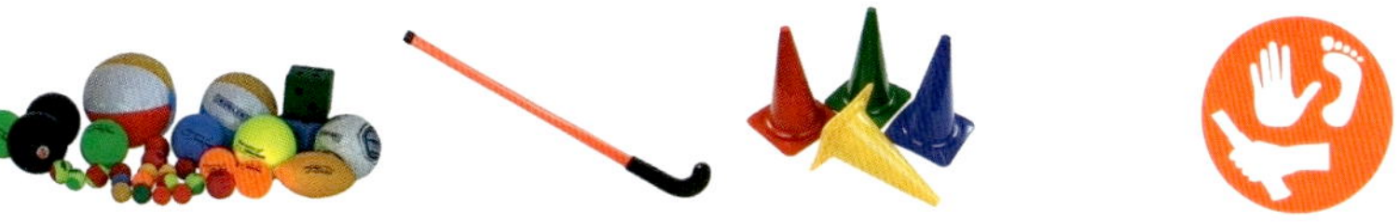

Mit- & Gegenspielerpositionen/ -bewegungen erkennen			II

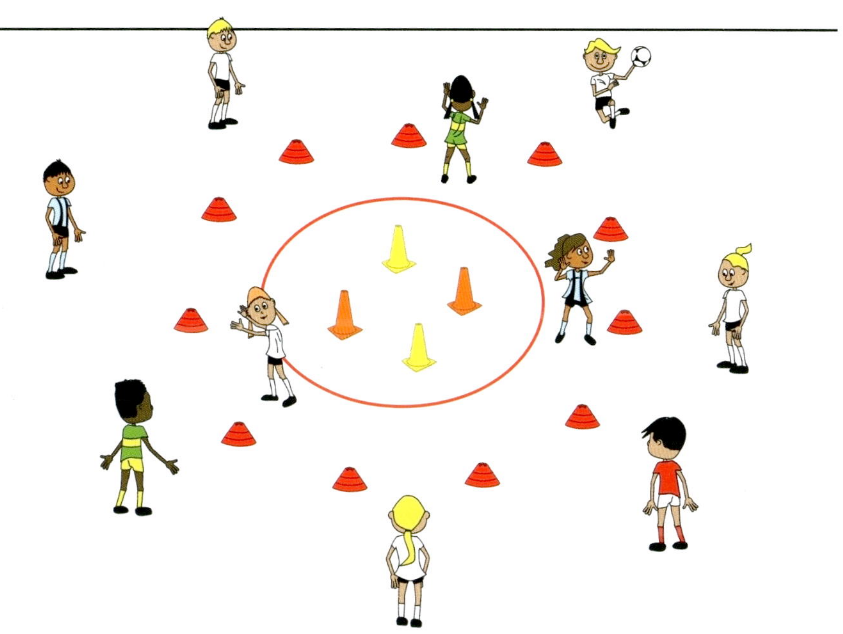

SPIELIDEE / ÜBUNGSABLAUF

In einem Kreis (z. B. Mittelkreis) werden drei bis vier Hütchen aufgestellt. Zwei bis drei Kinder verteidigen den Kreis, ohne ihn zu betreten. Diese Kinder befinden sich in einem z. B. mit Hütchen markierten ein bis zwei Meter breiten Korridor. Außerhalb dieses Korridors befinden sich die angreifenden Kinder. Diese haben einen Ball, den sie sich zupassen dürfen und versuchen, die Hütchen im inneren Kreis abzuwerfen bzw. abzuschießen.

HINWEISE

- Schrittregeln können genutzt werden. Den angreifenden Kindern kann das Laufen mit Ball erlaubt werden

BLINDES VERSTÄNDNIS

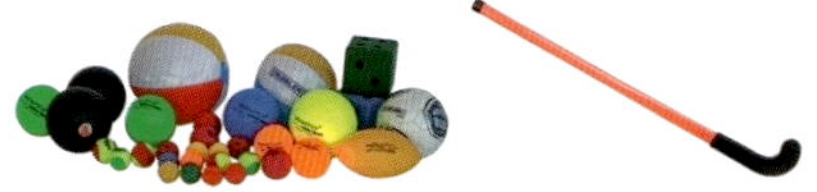

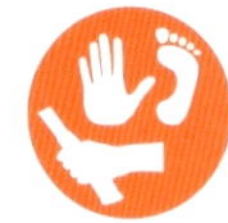

Mit- & Gegenspielerpositionen/ -bewegungen erkennen	Anbieten & Orientieren		III

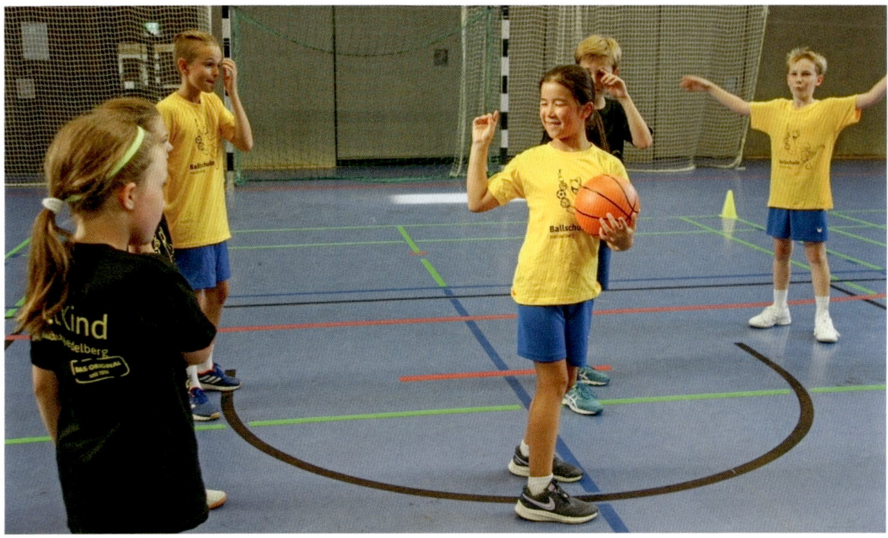

SPIELIDEE / ÜBUNGSABLAUF

Es wird ein beliebiges Parteiball- oder Invasionsspiel (Abschlussziele) mit der Hand, dem Fuß oder Hockeyschlägern gespielt. Auf das Kommando „blind!" muss das ballführende Kind sofort die Augen schließen und alle anderen Kinder müssen an Ort und Stelle stehen bleiben. Nun darf das ballführende Kind per Fingerzeig andere Kinder bzw. deren aktuelle Position anpeilen und deren Rolle (Mit-/Gegenspielerin) benennen. Pro korrekt angezeigtem Kind inklusive Rolle gibt es einen Extrapunkt. Z. B. können drei Extrapunkte ein Tor/einen Punkt für das Hauptspiel bedeuten.

HINWEISE

- Spielformen mit stehender Angriffs- oder Abwehrformation vermeiden
- Neben korrekter Position und Rolle können weitere Attribute abgefragt werden: z. B. Name, Kleidung, starker Fuß/starke Hand, gedeckt/frei usw.

VARIATIONEN

- Alle Kinder schließen bei Kommando „blind!" die Augen und bleiben stehen. Nun können beliebige Kinder zum Zeigen aufgefordert werden **(III)**

LUFTBALLON-DUELL

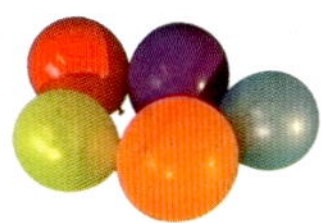

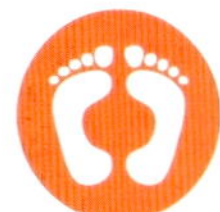

Laufweg zum Ball bestimmen	Flugbahn des Balles erkennen	Mit- & Gegenspielerpositionen/ -bewegungen erkennen	I

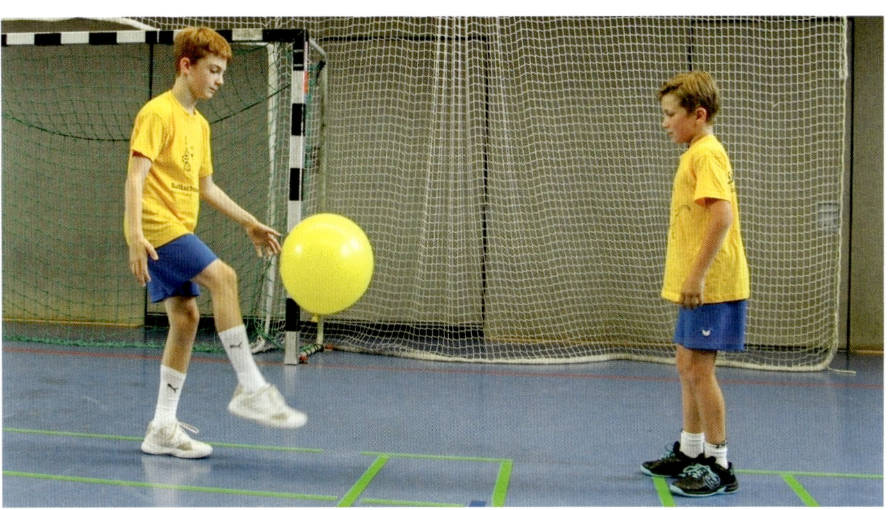

SPIELIDEE / ÜBUNGSABLAUF

Zwei Kinder spielen mit einem Luftballon gegeneinander in einem mehr oder weniger unbegrenzten Raum, der gegebenenfalls mit Großgeräten interessant gestaltet ist. Ziel ist es, den Luftballon so mit dem Fuß zu spielen, dass der Gegner ihn nicht erreicht, bevor er den Boden berührt. Der Luftballon darf nur von unten nach oben gespielt werden!

HINWEISE

- Kreisrunde Latexballone eignen sich besser als handelsübliche Luftballone
- Anfangs kann der Ballon einmal den Boden berühren,, sodass erst der zweite Bodenkontakt als Fehler gilt
- Das Spiel soll bewusst nicht linear, also einfach nur hin und her, gespielt werden

VARIATIONEN

- Das Spiel wird in kleinen Mannschaften (zwei bis vier Kinder pro Team) gespielt. Die beiden Mannschaften müssen abwechselnd den Ballon spielen. Ob dafür innerhalb der Mannschaften eine festgelegte Reihenfolge besteht oder nicht, ist frei wählbar **(II)**
- Statt des Luftballons wird ein Wasser-/Strandball genutzt. Hierdurch wird das Spiel deutlich anspruchsvoller **(III)**

REBOUND-KÖNIG

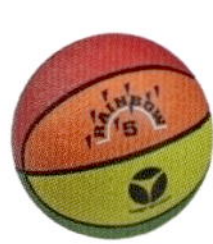
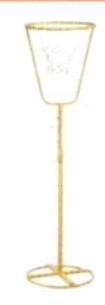

Laufweg zum Ball bestimmen			II

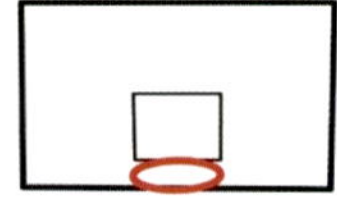
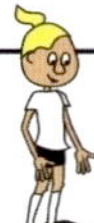
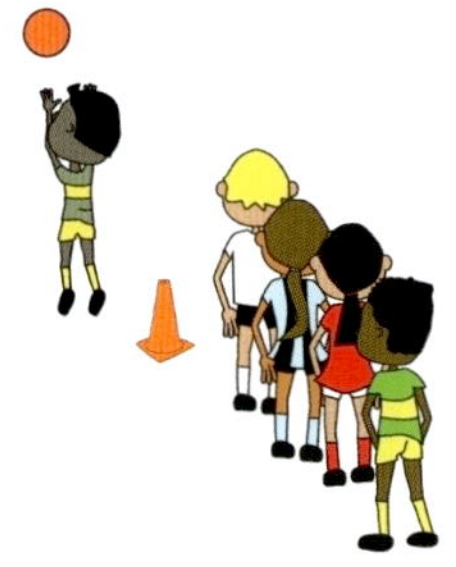

SPIELIDEE / ÜBUNGSABLAUF

Vier bis sechs Kinder spielen an einem Korb oder Korbständer. Ein Kind stellt sich ohne Ball unter den Korb/an den Korbständer. Alle anderen haben jeweils einen Ball und stellen sich hintereinander an einer Markierung mit realistischer Wurfentfernung auf.

Das erste Kind wirft auf den Korb/Korbständer. Trifft es, bekommt das Werfer-Team einen Punkt. Trifft es nicht, versucht das Kind unter dem Korb/am Korbständer, den Rebound zu bekommen, bevor der Ball den Boden berührt. Gelingt dies, darf das Kind von der Fangposition aus auf den Korb/Korbständer werfen. Die Treffer werden ebenfalls zusammenaddiert. Nach zwei oder drei Wurfdurchgängen gewinnt entweder das Werfer-Team oder das Kind, das die Rebounds verwertet.

HINWEISE

- Wenn das Fangen der Rebounds noch zu schwierig ist, darf der Ball einmal aufspringen

HANDBALL-SQUASH

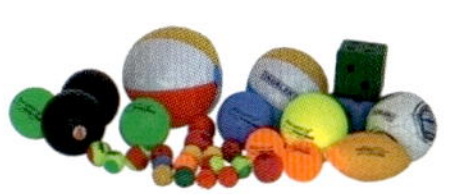
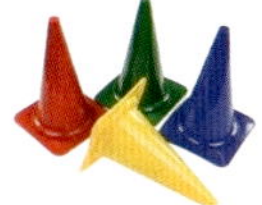
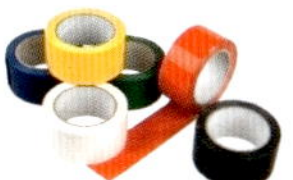
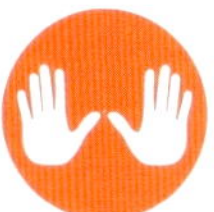

Laufweg zum Ball bestimmen	Ballannahme & -mitnahme		I

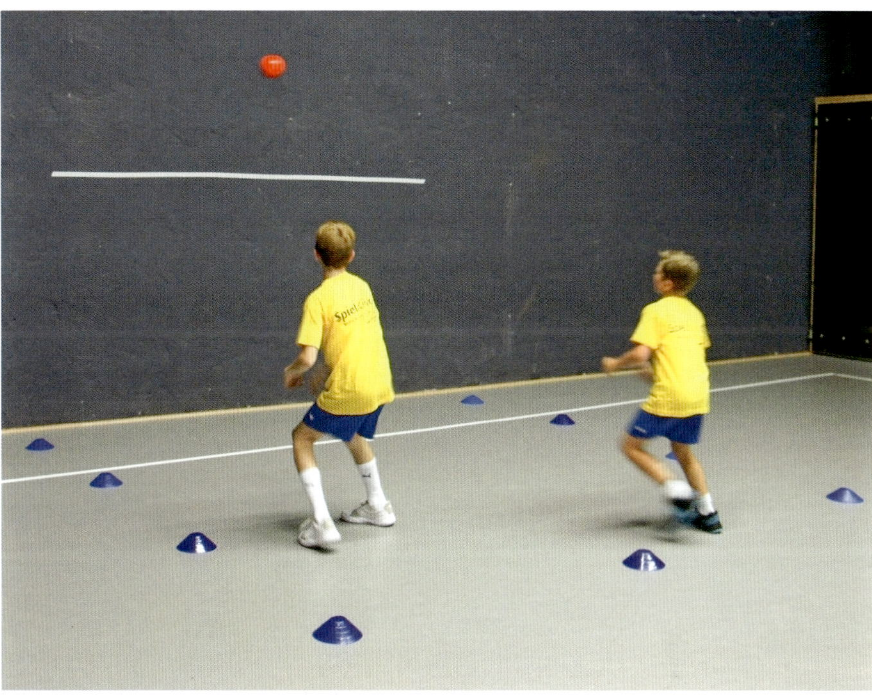

SPIELIDEE / ÜBUNGSABLAUF

Zwei Kinder haben einen Ball und suchen sich einen Platz nahe der Wand. An dieser wird eine Markierung (Klebeband oder vorhandene Markierungen nutzen) zwischen 1,5 und zwei Metern Höhe angebracht. Mit Hütchen wird ein Spielfeld markiert (je höher das „Netz", desto größer das Spielfeld). Die Kinder werfen abwechselnd an die Wand über die Netzmarkierung. Das jeweils andere Kind muss den Ball fangen, bevor dieser den Boden im Spielfeld berührt. Es muss von derselben Position erneut an die Wand werfen. Ein Punkt wird erzielt, wenn der Ball nicht gefangen werden kann oder der Ball direkt den Boden innerhalb des Spielfelds berührt.

HINWEISE

- Zu Beginn darf der Ball bei Bedarf einmal den Boden berühren

TUNNELRAUPE

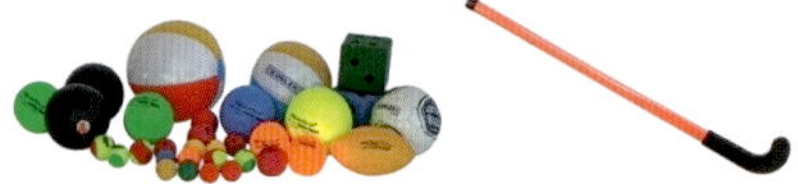

Laufweg zum Ball bestimmen			II

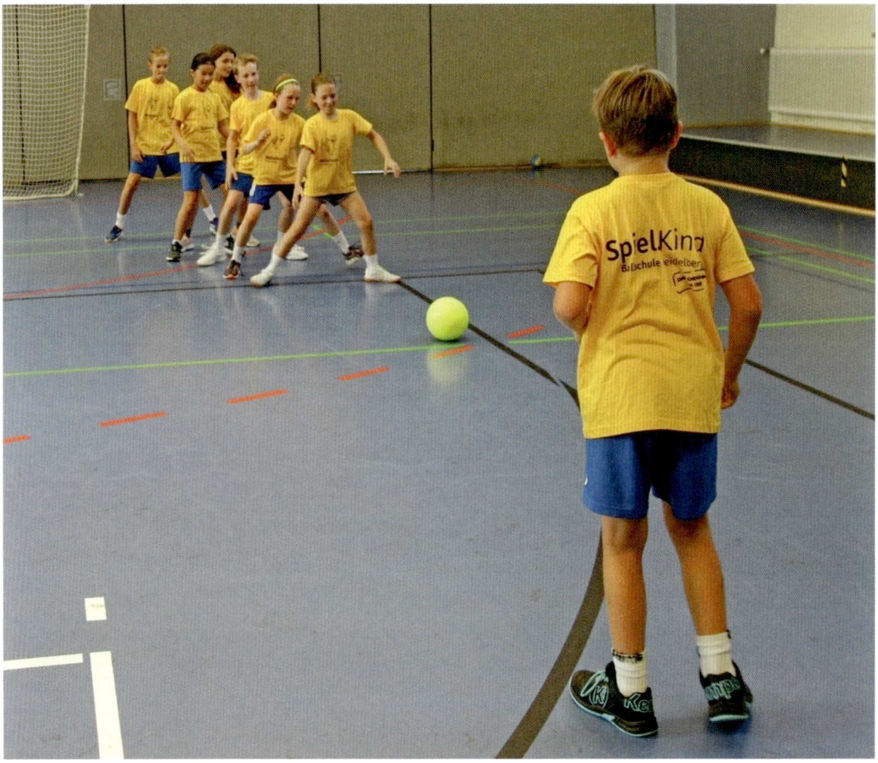

SPIELIDEE / ÜBUNGSABLAUF

Zwei oder mehr Kinder stehen hintereinander mit leicht gegrätschten Beinen. Gegenüber in einiger Entfernung steht ein weiteres Kind (oder der ÜL) mit Ball. Das Kind mit Ball spielt nun einen flachen Pass (Fuß/Schläger) rechts oder links neben die Kinderraupe. Diese bewegt sich mit „Sidesteps“ so, dass der Ball bei allen Kindern durch die gegrätschten Beine rollt.

VARIATIONEN

- Mögliche Alternative bei Hockeyschlägern: Der Ball soll bei den Kindern der Raupe zwischen rechtem/linkem Fuß und Schläger durchrollen **(III)**

BALLKREIS

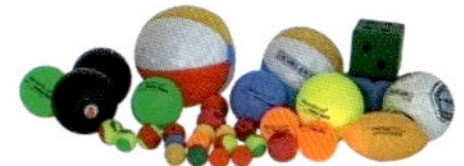

Laufweg zum Ball bestimmen	Flugbahn des Balles erkennen		III

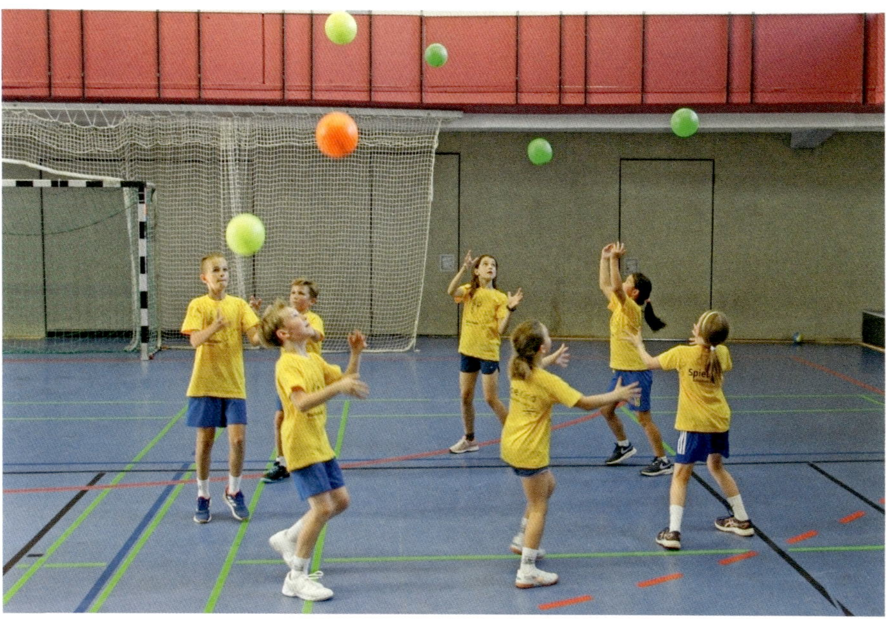

SPIELIDEE / ÜBUNGSABLAUF

Fünf bis sieben Kinder laufen im Kreis hintereinander her. Auf ein Signal hin werfen alle ihren Ball möglichst senkrecht nach oben, laufen dabei weiter und versuchen, den Ball des Kindes vor ihnen zu fangen.

VARIATIONEN

- Auf ein zweites, anderes Signal hin wird der Ball ebenfalls senkrecht nach oben geworfen, die Kinder drehen sich nun um und versuchen, den Ball des Kindes hinter ihnen zu fangen. Beide Signale werden in zufälliger Reihenfolge vorgegeben **(III)**

HINWEISE

- Zunächst im Gehen ausprobieren
- Anfangs darf der Ball einmal den Boden berühren
- Die Kinder sollen selbst herausfinden, wie groß der Kreis idealerweise sein muss bzw. welche Abstände sie zueinander haben sollten

RÜCKPASS-STAFFEL

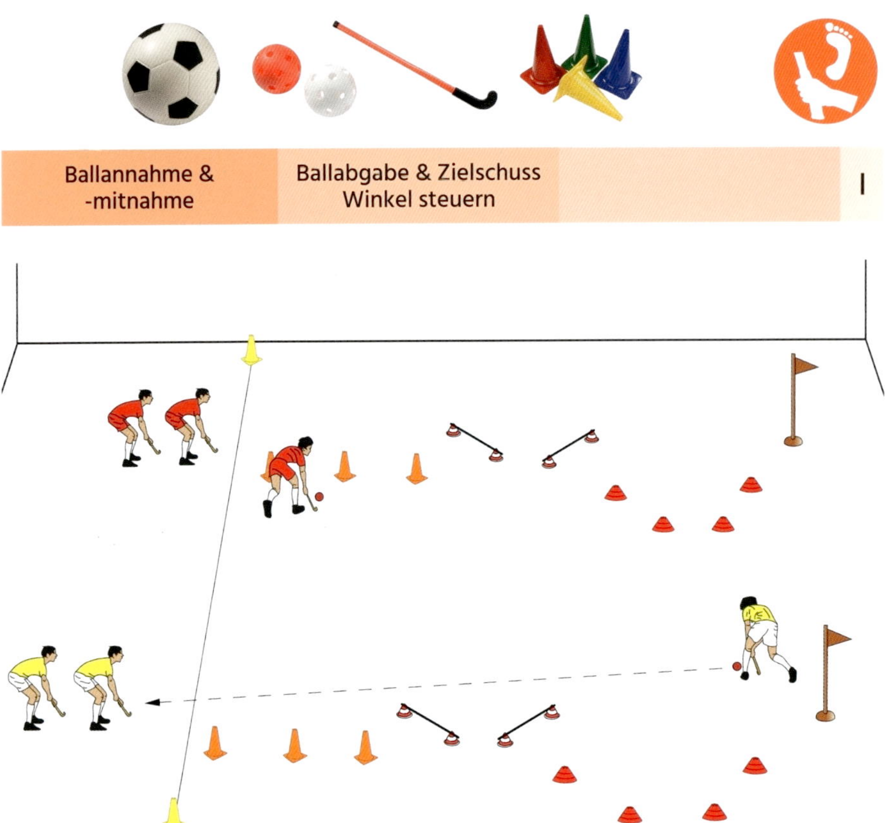

SPIELIDEE / ÜBUNGSABLAUF

Es werden zwei oder mehr Staffeln aus drei bis sechs Kindern gebildet. Jede Staffel hat einen beliebig aufgebauten Parcours vor sich. Das erste Kind startet mit dem Ball am Fuß oder am Schläger und durchdribbelt den Parcours. Am Ende des Parcours spielt es einen Pass zurück zum nächsten Kind in der Reihe. Dieses kontrolliert den Ball innerhalb der vorgegebenen Startzone und startet in den Parcours.

VARIATIONEN

- Der Rückpass wird mit der Hand geworfen, um die An- und Mitnahme hoher/springender Bälle zu üben **(II)**

GIB IHM DIE KIRSCHE

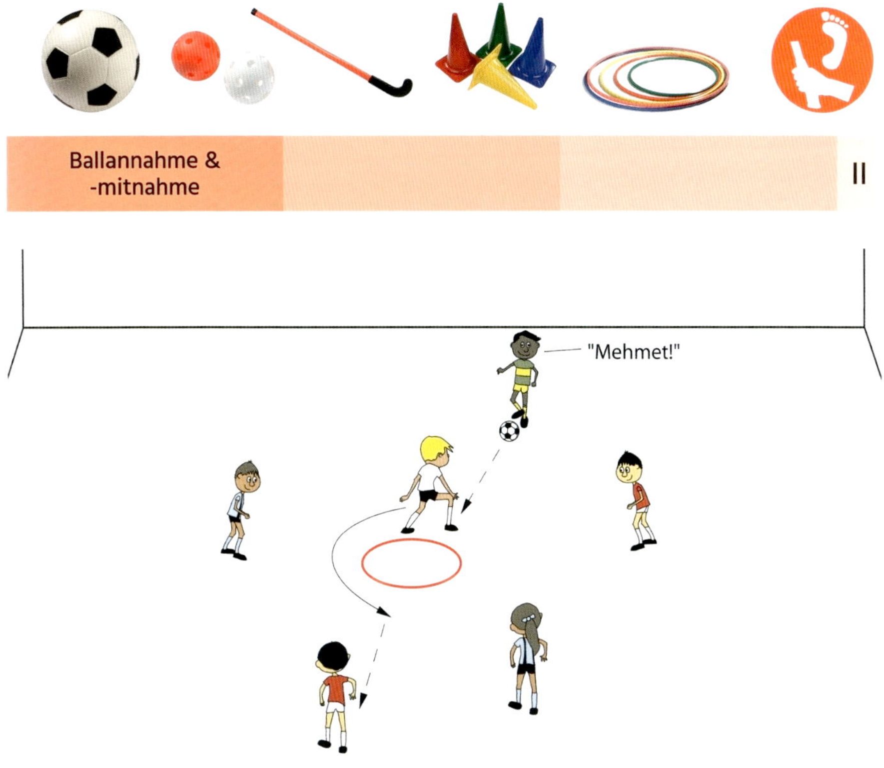

SPIELIDEE / ÜBUNGSABLAUF

Vier bis sieben Kinder bilden einen Kreis. In der Mitte des Kreises liegt ein Gymnastikreifen oder steht ein vergleichbar großes Eck aus Hütchen. Ein Kind steht in der Mitte des Kreises neben dem Reifen/Hütcheneck. Ein Kind des großen Kreises beginnt und passt dem Kind in der Mitte den Ball zu. Dabei ruft es den Namen eines anderen Kindes des großen Kreises. Das Kind im Kreis nimmt den Ball nun mit dem Fuß oder dem Hockeyschläger an und versucht, mit möglichst wenig Kontakten den Ball zum genannten Kind zu passen. Der Gymnastikreifen/das Eck darf nicht durchquert oder überspielt werden. Das Kind in der Mitte muss also gegebenenfalls um den Reifen herumlaufen. Nach einer gewissen Anzahl von Pässen kommt ein anderes Kind in die Mitte des Kreises.

VARIATIONEN

- In der Mitte sind zwei Kinder und dementsprechend wird mit zwei Bällen gleichzeitig gespielt **(II)**
- Statt des Reifens in der Mitte fungiert ein weiteres Kind als Abwehrspieler. Dieses ist anfangs immer hinter dem anzuspielenden Kind und verhält sich zunächst teilaktiv **(III)**

ALLES FLIEGT

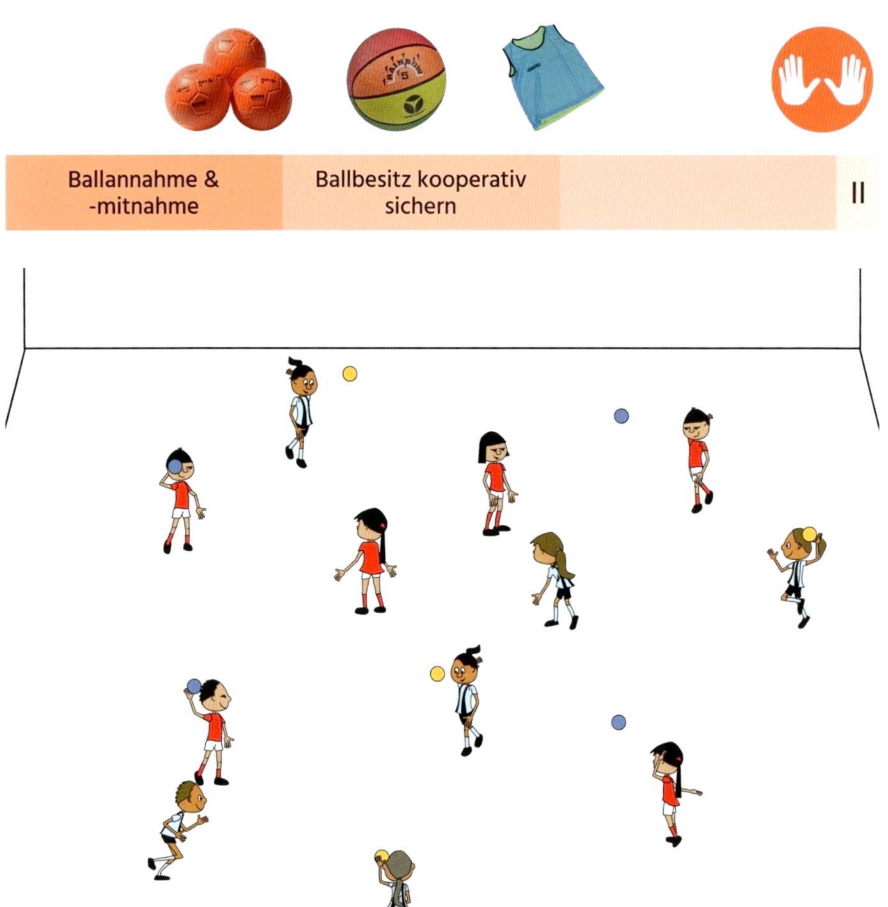

SPIELIDEE / ÜBUNGSABLAUF

Es werden zwei Mannschaften mit je fünf bis sieben Spielern gebildet. Beide Mannschaften haben zwei Bälle weniger als sie Spieler sind. Die Aufgabe besteht darin, sich die Bälle zuzupassen, ohne sie zu verlieren. Ein Spieler darf nie zwei Bälle haben. Zunächst wird auf festen Positionen gespielt, dann in Bewegung. Beide Mannschaften spielen auf demselben Spielfeld.

STOPP MAL!

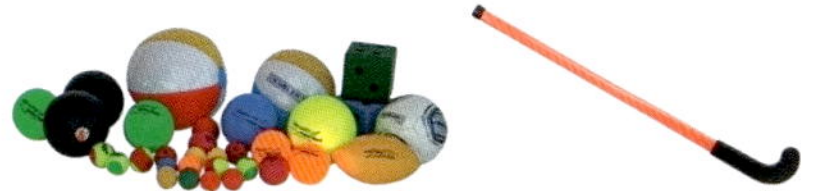

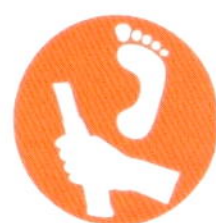

Ballannahme & -mitnahme	Ballbesitz kontrollieren		II

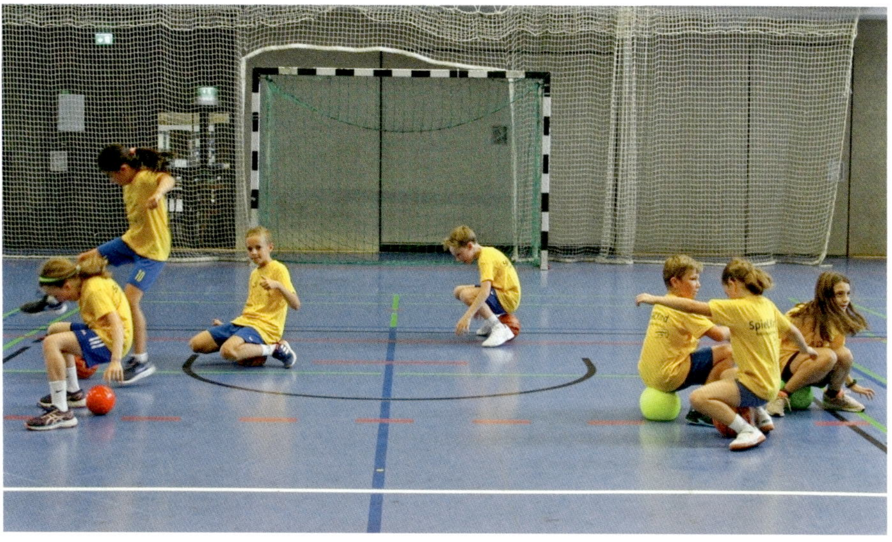

SPIELIDEE / ÜBUNGSABLAUF

Die Kinder dribbeln einen Ball mit dem Fuß kreuz und quer durch ein Spielfeld. Nun werden Körperteile angesagt, mit denen der Ball möglichst schnell und ohne Zuhilfenahme der Hände gestoppt werden soll. Alle Körperteile sind denkbar.

HINWEISE

- Auch mit dem Hockeyschläger spielbar. Statt Körperteilen werden verschiedene Teile des Schlägers genutzt, z. B. Schaft, Griff, Keule/Kelle je mit Vor- und Rückhandseite usw.

VARIATIONEN

- Als Wettspiel: Das Kind, das zuletzt den Ball mit dem korrekten Körper- oder Schlägerteil gestoppt hat, scheidet für eine Runde aus. Hier kann entweder eine Zusatzaufgabe gemacht werden oder das Kind darf die nächste Art zu stoppen ansagen **(II)**
- Den im Grundspiel genutzten Körperteilen werden nun Zahlen/Farben/Tiere usw. als Kommandos zugeordnet. Die Kinder müssen sich merken, mit welchem Körperteil bei welchem Kommando gestoppt werden soll **(III)**

DOMINO-STAFFEL

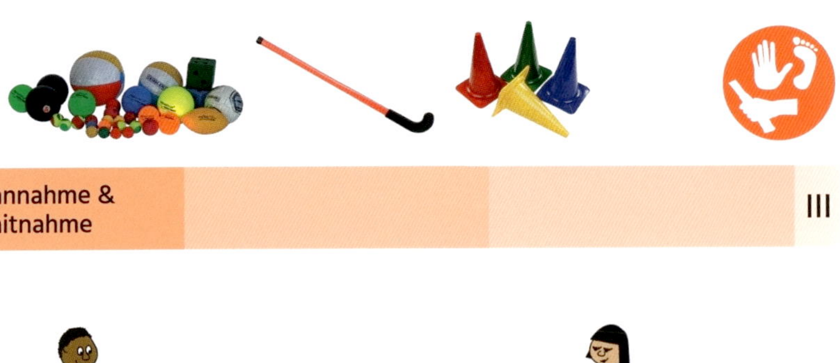

Ballannahme & -mitnahme | III

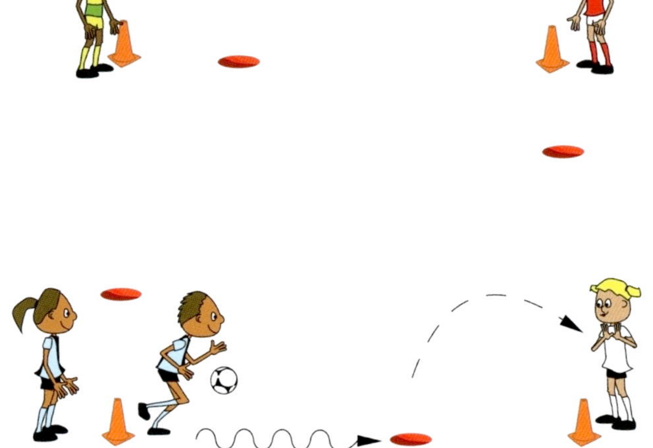

SPIELIDEE / ÜBUNGSABLAUF

Es werden mehrere Staffeln aus fünf Kindern gebildet. Jede Staffel hat ein eigenes Quadrat aus vier Hütchen. An drei Hütchen steht ein Kind, am Starthütchen stehen zwei Kinder hintereinander und das vordere hat den Ball. Das Kind mit Ball prellt/führt den Ball nun in Richtung des zweiten Hütchens. Nach etwa zwei Drittel des Weges (gegebenenfalls Markierung nutzen) passt es zum nächsten Kind. Dieses nimmt den Ball an bzw. fängt ihn und dribbelt/prellt zum nächsten Hütchen usw. Welche Staffel hat als erste zwei/drei/ ... Runden geschafft?

HINWEISE

- Das Spiel kann mit der Hand (prellen und werfen) oder mit dem Fuß/Hockeyschläger (Ball führen und passen) gespielt werden
- Die Größe der Quadrate kann permanent variiert werden

VARIATIONEN

- Das annehmende Kind startet kurz bevor der Pass gespielt wird und bekommt diesen dann in den Lauf gespielt **(III)**

ONE-TOUCH (vgl. Lange, 2013)

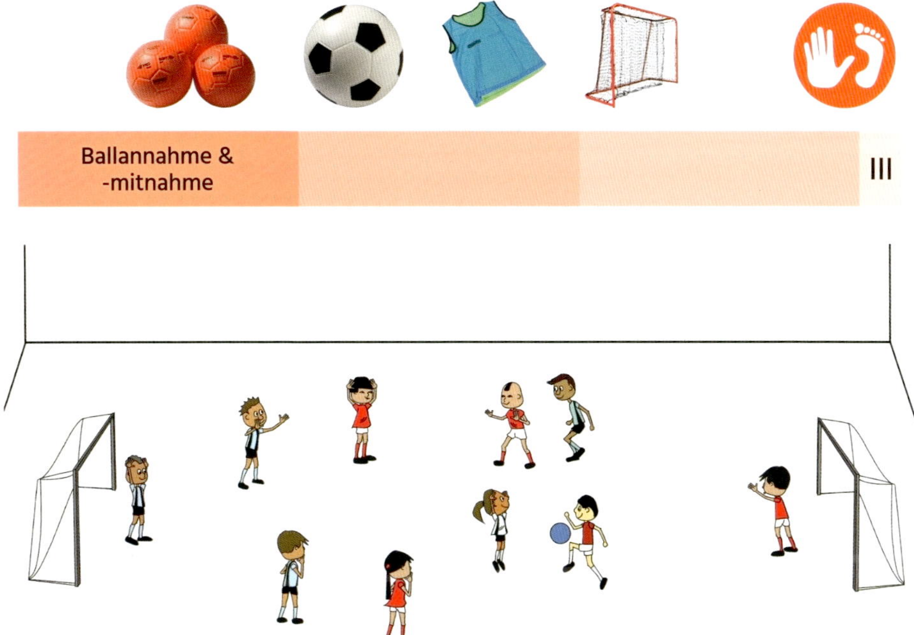

SPIELIDEE / ÜBUNGSABLAUF

Zwei Mannschaften spielen gegeneinander auf zwei Tore. Der Ball darf mit allen Körperteilen gespielt, allerdings nie gefangen oder geführt werden. Zudem darf der Ball von einem Kind nicht mehrmals hintereinander berührt werden, also immer nur mit einem Kontakt („One-Touch").

VARIATIONEN

- Körperteile bestimmen, mit denen der Ball gespielt oder nicht gespielt werden darf **(III)**
- Anstatt auf Tore zu spielen, können die Hallenwände als Zielflächen verwendet werden **(II)**

BALL AM BERG

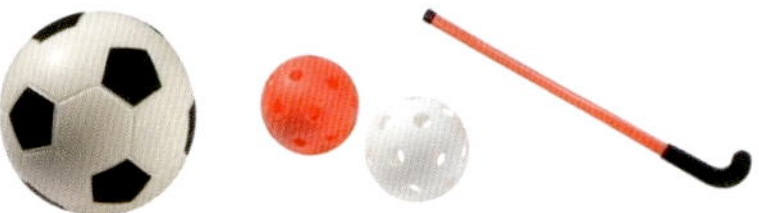

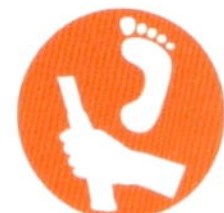

Ballbesitz kontrollieren			I

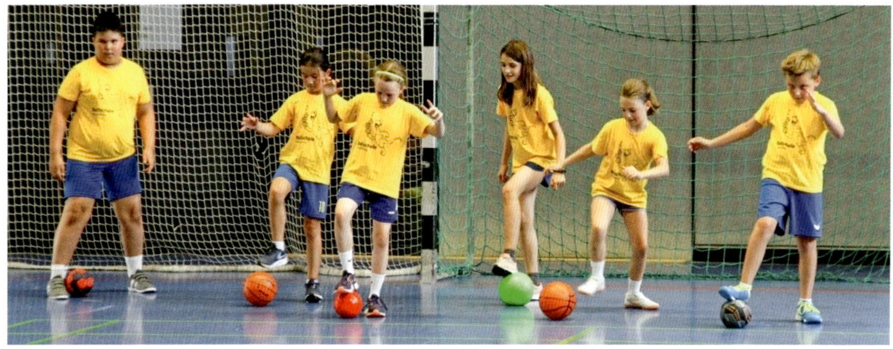

SPIELIDEE / ÜBUNGSABLAUF

Ein Kind steht mit geschlossenen Augen und dem Rücken zum Spielfeld an einem Ende des Feldes. Die übrigen Kinder befinden sich nebeneinander auf der anderen Seite des Spielfeldes und haben alle einen Ball am Fuß bzw. an einem Hockeyschläger. Das Kind mit den geschlossenen Augen sagt nun den Spruch „Ball am Berg, dort steht ein Zwerg!" (oder einen beliebigen anderen). Während das Kind den Spruch aufsagt, dribbeln die anderen Kinder geradeaus los. Sobald der Spruch gesagt ist, dreht das sprechende Kind sich um und öffnet die Augen. Die ballführenden Kinder müssen nun den Ball stoppen, stehenbleiben und dürfen sich nicht mehr bewegen. Sieht das Kind, das den Spruch gesagt hat, ein ballführendes Kind, das sich noch bewegt oder dessen Ball noch rollt, muss dieses Kind wieder zurück zur Startlinie. Alle anderen Kinder bleiben, wo sie sind und das Spiel beginnt von Neuem. Ziel des Spiels ist es, ohne erwischt zu werden, auf die andere Seite des Feldes zu dribbeln.

HINWEISE

- Um die Motivation hochzuhalten, kann vereinbart werden, dass „erwischte" Kinder nicht ganz, sondern nur eine gewisse Anzahl von Schritten zurücklaufen müssen

VARIATIONEN

- Auf dem Spielfeld werden Hindernisse ausgelegt (Hütchen, Kästen usw.). Diese müssen von den Kindern zusätzlich umdribbelt werden **(II)**

SCHIEBUNG

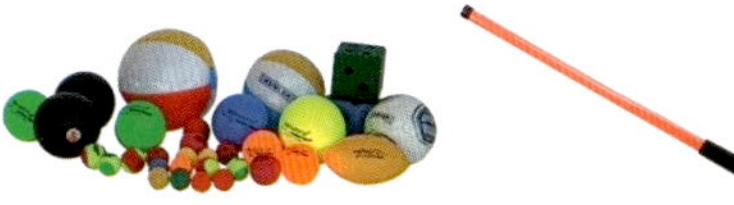

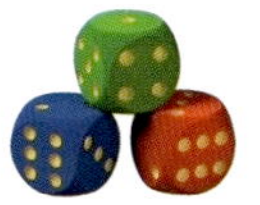

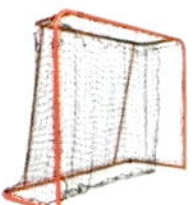

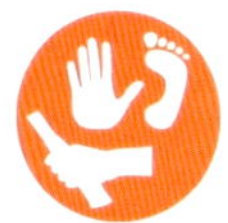

Ballbesitz kontrollieren			II

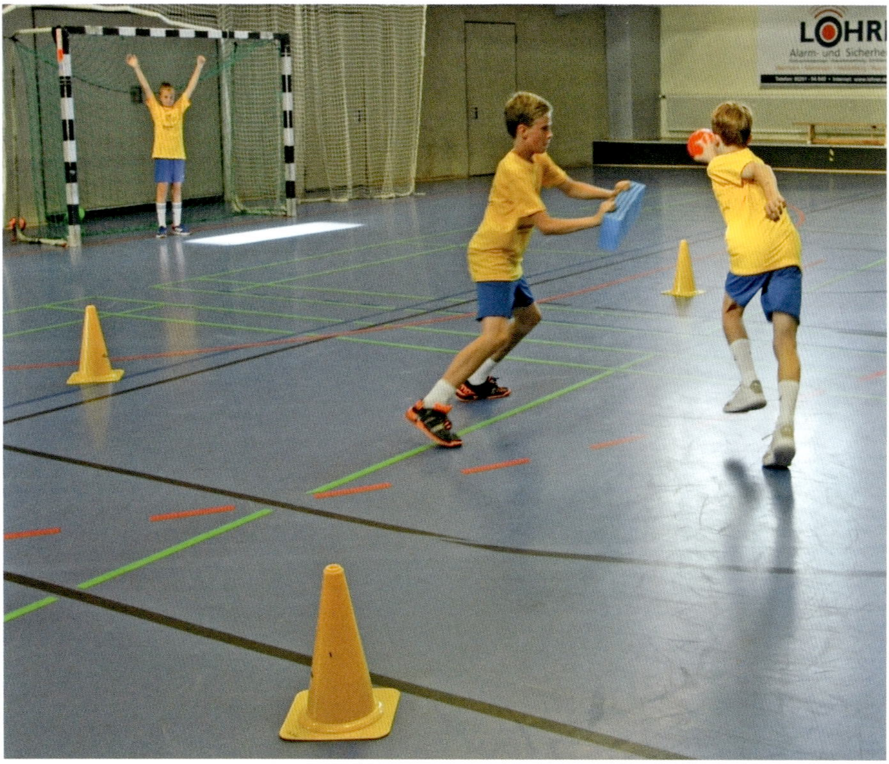

SPIELIDEE / ÜBUNGSABLAUF

In einer Verteidigungszone vor dem Tor befindet sich ein Kind mit einem Schaumstoffwürfel bzw. -teil. Nun versucht ein angreifendes Kind mit Ball (prellend/dribbelnd/führend) durch die Zone zu kommen, um ein Tor zu erzielen. Das verteidigende Kind versucht, das angreifende mit dem Schaumstoffwürfel abzudrängen oder aus der Zone zu schieben.

HINWEISE

- Statt des Schaumstoffwürfels kann ein Kopf- oder Sofakissen genutzt werden
- Eventuell muss ein Zeitlimit eingeführt werden, vor dem der Torabschluss erfolgt sein muss

ROHES EI

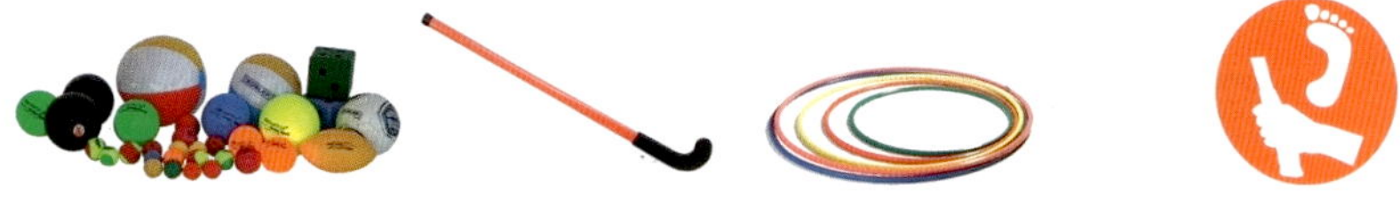

Ballbesitz kontrollieren	Ballannahme & -mitnahme		II

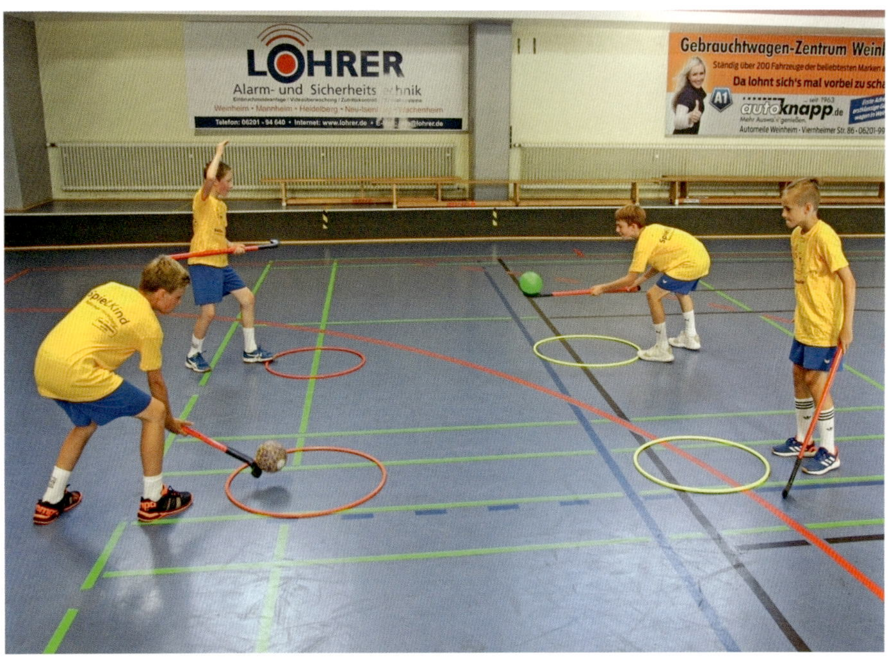

SPIELIDEE / ÜBUNGSABLAUF

Zwei Kinder stehen sich im Abstand von zwei bis vier Metern gegenüber und haben jeweils einen Gymnastikreifen vor sich liegen. Ein Kind wirft dem anderen einen Ball zu. Das angespielte Kind versucht, den Ball mit dem Fuß oder dem Hockeyschläger so zu stoppen, dass dieser – möglichst, ohne zu springen – im Reifen liegen bleibt.

HINWEISE

- Zunächst mit weichen, wenig springenden Bällen üben
- Bei Hockeyschlägern kann mit handballgroßen Schaumstoffbällen begonnen werden

VARIATIONEN

- Die Kinder haben zwei oder mehr unterschiedlich farbige Reifen vor sich und sollen den Ball nun in den Reifen stoppen, den das werfende Kind während oder kurz vor dem Wurf ansagt **(III)**

UM DIE PFÜTZEN

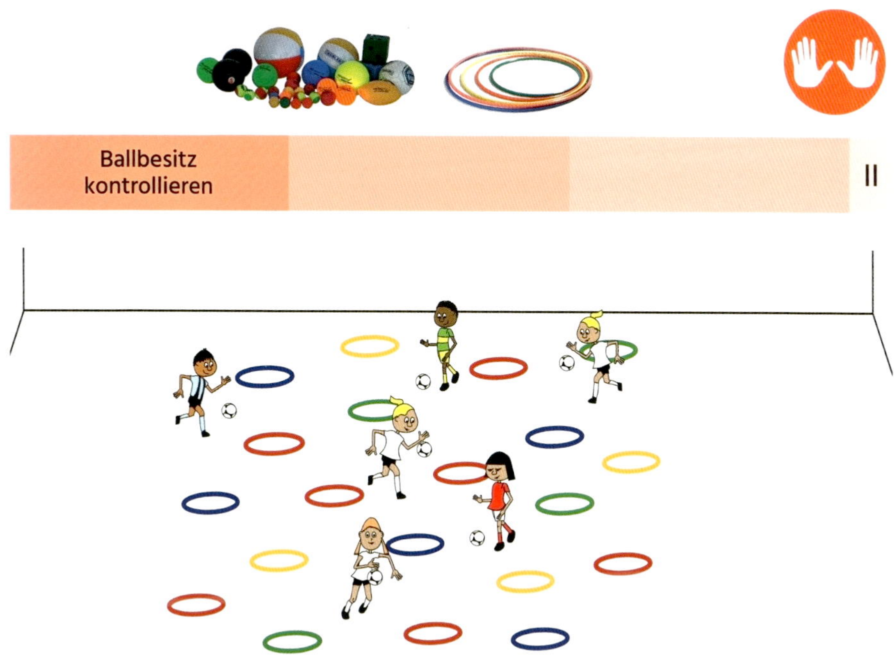

SPIELIDEE / ÜBUNGSABLAUF

Die Gymnastikreifen werden nah aneinander in einem nicht zu großen Spielfeld ausgelegt. Eine Reifenfarbe wird zur „Tabu-Farbe" erklärt. Die Kinder prellen den Ball kreuz und quer durch das Spielfeld. Wenn sie in einen Reifen prellen, erhalten sie einen Punkt. Prellen sie den Ball aber in einen der „Tabu-Reifen", bekommen sie zwei Minuspunkte. Ebenso, wenn sie den Ball beim Prellen verlieren und er aus dem Spielfeld rollt oder wenn sie den Ball mit beiden Händen festhalten. Punkte können nicht zweimal hintereinander im selben Reifen erzielt werden. Geschieht dies versehentlich, gibt es ebenfalls Minuspunkte.

VARIATIONEN

- Um einen Punkt zu erzielen, muss der Ball im Reifen direkt hintereinander mit der rechten und der linken Hand geprellt werden. Hier sind beliebig viele Alternativen gemäß dem Könnensstand der Kinder möglich, z. B. den Ball zwischen den Beinen hindurch oder einmal um den eigenen Körper prellen **(III)**

HINWEISE

- Die Kinder können ihre Punkte selbst zählen („Fairplay & Ehrlichkeit")
- Die Tabu-Farbe kann immer wieder gewechselt werden

HINTERKIND

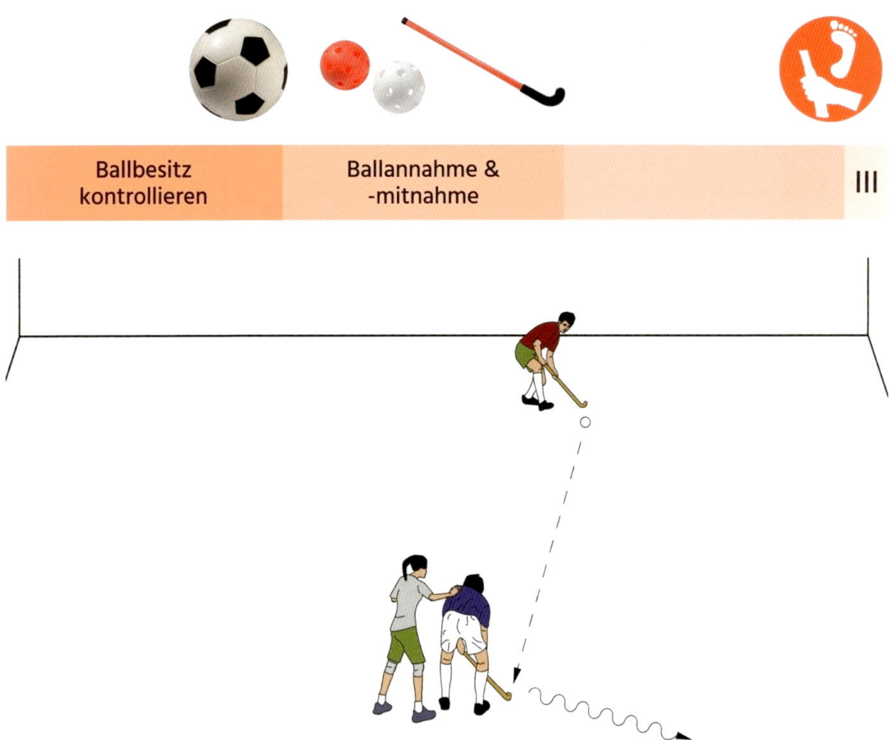

SPIELIDEE / ÜBUNGSABLAUF

Zwei Kinder stehen sich im Abstand von drei bis fünf Metern gegenüber. Hinter einem Kind steht ein weiteres. Das einzeln stehende Kind spielt nun einen Pass zum Kind gegenüber. Im Moment des Passens macht das Kind dahinter einen kleinen Schritt nach rechts oder links und tippt dem Kind vor sich auf dieser Seite auf die Schulter. Das vordere Kind nimmt den Ball mit Fuß oder Hockeyschläger so an, dass es zur freien (anderen) Seite wegdribbeln kann. Dort soll eine Anschlussaktion (Dribbling, Torabschluss) erfolgen.

HINWEISE

- Das Dribbling kann zu Beginn orthogonal zur Passrichtung erfolgen. Später kann das Dribbling in Passrichtung ablaufen; Das annehmende Kind „wickelt" sich dann um das Kind hinter sich herum

VARIATIONEN

- Das hintere Kind hat permanent Körperkontakt zum Kind vor sich. Das Antippen der Schulter entfällt und das annehmende Kind muss „erfühlen", welche Seite frei ist **(III)**
- Das hintere Kind bewegt sich ohne Körperkontakt und ohne Antippen. Das vordere Kind soll durch Schulterblicke die freie Seite herausfinden **(III)**

ZWILLINGSPRELLER

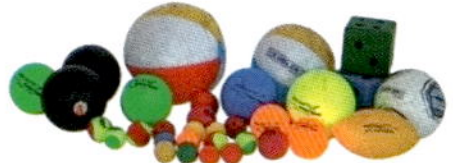

Ballbesitz kontrollieren

III

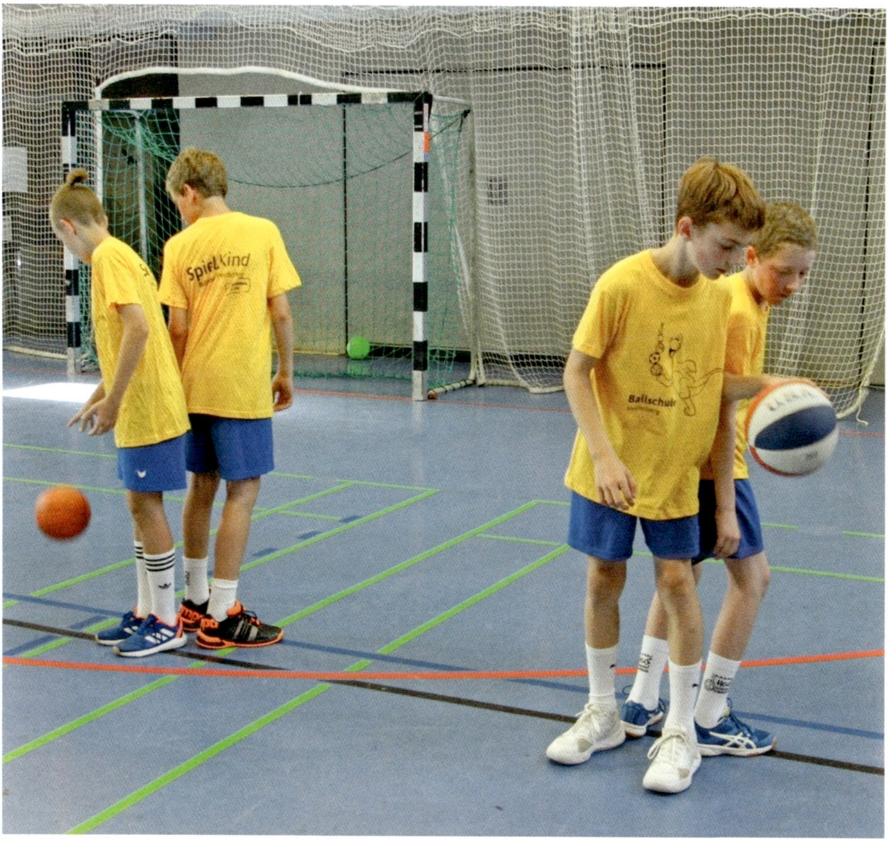

SPIELIDEE / ÜBUNGSABLAUF

Zwei Kinder stehen Rücken an Rücken und versuchen, einen Ball um sich herum zu prellen, ohne dabei ihre Position zu verlassen, also ohne die Füße zu bewegen.

VARIATIONEN

- Mehrere Kinder bilden einen engen Kreis mit dem Rücken zur Kreismitte und versuchen, den Ball um den Kreis wandern zu lassen. Auf Kommando soll ein Richtungswechsel des Balls erfolgen. Auch als Wettspiel möglich: Welche Gruppe hat zuerst eine ganze Runde geschafft? **(III)**

HÜTCHENTREFFER

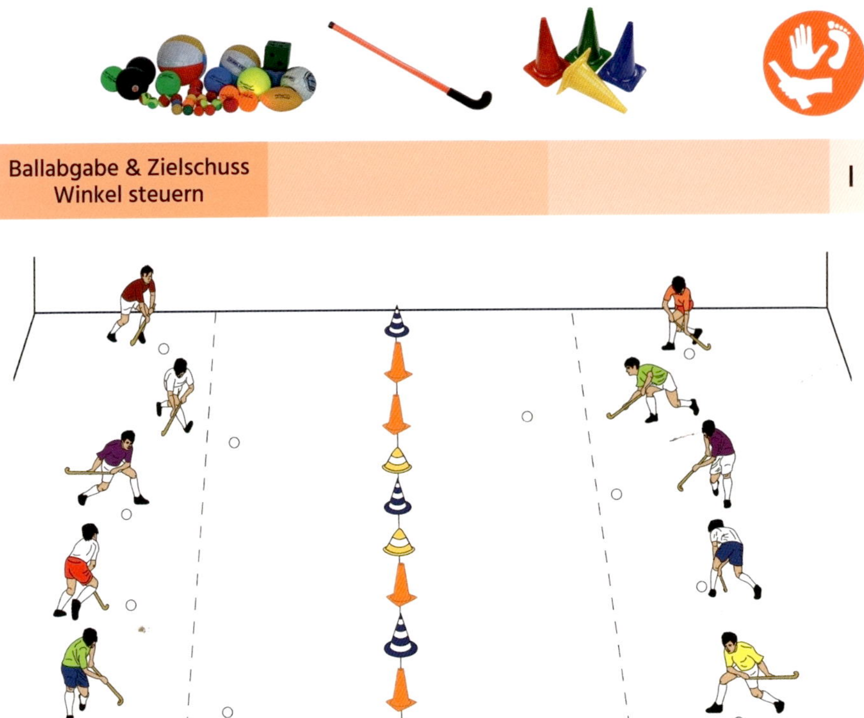

SPIELIDEE / ÜBUNGSABLAUF

Auf der Mittellinie stehen Hütchen (oder andere Gegenstände). Zwei Mannschaften versuchen, gleichzeitig von je einer Seite mit einem gewissen Abstand die Hütchen ab- oder umzuschießen/-werfen, sodass sie im Feld der gegnerischen Mannschaft liegen (die Hütchen können auch zurückgeschossen werden). Es gewinnt die Mannschaft, die am Ende des Spiels weniger Hütchen im eigenen Feld hat. Das Spiel endet nach einer definierten Zeit oder sobald das letzte Hütchen bzw. der letzte Gegenstand getroffen wurde und seine ursprüngliche Position verlassen hat.

HINWEISE

- Die Wurf- oder Schusslinie kann durch eine Bank haptisch dargestellt werden. Dadurch kommt es gerade bei jüngeren Kindern zu weniger Übertritten

VARIATIONEN

- Die Hütchen werden gleichmäßig nach Farben den Teams zugeordnet, sodass z. B. Team A nur blaue Hütchen treffen soll, Team B nur rote. Wohin die Hütchen fallen, spielt keine Rolle mehr – „Eigentore“ sind möglich. Wer hat am Ende mehr umgefallene Hütchen? **(II)**

MEXIKO

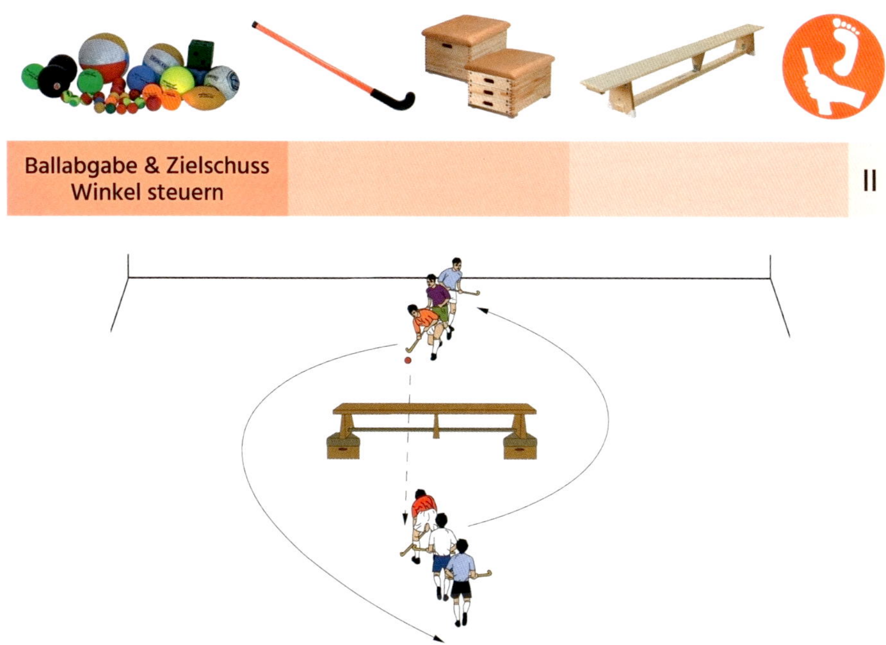

SPIELIDEE / ÜBUNGSABLAUF

In der Mitte des Spielfeldes steht eine Turnbank auf zwei kleinen Kästen (alternativ ein Hütchentor). An den hinteren Linien des Spielfeldes stellen sich jeweils drei bis sechs Kinder mit Blick auf die Turnbank hintereinander auf. Das erste Kind spielt den Ball flach unter der Turnbank hindurch und läuft rechts um die Turnbank herum, um sich auf der Gegenseite anzustellen. Das Kind auf der anderen Seite spielt den Ball (direkt oder nachdem es ihn gestoppt hat) ebenfalls unter der Turnbank durch, läuft seinerseits auf der rechten Seite um die Bank herum und stellt sich an. So geht es immer weiter. Wie viele Pässe schaffen die Kinder, bevor der erste Fehler passiert? Fehler sind: Der Ball geht nicht unter der Bank hindurch und/oder das Kind auf der anderen Seite kann den Ball nicht innerhalb des Spielfeldes kontrollieren.

VARIATIONEN

- Als Wettspiel: Das Kind, das einen Fehler macht (s. o.), scheidet aus. Gegebenenfalls können die Kinder mehrere „Leben" haben. Dies geht so lange, bis nur noch zwei Kinder übrig sind. Diese spielen ein Finale ohne „außen herumzulaufen". Bei heterogenen Gruppen ohne Ausscheiden spielen. Stattdessen gewinnt das Kind, das nach einer gewissen Spielzeit die wenigsten Fehler gemacht hat **(II)**

HINWEISE

- Auf beiden Seiten der Turnbank kann eine weitere Linie eingeführt werden, damit der Ball mit einem gewissen Krafteinsatz gespielt werden muss

VIELE ZIELE

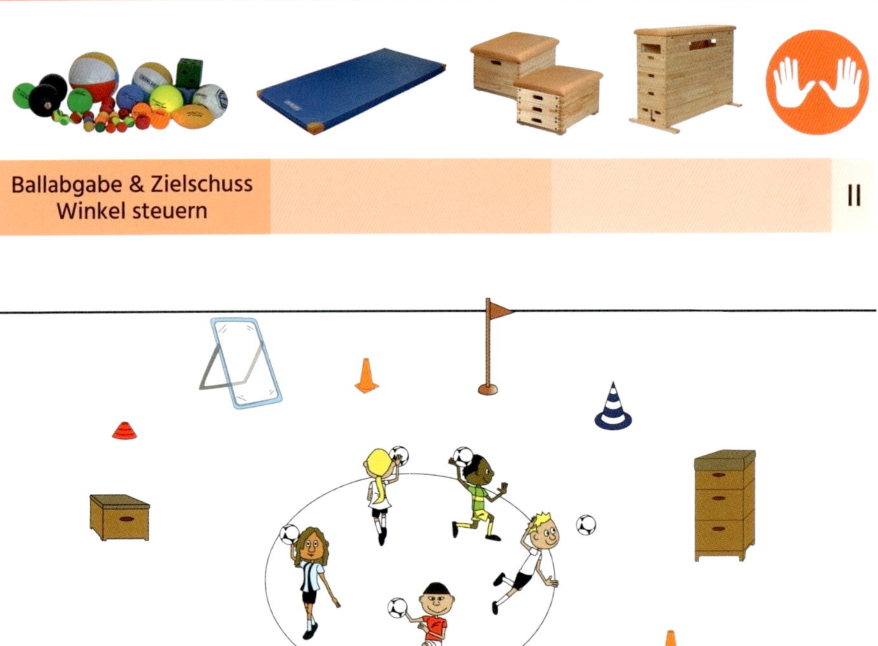

HINWEISE

- Bei ausreichend Platz und vorhandenen Geräten können die Teams auch gleichzeitig spielen
- Das Spiel kann nur gegen die Uhr, also nicht gegen eine andere Mannschaft gespielt werden

SPIELIDEE / ÜBUNGSABLAUF

In der Halle werden viele verschiedene Ziele aufgestellt (Kästen, Mattenwagen, Matten usw.). Eine Mannschaft versucht, aus einer gekennzeichneten Wurfzone heraus in einer definierten Zeit möglichst viele der Ziele zu treffen. Dann ist die andere Mannschaft an der Reihe. Wer trifft mehr Ziele?

HÜTCHENWURFSPIEL

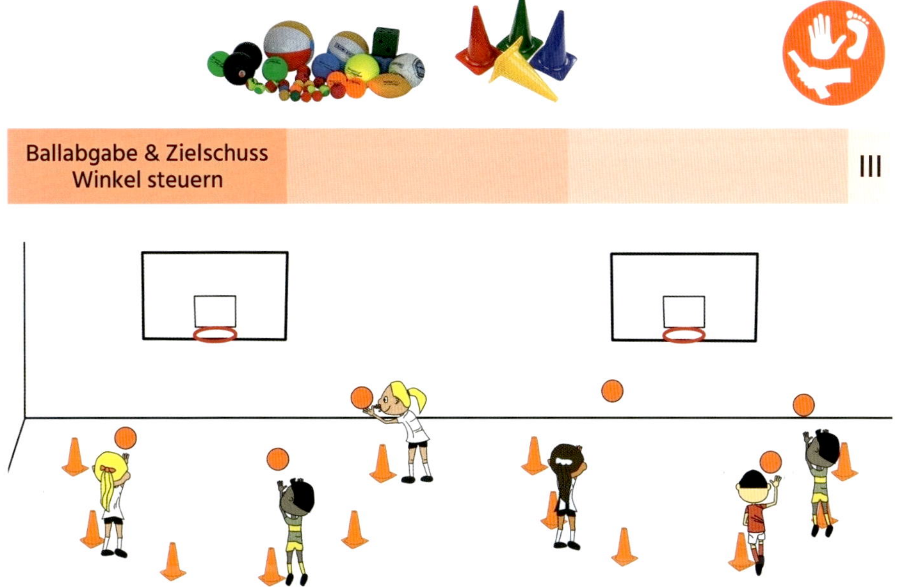

SPIELIDEE / ÜBUNGSABLAUF

Zwei Teams treten gegeneinander an. Jedes Team wirft am eigenen Korb von einem der sechs bis acht Hütchen, die im Halbkreis um den Korb stehen. Gelingt ein Treffer, darf das Kind das Hütchen nehmen und auf den Halbkreis des gegnerischen Teams stellen. Danach wirft es auf seiner Seite von einem anderen Hütchen erneut auf den Korb. Das Team, das zuerst keine Hütchen mehr hat, gewinnt.

HINWEISE

- Das Spiel kann auch mit dem Fuß oder dem Hockeyschläger gespielt werden. In diesem Fall können z. B. die Pfosten des Handballtors das zu treffende Ziel sein

GEGEN DIE WAND

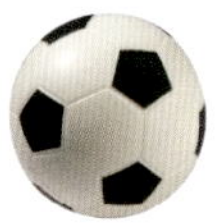
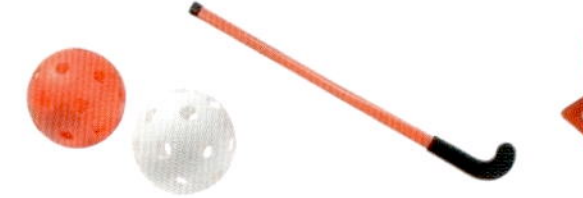
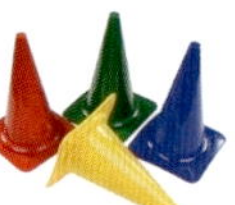
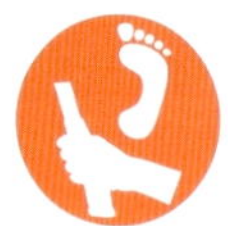

Ballabgabe & Zielschuss
Winkel steuern

III

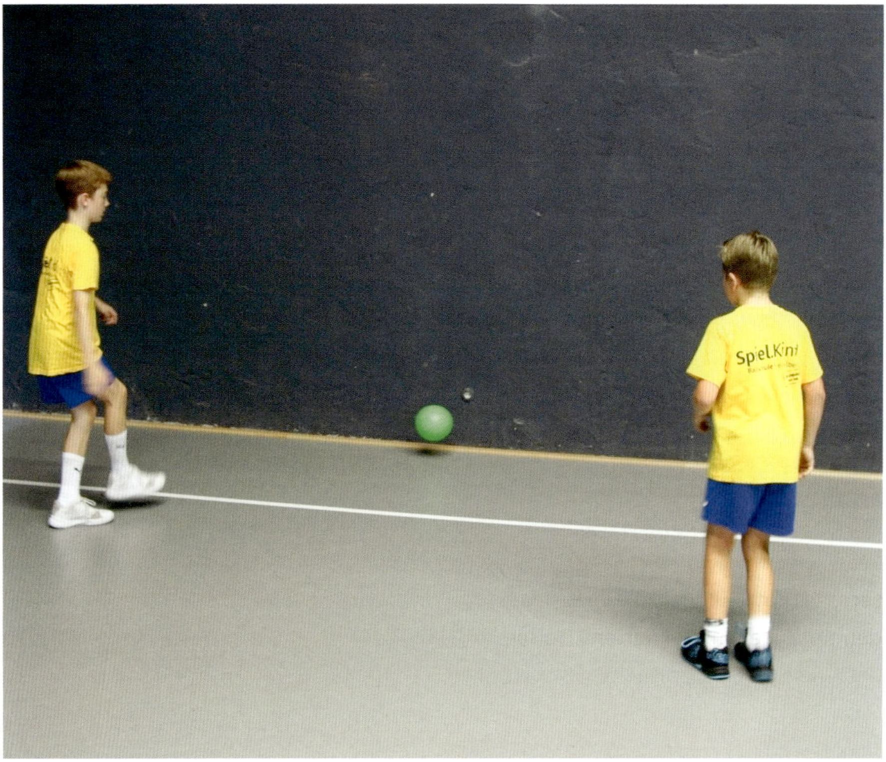

SPIELIDEE / ÜBUNGSABLAUF

Zwei Kinder spielen sich einen Ball mit dem Fuß oder dem Schläger über die Bande so zu, dass er genau zum anderen Kind kommt.

Die Abstände zwischen den Kindern und die Entfernung zur Wand werden variiert.

HINWEISE

- Die Kinder sollten regelmäßig die Seiten tauschen

VARIATIONEN

- Als Wettspielform: Beide Kinder stehen in einem breiten (Hütchen-)Tor und versuchen, den Ball über die Bande flach durch das Tor des anderen Kindes zu schießen. Dieses darf sein Tor verteidigen **(III)**

VON DER WAND

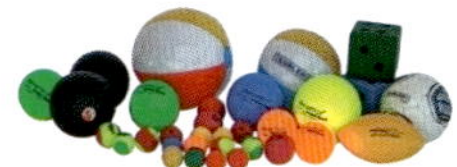

Ballabgabe & Zielschuss Krafteinsatz steuern	Ballabgabe & Zielschuss Winkel steuern		I

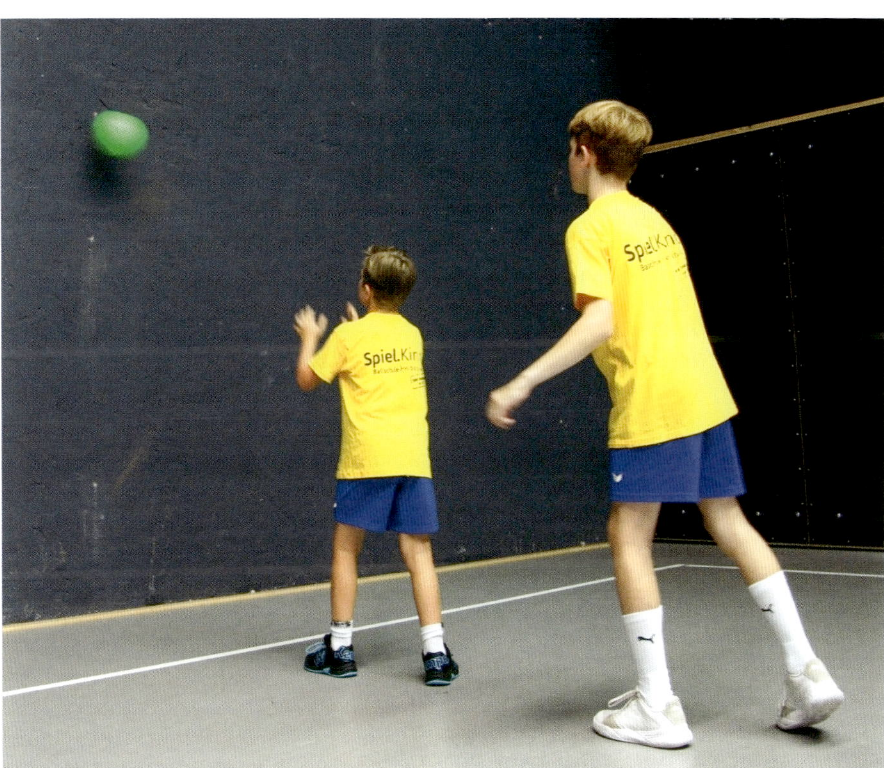

SPIELIDEE / ÜBUNGSABLAUF

Zwei Kinder stehen mit drei bis vier Metern Abstand hintereinander vor einer Wand. Der Abstand des vorderen Kindes zur Wand beträgt einen bis zwei Meter und beide Kinder stehen mit Blickrichtung zur Wand. Das hintere Kind wirft den Ball über den Kopf des vorderen Kindes gegen die Wand und das vordere Kind versucht, den Ball zu fangen, nachdem er von der Wand abgeprallt ist.

VARIATIONEN

- Der Wurf wird als Aufsetzer durch die Beine des vorderen Kindes gespielt oder seitlich an dem Kind vorbei **(II)**
- An der Wand werden mit Klebeband oder Kreide Zonen markiert und nummeriert. Nun darf entweder das vordere oder das hintere Kind die Zone ansagen, in die geworfen werden soll **(II)**

SCHNELLER ALS DER BALL

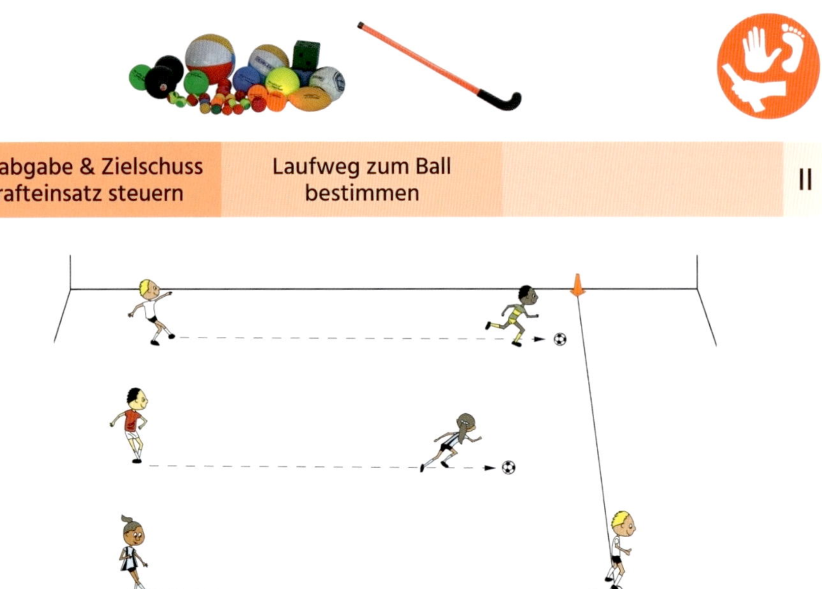

SPIELIDEE / ÜBUNGSABLAUF

Es werden mehrere Paare gebildet, die mit einem Ball pro Paar an der Startlinie stehen. Ein Kind des Paares spielt bei Kommando einen Pass (Fuß, Schläger) in Richtung einer definierten Linie. Das andere Kind läuft in diesem Moment los und versucht, den Ball möglichst genau auf der Linie zu stoppen. Es gewinnt das Paar, dessen Ball näher an der Linie gestoppt wurde. Schaffen es zwei oder mehr Paare, den Ball exakt auf der Linie zu stoppen, siegt das schnellere Paar.

HINWEISE

- Der Abstand zwischen Start- und Ziellinie kann beliebig und permanent variiert werden. Tendenziell sollte der Abstand eher größer sein, aber so, dass die Kinder noch zuverlässig geradeaus passen können
- Das Spiel kann auch mit der Hand gespielt werden. In diesem Fall können die Bälle gerollt oder bei größeren Distanzen geworfen werden

VARIATIONEN

- Als Staffel: Drei Kinder bilden ein Team. Wenn das laufende Kind den Ball auf der Linie gestoppt hat, spielt es einen Pass zurück. Diesen stoppt das dritte Kind und spielt wiederum einen Pass in Richtung der Linie, den nun das anfangs passende Kind erlaufen und stoppen muss. Statt einer Linie kann ein Korridor genutzt werden, in dem der Ball vom laufenden Kind gestoppt werden muss. Schafft es dies nicht, muss wiederholt werden **(II)**

KLICKERLES

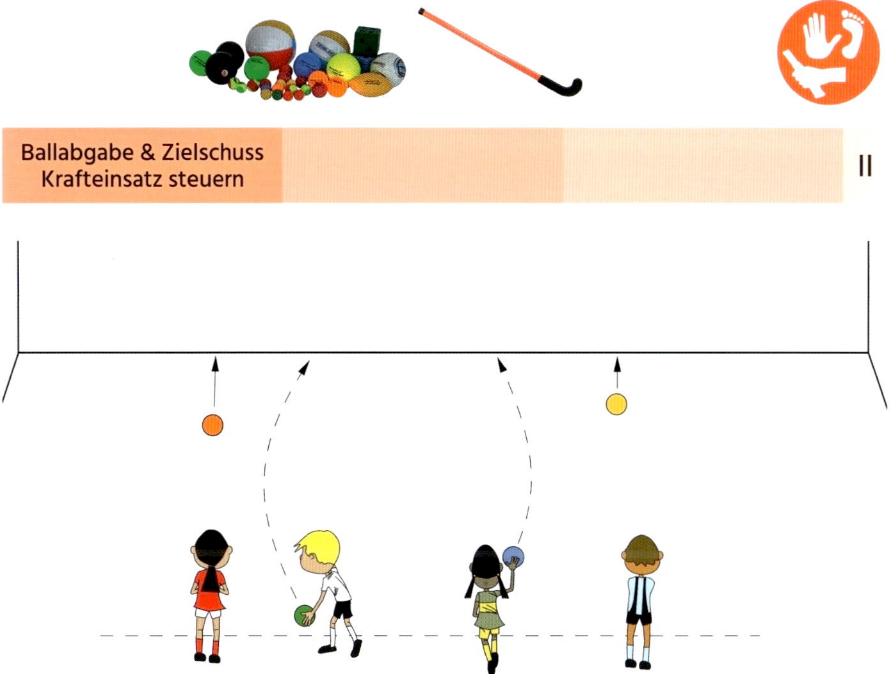

SPIELIDEE / ÜBUNGSABLAUF

Zwei oder mehr Kinder spielen gegeneinander. Das Ziel ist, einen Ball (oder mehrere Bälle pro Kind) von einer definierten Position/Linie mit dem Fuß oder dem Schläger so nah wie möglich an die Wand zu spielen. Wessen Ball am nächsten an der Wand liegen bleibt, hat gewonnen.

HINWEISE

- Das Spiel kann mit der Hand gespielt werden. In diesem Fall können die Bälle gerollt oder bei größeren Distanzen geworfen werden

VARIATIONEN

- Statt der Wand bildet ein anderer Ball als „Schweinchen" das Annäherungsziel (vgl. Boule) **(III)**
- Der Wandkontakt des Balles ist verboten, erlaubt oder verpflichtend und das „Wegschießen" fremder Bälle ist gestattet oder nicht **(III)**

PÄSSE SPAREN

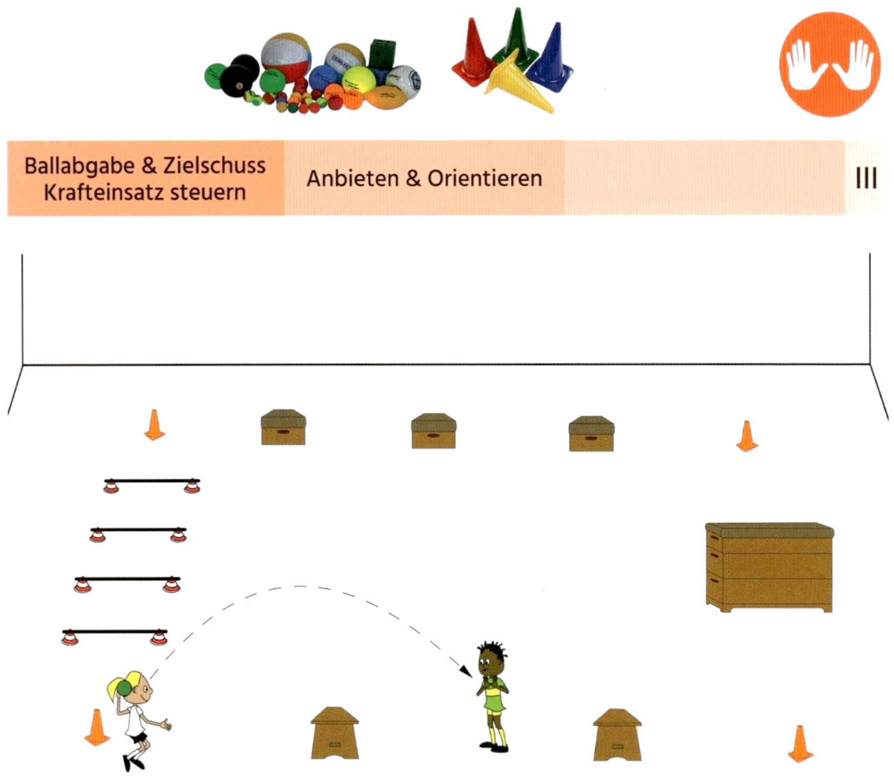

SPIELIDEE / ÜBUNGSABLAUF

Zwei Kinder durchlaufen gemeinsam einen Rundkurs, indem sie sich einen Ball zupassen. Das Ziel ist, den Rundkurs mit so wenig Pässen wie möglich zu absolvieren. Allerdings darf das Kind, das den Ball in der Hand hat, nicht laufen. Das Kind ohne Ball darf sich fortbewegen und sich beliebig nah oder weit entfernt anbieten. Sobald es den Ball gefangen hat, darf es aber auch nicht mehr laufen. Wird der Ball nicht erfolgreich gefangen bzw. berührt den Boden, müssen beide Kinder wieder zurück zum Anfang des Rundkurses. Die Kinder können also selbst entscheiden, mit wie viel Risiko sie es probieren wollen.

HINWEISE

- Der Rundkurs kann mit Hindernissen (z. B. mit Turngroßgeräten) interessant und anspruchsvoll gestaltet werden.

9

BALLSCHULE ZIELSCHUSSSPIELE

TAKTISCHE BASIS-KOMPETENZEN

REGISTER

Name der Baustein-Übung	Komplexität	Motorische Ausführung	Seite
Überzahl individuell herausspielen			
Tentakel-Tackling	I	Fuß, Hockeyschläger	142
Wer wird Angreifer?	I	Hockeyschläger, Fuß, Hand	143
Wer hat Angst vorm Abwehrspieler?	II	Hockeyschläger, Fuß, Hand	144
Schütz den Ball	II	Hand, Fuß	145
1:1-Kontinuum	III	Hand, Fuß, Hockeyschläger	146
Überzahl kooperativ herausspielen			
Jokerball	I	Fuß, Hockeyschläger	147
Zum Korb	II	Hand	148
Mattenball	II	Hand	149
4-Tore-Ball	III	Hockeyschläger, Fuß, Hand	150
Flag-Rugby	III	Hand	151
Lücke erkennen			
Torschussgewitter	II	Fuß, Hockeyschläger, Hand	152
Capture the Flag	I	Hand, Fuß	153
Zeitungshagel	I	Hand, Fuß	155
Linienball	II	Fuß, Hand	156
Schmuggelball	III	Fuß, Hockeyschläger, Hand	157
Abschlussmöglichkeit nutzen			
Treffball	I	Hand	158
Abschluss-König	II	Hockeyschläger, Fuß	159
Eierlegen 2.0	II	Hand	160
Hand-Kopfball	II	Hand, Fuß	161
Boden-Wand-Boden	III	Hand	162

PARTEIBALL PLUS

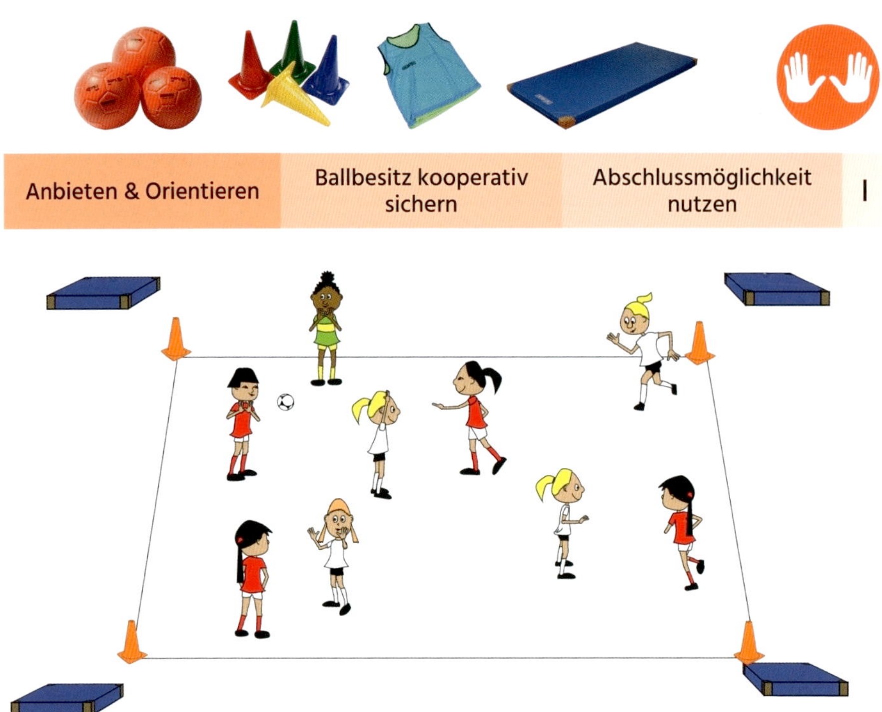

SPIELIDEE / ÜBUNGSABLAUF

In einem abgegrenzten Feld befinden sich zwei Mannschaften mit je vier bis fünf Kindern. Eine zusätzliche farblich gekennzeichnete neutrale Spielerin bewegt sich ebenfalls im Feld und wird von der ballbesitzenden Mannschaft ins Passspiel einbezogen. Die ballbesitzende Mannschaft befindet sich somit immer in Überzahl. Ziel ist es, innerhalb der Mannschaft fünf Pässe zu spielen, ohne dass der Ball den Boden berührt oder das Spielfeld verlässt. Nach Erreichen der fünf Pässe dürfen alle Kinder das Spielfeld verlassen. Die ballbesitzende Mannschaft versucht jetzt, den Ball auf einer der – vier außenliegenden – Matten abzulegen. Das andere Team versucht, dies zu verhindern.

HINWEISE

- Die ballbesitzenden Kinder dürfen in allen Spielphasen nur einen Sternschritt durchführen
- Die geforderte Anzahl erfolgreicher Pässe wird dem Niveau der Gruppe angepasst

VARIATIONEN

- Die diagonal gegenüber liegenden Matten werden jeweils mit einem gleichfarbigen Gegenstand gekennzeichnet. Die Übungsleiterin hebt einen farbigen Gegenstand hoch: der Ball muss dann auf einer dieser beiden Matten abgelegt werden **(II)**

VIER ZONEN

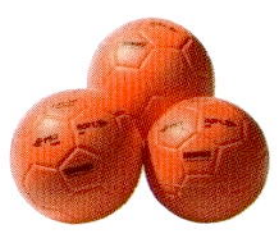
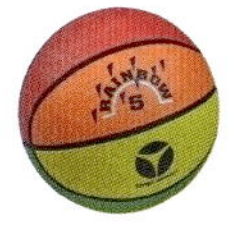
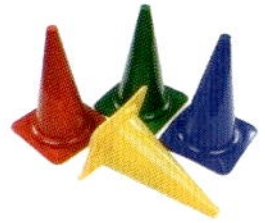
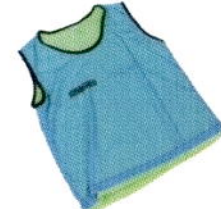

Anbieten & Orientieren	Ballbesitz kooperativ sichern		II

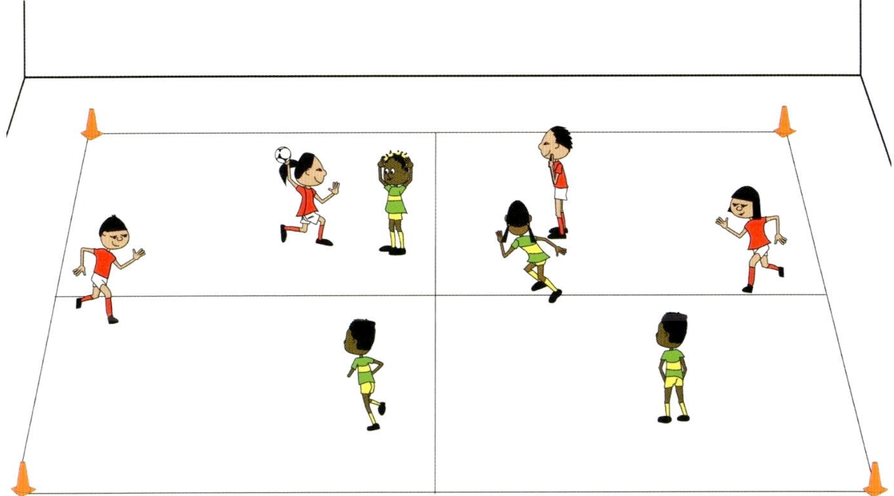

SPIELIDEE / ÜBUNGSABLAUF

Ein Spielfeld wird in gleichgroße Viertel unterteilt. Es werden zwei Teams mit vier bis sechs Kindern gebildet. Die ballbesitzende Mannschaft passt sich den Ball fortlaufend untereinander zu. Sobald ein Kind des Teams in einem der Viertel einen Pass fängt, gilt das entsprechende Viertel als „bespielt". Gelingt es einer Mannschaft, alle vier Bereiche zu bespielen, ohne dass der Ball den Boden berührt oder ins Aus fliegt, erhält sie einen Punkt und der Ballbesitz wechselt.

VARIATIONEN

- Für einen Punktgewinn reicht es aus, drei der vier Felder zu bespielen **(I)**
- Der Ball darf auch geprellt werden. Sobald der Ball in jedem Viertel einmal aufgeprellt wurde, erhält die ballbesitzende Mannschaft einen Punkt **(II)**
- Rückpässe sind nicht erlaubt **(III)**

HINWEISE

- Je größer das Spielfeld ist, desto einfacher wird das Passspiel für die ballbesitzende Mannschaft

TAUSEND TORE

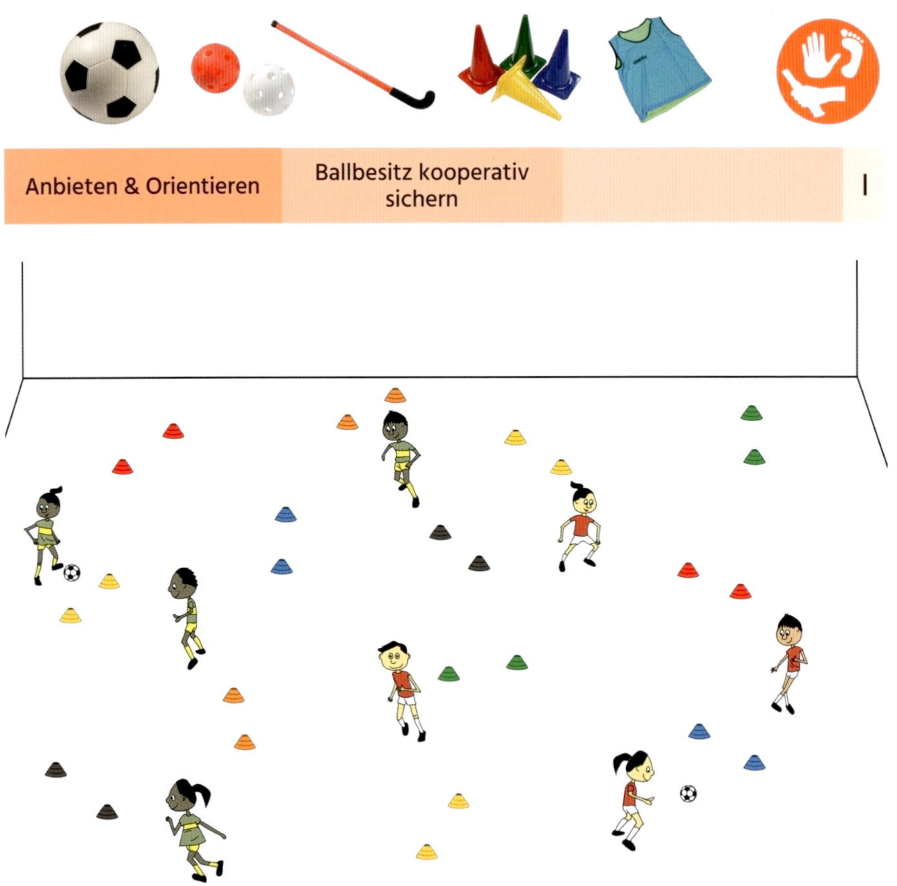

SPIELIDEE / ÜBUNGSABLAUF

Auf dem Spielfeld werden viele kleine Hütchentore platziert. Zwei Mannschaften spielen gegeneinander. Tore können erzielt werden, indem der Ball mit dem Fuß oder dem Hockeyschläger durch ein Hütchentor zu einem Mitspieler gepasst wird, der den Ball kontrolliert annimmt. Beide Mannschaften spielen auf alle Tore, wobei es nicht erlaubt ist, ein Tor zweimal hintereinander zu nutzen. Das Passspiel der Gegner darf nicht gestört werden.

HINWEISE

- Das Spiel kann auch mit der Hand gespielt werden. Die Kinder spielen einen Bodenpass durch ein Hütchentor zu ihrem Mitspieler

VARIATIONEN

- Die Kinder dürfen Pässe der gegnerischen Mannschaft stören, jedoch dem ballführenden Kind nicht aktiv den Ball abnehmen **(III)**

WALDBALL

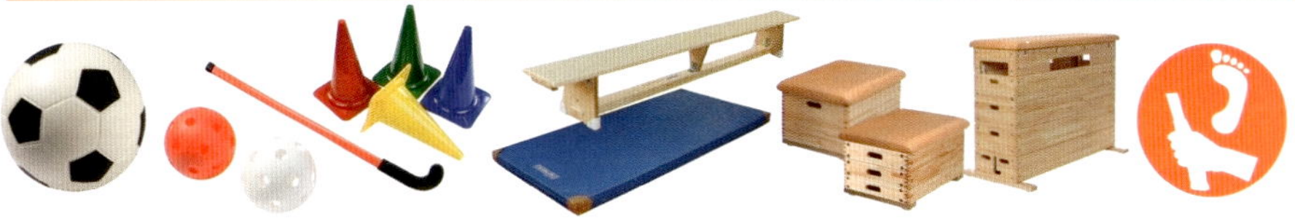

Anbieten & Orientieren	Ballbesitz kooperativ sichern		I

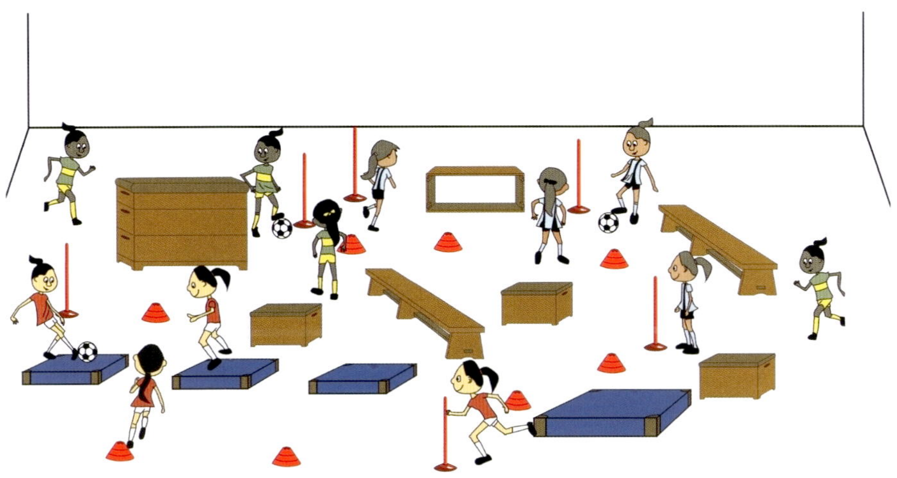

SPIELIDEE / ÜBUNGSABLAUF

Auf dem Spielfeld wird ein Hinderniswald aufgebaut. Der Wald kann mit Kästen, Bänken, Hütchen, Matten usw. gebaut werden. Vier bis fünf Kinder bilden ein Team und haben einen Ball. Ihre Aufgabe ist es, möglichst viele Pässe mit dem Fuß oder Hockeyschläger zu spielen. Es darf mit dem Ball gedribbelt werden, aber nur die erfolgreichen Pässe (ohne Gerätberührung und mit kontrollierter Annahme des Mitspielers) werden gezählt. Fünf korrekt ausgeführte Pässe ergeben einen Punkt.

VARIATIONEN

- Es sind keine Rückpässe erlaubt **(II)**
- Es ist nur Direktspiel erlaubt bzw. es werden nur direkte Pässe gezählt **(III)**

HINWEISE

- Die geforderte Anzahl erfolgreicher Pässe wird dem Niveau der Gruppe angepasst

MENSCHLICHE TORE

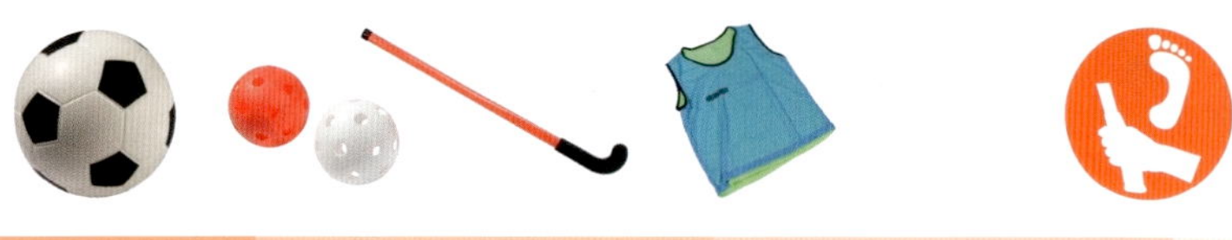

Anbieten & Orientieren	Abschlussmöglichkeit nutzen		II

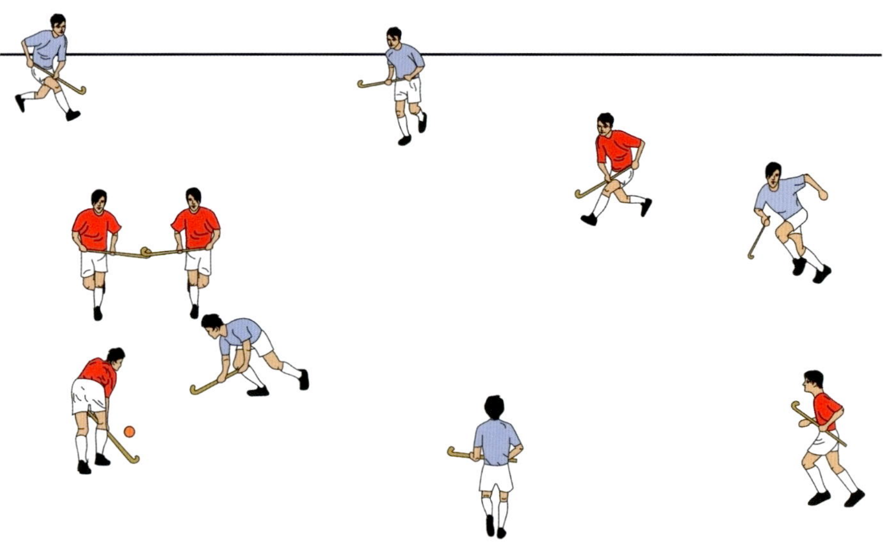

SPIELIDEE / ÜBUNGSABLAUF

Zwei Mannschaften spielen Fußball oder Hockey gegeneinander. Punkte können erzielt werden, indem der Ball durch ein „menschliches Tor" – bestehend aus zwei Mitspielern, die sich die Hand reichen oder die ihre Hockeyschläger kreuzen – gespielt wird. Die Tore können jederzeit spontan von allen Kindern gebildet werden. Nach einem Punktgewinn kann wahlweise direkt weitergespielt werden oder die andere Mannschaft erhält den Ball. Ein Tor darf nicht zweimal in Folge genutzt werden. Es muss stets neu gebildet werden.

HINWEISE

- Tore können auch auf andere Arten gebildet werden, z. B. indem zwei Kinder eine „Schubkarre" bilden

VARIATIONEN

- Ein Tor zählt nur, wenn ein Kind der eigenen Mannschaft den Ball hinter dem Tor kontrollieren kann **(III)**

FLIESENBALL (Pabst & Scherbaum, 2018)

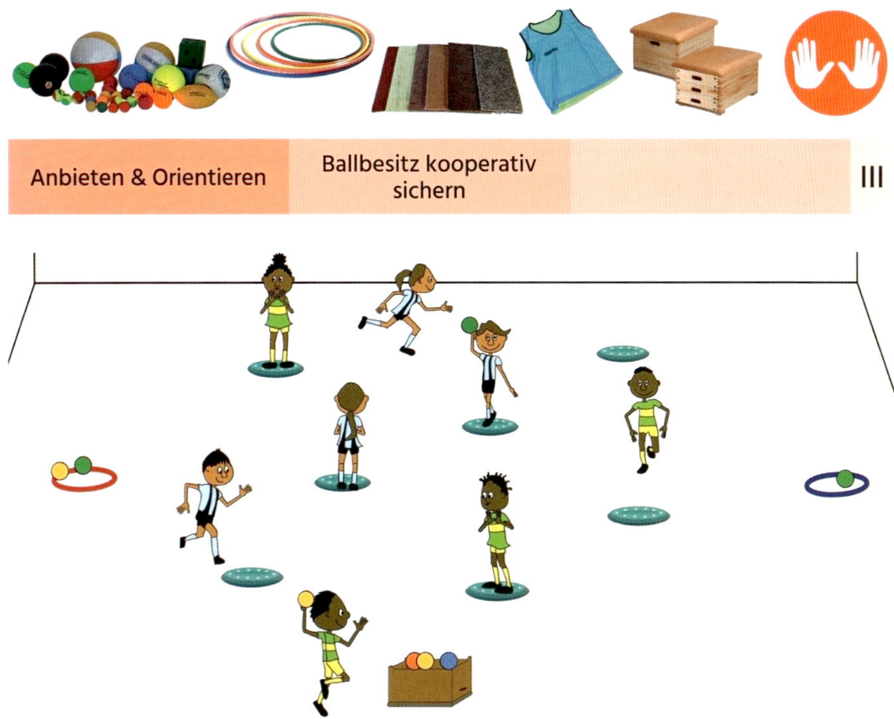

SPIELIDEE / ÜBUNGSABLAUF

In einem Spielfeld werden sieben Teppichfliesen ausgelegt. Am Spielfeldrand steht ein umgedrehter kleiner Kasten mit verschiedenen Bällen. Es werden zwei Mannschaften mit je vier Kindern gebildet. Drei Kinder jedes Teams befinden sich im Feld. Das vierte Kind nimmt einen Ball aus dem Kasten und passt zu einem Mitspieler, der auf einer Teppichfliese steht. Nach dem Fangen des Passes wirft das Kind den Ball zum nächsten Kind und verlässt anschließend die Teppichfliese. Der Passempfänger muss immer auf einer Teppichfliese stehen. Nach zehn regelgerechten Pässen darf der Ball in den eigenen Reifen seitlich neben dem Spielfeld gelegt werden. Berührt der Ball den Boden oder kann er nicht auf der Teppichfliese gefangen werden, muss die Mannschaft wieder bei „Null“ anfangen. Welche Mannschaft hat am Ende mehr Bälle in ihrem Reifen?

HINWEISE

- Das Kind, das den Ball im Reifen ablegt, setzt im nächsten Durchgang aus

VARIATIONEN

- Es ist erlaubt, mit nur einem Fuß auf der Teppichfliese zu stehen **(II)**
- Pässe dürfen nur mit der nicht-dominanten Hand gespielt werden **(III)**

RINGHOCKEY

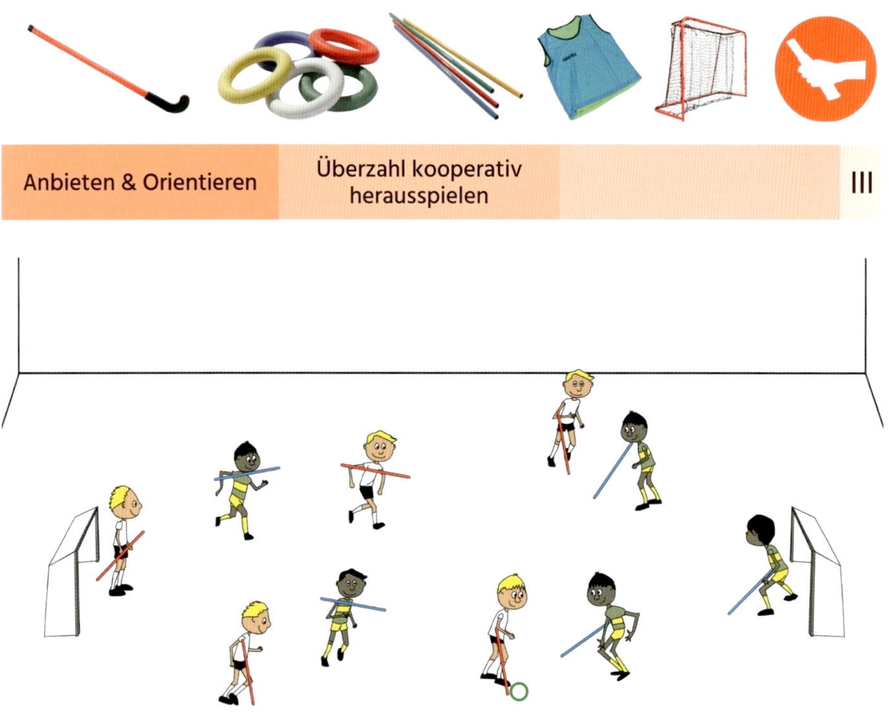

SPIELIDEE / ÜBUNGSABLAUF

Zwei Mannschaften spielen gegeneinander auf kleine Tore. Es wird mit einem Tennisring gespielt, der gut über den Boden rutscht. Als Hockeyschläger dienen Gymnastikstäbe oder umgedrehte Hockeyschläger. Der Ring kann geführt werden, indem der Stab in den Ring gestellt und über den Boden geschoben wird. Beim Schlagen darauf achten, dass der Schläger nicht über Kniehöhe gehoben wird.

HINWEISE

- Wenn keine kleinen Tore vorhanden sind, können die Tore auch mithilfe von zwei Hütchen gebildet werden

BALL-RÄUBER

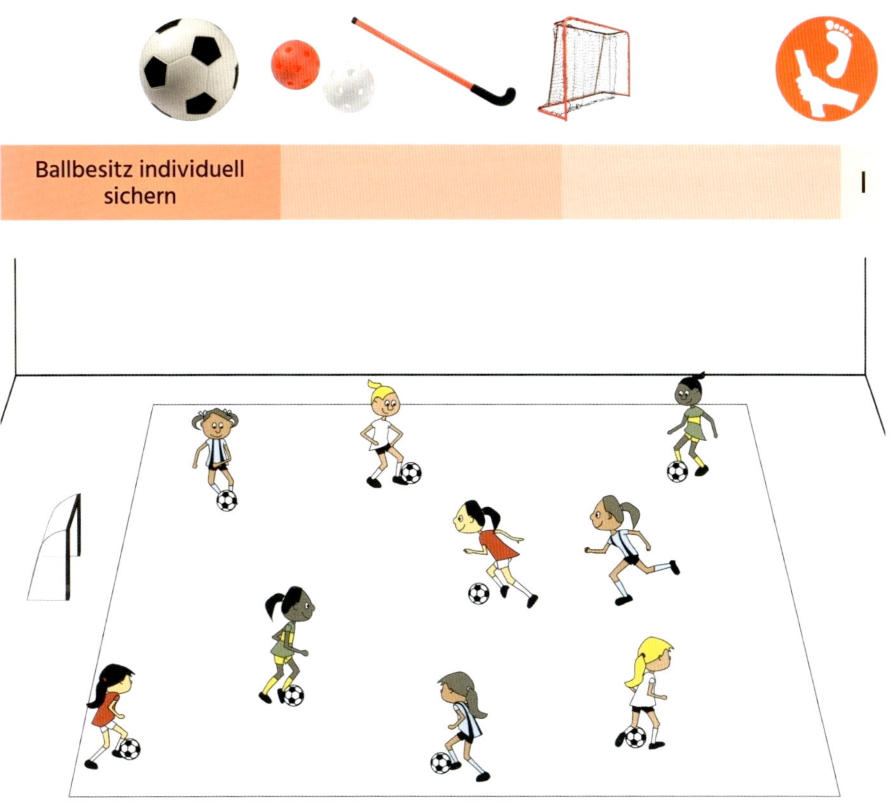

SPIELIDEE / ÜBUNGSABLAUF

In einem Spielfeld führen mehrere Kinder einen Ball am Fuß oder mit dem Hockeyschläger. Ein Kind bewegt sich ohne Ball und ist der Räuber. Es versucht, den anderen Kindern ihren Ball zu stehlen. Wenn der Räuber einen Ball erobert hat, bringt er ihn schnell in seine Räuberhöhle (z. B. kleines Tor am Spielfeldrand). Das bestohlene Kind hat noch die Chance, sich den Ball zurückzuholen, bis dieser in der Höhle abgelegt worden ist. Das bestohlene Kind wird zum Räuber und hilft dem Räuberhauptmann.

VARIATIONEN

- Die bestohlenen Kinder werden nicht zu Räubern, sondern helfen den anderen Kindern. Sie können sich z. B. zum Passspiel anbieten oder Bälle auf dem Weg zur Räuberhöhle zurückerobern **(II)**

HINWEISE

- Beim Spielen der Variation sollten bei großen Gruppen mehrere Räuber bestimmt werden

DURCHSCHLÜPFEN (Roth, Memmert & Schubert, 2006)

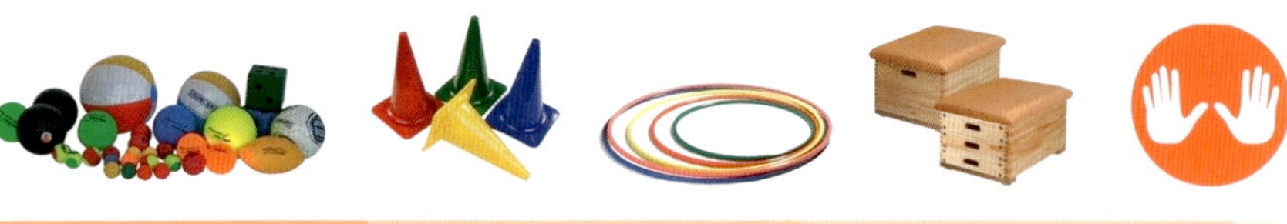

Ballbesitz individuell sichern			I

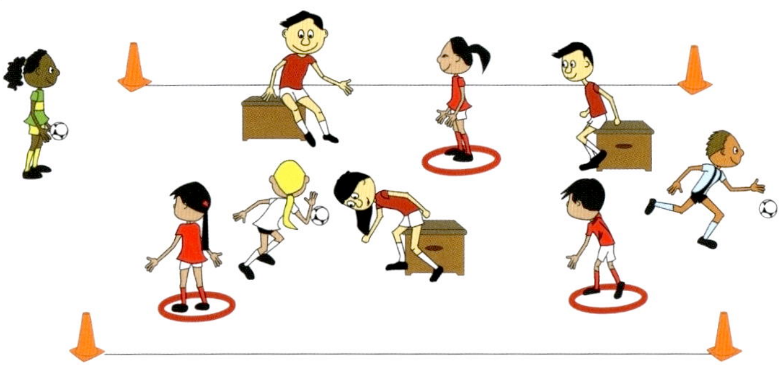

SPIELIDEE / ÜBUNGSABLAUF

In einer Spielzone, die seitlich klar begrenzt ist, befinden sich mehrere kleine Kästen und Reifen. Auf jedem Kasten sitzt und in jedem Reifen steht ein Kind. Die anderen Kinder starten am Anfang der Spielzone und versuchen, prellend auf die andere Seite zu gelangen, ohne den Ball zu verlieren. Die Kinder auf den Kästen und in den Reifen haben die Aufgabe, möglichst viele Bälle herauszuprellen. Verliert ein prellendes Kind die Kontrolle über den Ball, muss es wieder von vorne anfangen.

HINWEISE

- Der Abstand zwischen den Kästen und Reifen muss dem Leistungsstand angepasst sein
- Bei fortgeschrittenen Kindern sollte darauf hingewiesen werden, dass ein Handwechsel sinnvoll ist

VARIATIONEN

- Die Kinder benutzen unterschiedliche Bälle **(II)**

DRIBBELN IM HAGELSTURM

Ballbesitz individuell sichern			II

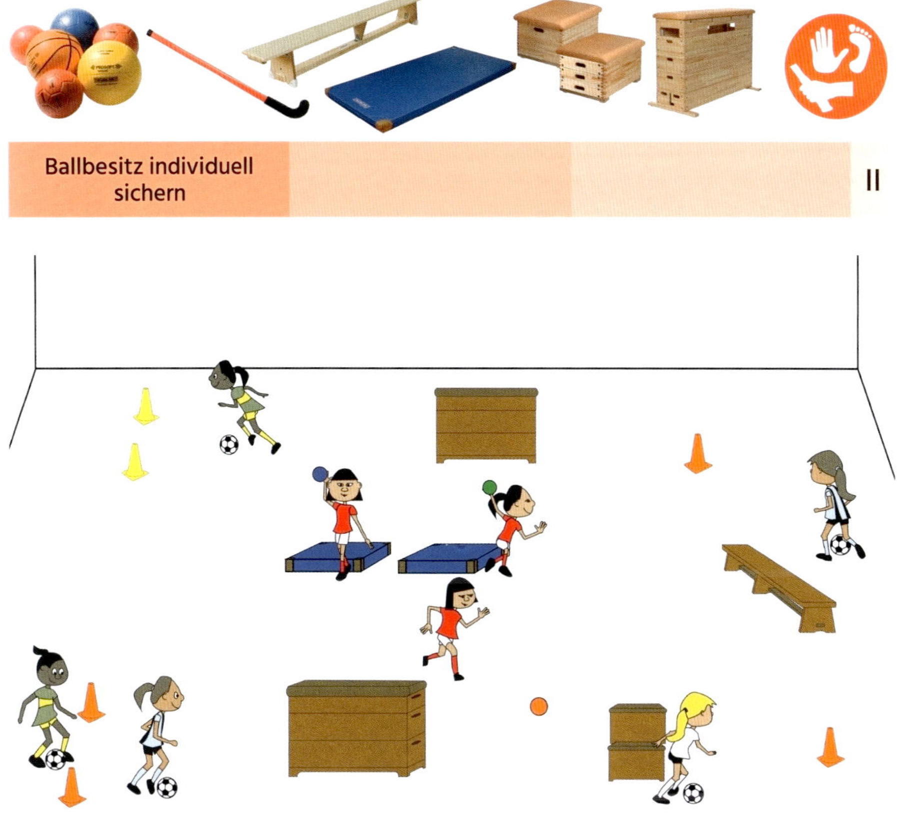

SPIELIDEE / ÜBUNGSABLAUF

Die Kinder müssen einen Rundkurs dribbelnd durchlaufen. In der Mitte liegen zwei Turnmatten, auf denen drei bis vier Kinder stehen. Ihre Aufgabe ist es, mit einem Softball die dribbelnden Kinder abzuwerfen. Die Werferinnen dürfen die Matten nur verlassen, um ihren Softball zu holen. Dabei dürfen sie die dribbelnden Kinder nicht stören. Die Läufer dürfen sich hinter den Geräten verstecken. Für jede erfolgreich absolvierte Runde, in der sie nicht vom Softball getroffen wurden, erhalten sie einen Punkt.

VARIATIONEN

- Die Läufer prellen den Ball mit der Hand. Der Ball darf nie mit beiden Händen festgehalten werden **(II)**
- Die Läufer dribbeln mit Hockeyschlägern **(III)**

HINWEISE

- Die Kinder sollten genügend Möglichkeiten haben, Schutz vor den Werfern zu suchen
- Bei einem Treffer oder Ballverlust muss das Kind zurück an den Start

FLUSSÜBERQUERUNG

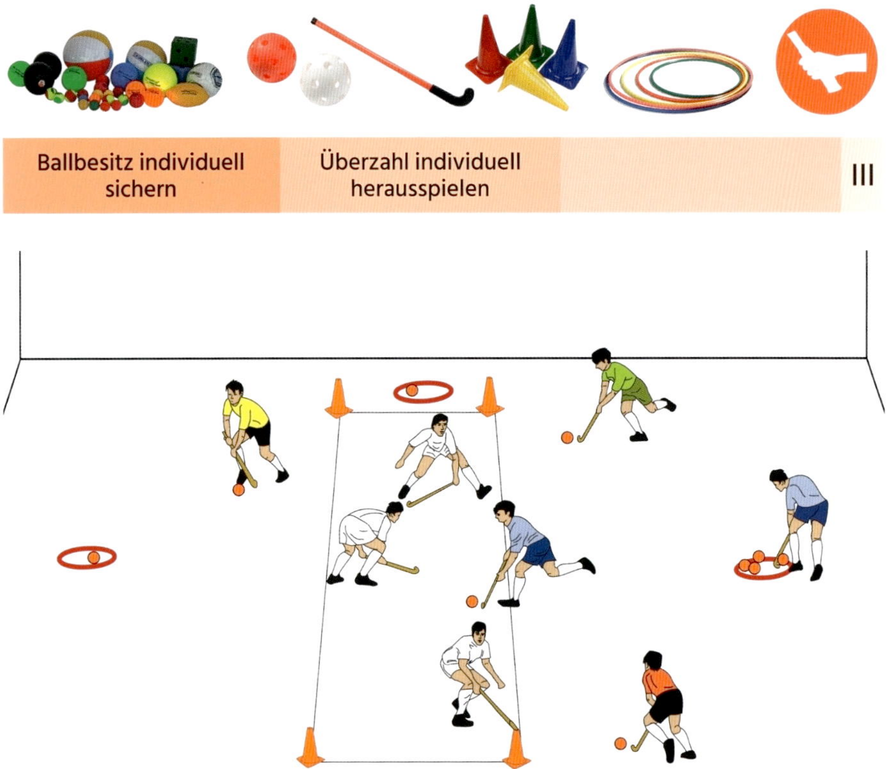

SPIELIDEE / ÜBUNGSABLAUF

Ein Spielfeld wird in der Mitte durch eine breite Zone (einen Fluss) geteilt. In der Zone befinden sich drei bis vier Kinder (Piranhas). Alle anderen Kinder sind zu Beginn auf der Feldseite mit den Bällen im Reifen. Sie versuchen, möglichst viele Bälle ans andere Ufer des Flusses zu transportieren und dort in einen Reifen zu legen. Jedes Kind darf dabei immer nur einen Ball transportieren und muss diesen durch den Fluss dribbeln. Sobald ein Piranha einen Ball mit dem Schläger berührt hat, bekommt der Piranha den Ball und darf ihn in einen Reifen am Flussrand legen. Es wird so lange gespielt, bis der Anfangs-Reifen leer ist. Wer mehr Bälle erobert bzw. in Sicherheit gebracht hat, gewinnt das Spiel.

HINWEISE

- Die Anzahl der Piranhas muss dem Leistungsniveau angepasst werden

VARIATIONEN

- Das Spiel wird mit der Hand durchgeführt, indem die Bälle durch den Fluss geprellt werden **(II)**
- Es wird mit der nicht-dominanten Hand gespielt **(III)**

WILDSAUDRIBBELN (Maaßmann & Mayer, 2020)

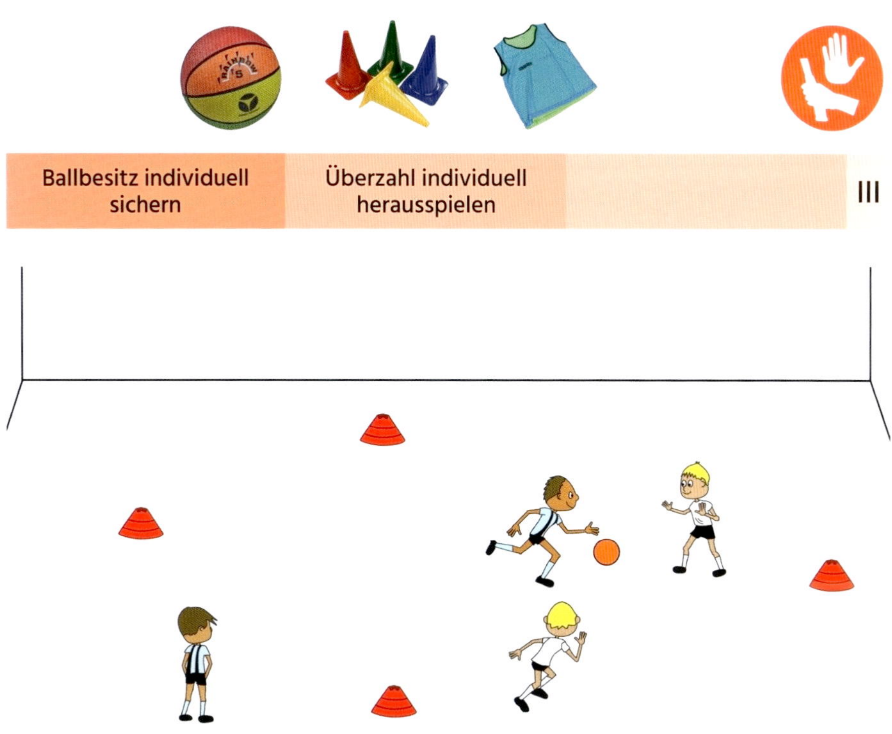

SPIELIDEE / ÜBUNGSABLAUF

Zwei Mannschaften mit je zwei bis drei Kindern spielen gegeneinander. Im Spielfeld stehen mehrere Hütchen (mindestens ein Hütchen mehr als Kinder pro Mannschaft). Ist ein Spieler in Ballbesitz, muss er so lange prellen bis er mit dem Ball ein Hütchen berührt hat. Gelingt dies, erhält seine Mannschaft einen Punkt und der Spieler kann den Ball zu einem Mitspieler passen. Spielt er vorher einen Pass, erhält der Gegner den Ball. Die Abwehrspieler versuchen, den Ball der Gegenspieler herauszuprellen oder einen Pass abzufangen. Es wird ohne Körperkontakt gespielt.

VARIATIONEN

- Anstelle der Hütchen werden Turnmatten ausgelegt **(II)**

HINWEISE

- Bei größeren Gruppen sollten mehrere Spielfelder aufgebaut werden

ZICKZACK-WETTKAMPF

Ballbesitz kooperativ sichern			I

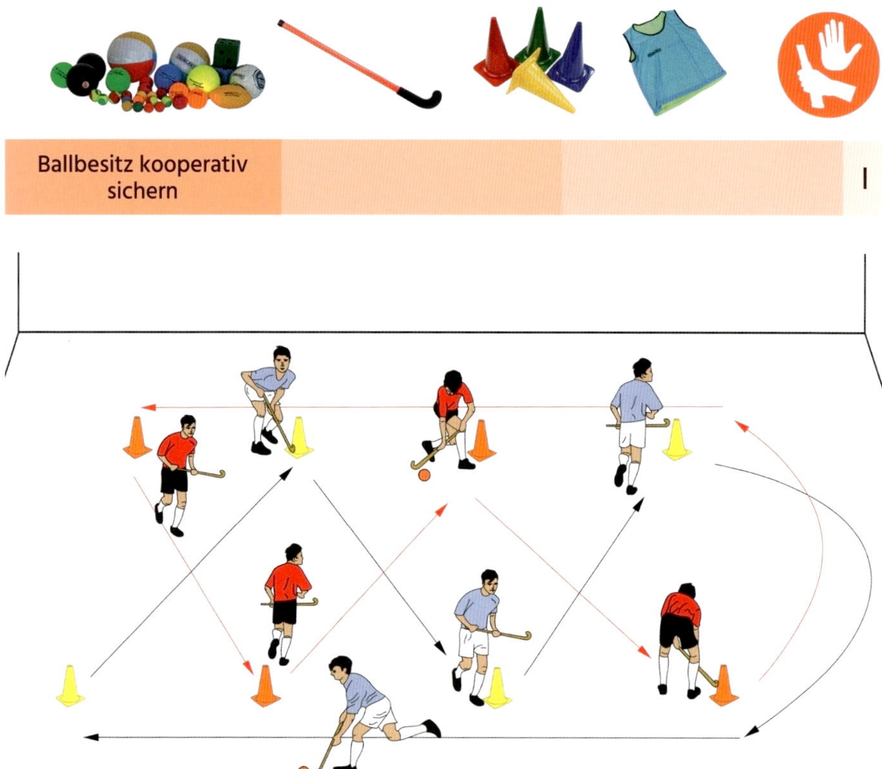

SPIELIDEE / ÜBUNGSABLAUF

Mannschaft A spielt an den gelben Hütchen, Mannschaft B dementsprechend an den roten Hütchen. Alle Kinder haben einen Hockeyschläger. Das jeweils erste Kind in der Gasse erhält einen Ball. Nach einem Startsignal wird der Ball diagonal durch die Gasse zum nächsten Kind der eigenen Mannschaft gespielt. Auf diese Weise wird der Ball innerhalb einer Mannschaft im Zickzack durch die Gasse gepasst. Jedes Kind läuft seinem Pass nach und stellt sich an das nächste Hütchen. Das letzte Kind läuft mit dem Ball am Schläger außen um das Feld bis zum Anfangshütchen und spielt von dort den nächsten Pass. Die Mannschaft, die als erste wieder in der Anfangsaufstellung steht, gewinnt den Durchgang.

HINWEISE

- Die Kinder darauf hinweisen, dass nur bei Blickkontakt des Mitspielers gepasst werden sollte

VARIATIONEN

- Die Kinder müssen auf dem Weg zum Starthütchen rückwärtslaufen **(II)**
- Das Spiel kann auch mit der Hand gespielt werden **(I)**

BRETTBALL

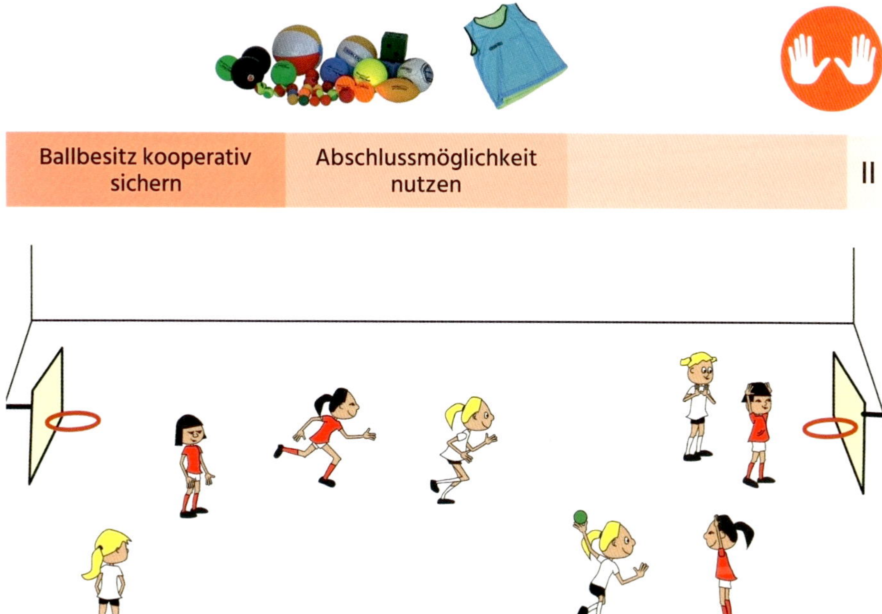

SPIELIDEE / ÜBUNGSABLAUF

Zwei Mannschaften mit je vier bis sechs Kindern spielen auf einem Basketballfeld gegeneinander. Ziel ist es, den Ball so gegen eines der beiden Basketballbretter zu werfen, dass eine Mitspielerin den Ball fangen kann. Gelingt dies, ohne dass der Ball den Boden berührt, erhält die Mannschaft einen Punkt und bleibt im Ballbesitz. Die gegnerische Mannschaft kann nur in Ballbesitz gelangen, indem sie Pässe abfängt oder der Gegner den Ball verliert. Jede Mannschaft kann an beiden Basketballbrettern Punkte erzielen. Es darf nicht geprellt werden.

VARIATIONEN

- Es darf geprellt werden **(I)**

HINWEISE

- Konzentriert sich das Spiel zu sehr auf ein Brett, sollte die Vorgabe gemacht werden, dass der Ball nach einem Punktgewinn zunächst hinter die 3-Punkte-Linie gepasst werden muss

DREI FARBEN (Memmert, 2019)

Ballbesitz kooperativ sichern	Lücke erkennen		II

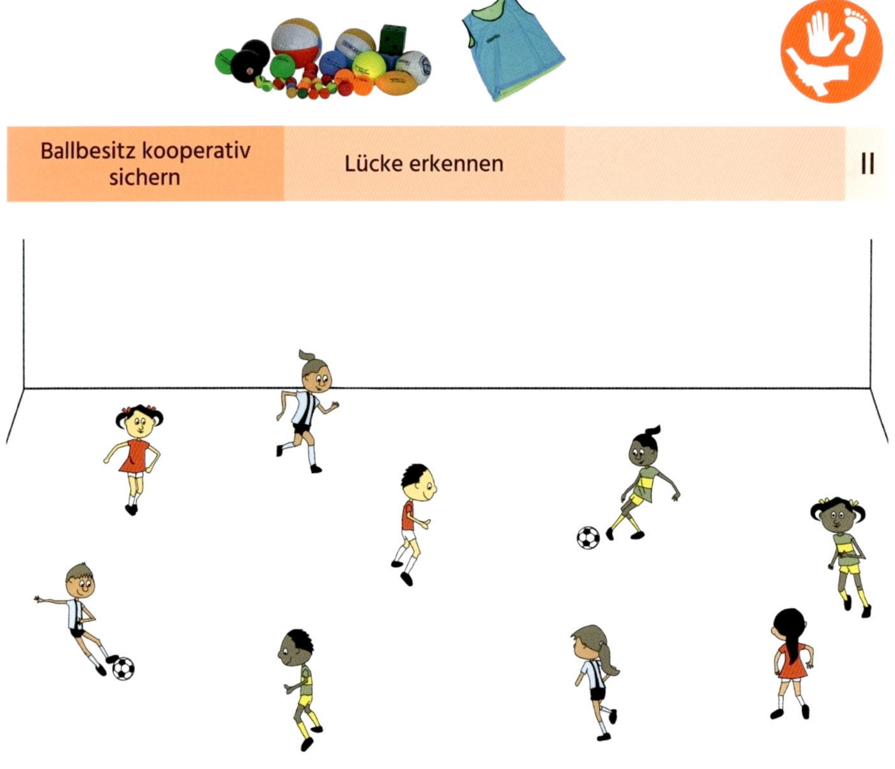

SPIELIDEE / ÜBUNGSABLAUF

Die Kinder spielen in drei verschiedenen Farben. Im Spielfeld befinden sich immer zwei Bälle, die ständig mit dem Fuß oder mit einem Hockeyschläger gepasst werden, wobei eine vorgegebene Reihenfolge eingehalten werden muss. Bei der Vorgabe „grün-rot-blau" muss ein Kind mit einem grünen Leibchen einem Kind mit einem roten Leibchen passen und dieses wiederum einem Kind mit blauen Leibchen.

HINWEISE

- Das Spiel kann auch mit der Hand gespielt werden

VARIATIONEN

- Ein oder zwei Kinder ohne Leibchen versuchen, die Pässe zu stören und den Ball zu erobern **(III)**
- Nach einem Pfiff des Übungsleiters dreht sich die Farbreihenfolge um **(II)**

LEIBCHENTAUSCH (Memmert, 2019)

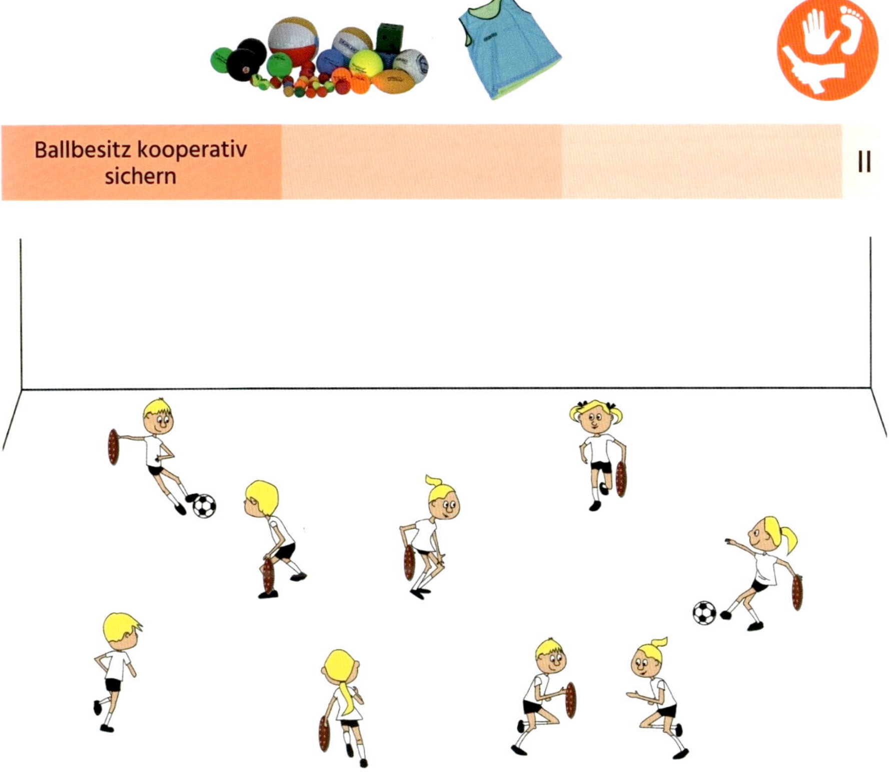

SPIELIDEE / ÜBUNGSABLAUF

Zwei Kinder starten ohne Leibchen in das Spiel. Alle anderen Kinder tragen ein Leibchen in der Hand. Die Kinder mit Leibchen passen sich fortlaufend mit dem Fuß, einem Hockeyschläger oder der Hand zwei Bälle zu. Zeitgleich werden die Leibchen untereinander getauscht, so dass immer andere Kinder kein Leibchen haben. Sobald der Übungsleiter pfeift, müssen die Bälle so schnell wie möglich zu den Kindern ohne Leibchen gepasst werden.

VARIATIONEN

- Zwei Kinder mit andersfarbigem Leibchen versuchen, die Pässe zu stören und den Ball zu erobern **(III)**

HINWEISE

- Wenn das Spiel mit der Hand gespielt wird, können die Leibchen in den Hosenbund gesteckt werden

CAPTURE THE BALL

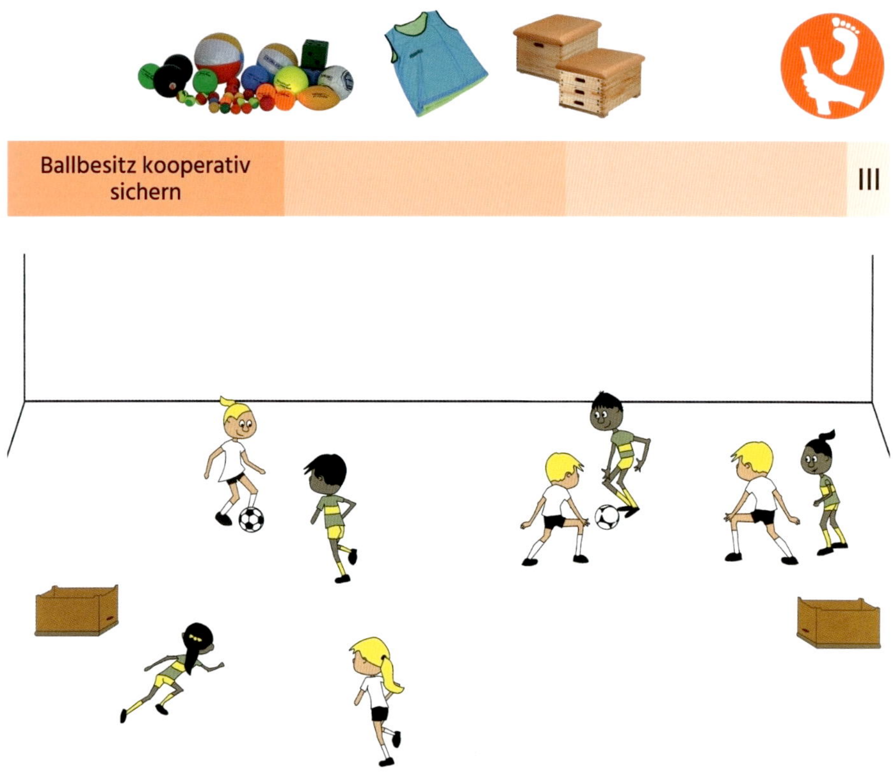

SPIELIDEE / ÜBUNGSABLAUF

Zwei Mannschaften spielen gegeneinander. Jede Mannschaft hat ihren eigenen Ball, der mit dem Fuß oder mit Hockeyschlägern untereinander gepasst wird. Gleichzeitig versuchen beide Teams, den Ball der gegnerischen Mannschaft zu erobern und in den eigenen umgedrehten kleinen Kasten zu bringen. Gelingt dies und ist der eigene Ball in diesem Moment noch im Besitz der Mannschaft, hat sie gewonnen.

HINWEISE

- Es ist hilfreich, zwei verschiedenfarbige Bälle zu benutzen, damit eindeutig erkennbar ist, welcher Ball zu welcher Mannschaft gehört

VARIATIONEN

- Es werden zwei getrennte Spielfelder markiert und zwei bis drei Kinder benannt, die im gegnerischen Feld versuchen, den Ball zu erobern **(II)**

PASSEN NACH NUMMERN (Mess, Schulze & Haag, 2019)

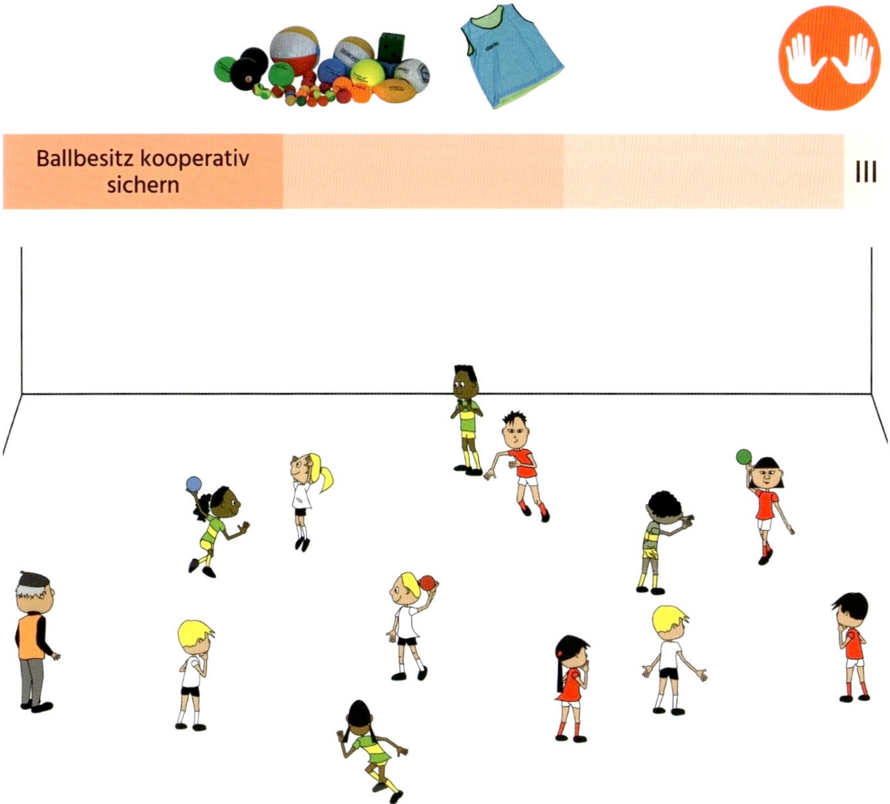

SPIELIDEE / ÜBUNGSABLAUF

Es werden mehrere Gruppen mit je vier bis fünf Kindern und einem Ball pro Gruppe gebildet. Alle Gruppen bewegen sich im gleichen Feld und passen sich den Ball in einer festgelegten Reihenfolge mit der Hand zu. Gleichzeitig versuchen die Kinder, den anderen Gruppen den Ball zu „klauen" und dem Übungsleiter zuzupassen. Der ÜL bringt den Ball wieder ins Spiel, nachdem die Gruppe eine Zusatzaufgabe (z. B. Hocksprünge, Hampelmann-Sprünge) absolviert hat.

VARIATIONEN

- Es darf geprellt werden **(II)**
- Sobald der Übungsleiter pfeift, müssen sich alle Kinder kurz hinsetzen und sofort wieder aufstehen, um anschließend weiterzuspielen **(III)**

HINWEISE

- Je kleiner das Spielfeld ist, desto einfacher ist es, anderen Gruppen den Ball herauszuspielen

TENTAKEL-TACKLING

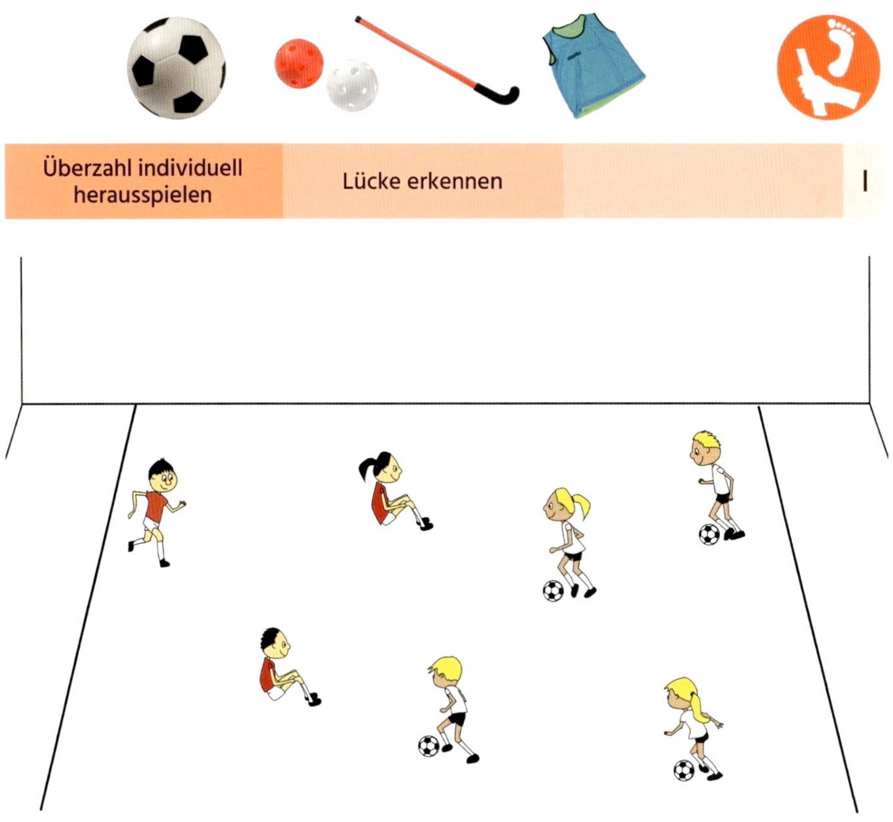

SPIELIDEE / ÜBUNGSABLAUF

Die Grundaufstellung und Grundidee entsprechen dem Spiel „Wer hat Angst vorm Abwehrspieler?". Kinder, denen der Ball abgenommen wird oder die gefangen werden, setzen sich (ohne Ball) auf den Boden und werden zu Kraken. Ihre Aufgabe ist es, dem Abwehrspieler zu helfen, indem sie versuchen, mit ihren Tentakeln (Beinen, Füßen, Hockeyschlägern), den vorbei dribbelnden Kindern (Fuß, Hockeyschläger) den Ball abzunehmen.

HINWEISE

- Wenn das Spiel in der Hockeyvariante gespielt wird, müssen klare Absprachen getroffen werden, wie die Kraken den Hockeyschläger einsetzen dürfen

VARIATIONEN

- Sobald der Abwehrspieler losläuft, dürfen sich die Kraken rutschend oder kriechend bewegen **(II)**

WER WIRD ANGREIFER?

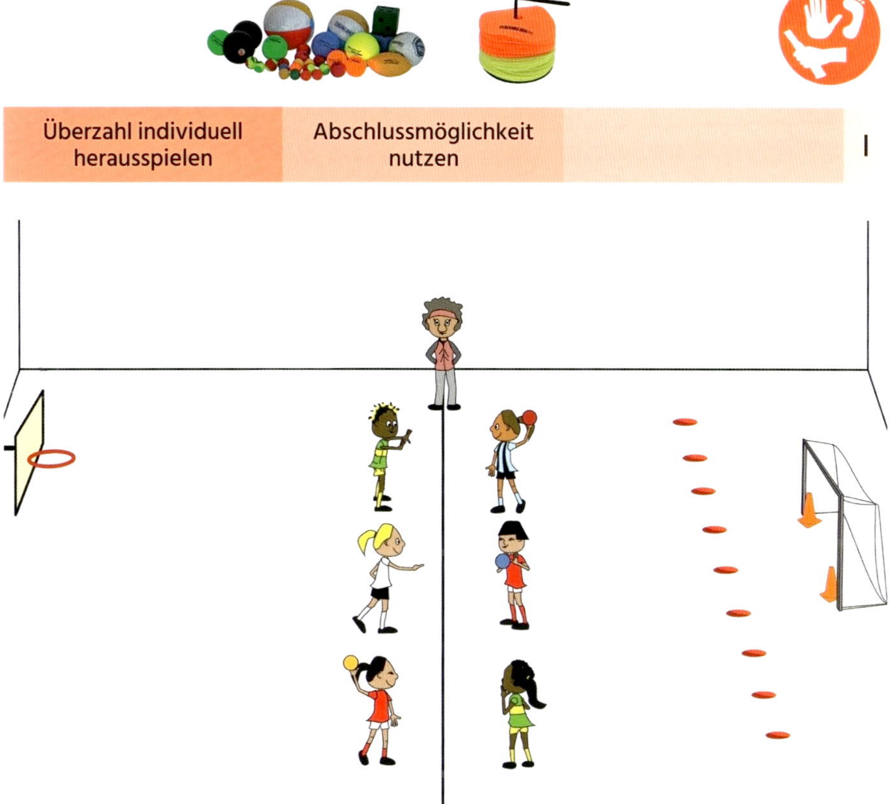

SPIELIDEE / ÜBUNGSABLAUF

Die Kinder stehen in Paaren an der Mittellinie (siehe Abb.). Jedes Paar passt sich fortlaufend einen Ball zu. Auf ein Signal wird das ballbesitzende Kind zum Angreifer und versucht, am abwehrenden Kind vorbei zum Ziel (Basketballkorb oder Tor) zu kommen und mit einem Wurf abzuschließen.

VARIATIONEN

- Das Spiel kann auch mit dem Fuß oder Hockeyschläger auf entsprechende Ziele gespielt werden **(II)**

HINWEISE

- Wenn kein Kind im Tor steht, kann auf Ziele (z. B. Hütchen) im Tor geworfen werden
- Vor dem Tor sollte eine Abwurflinie markiert werden

WER HAT ANGST VORM ABWEHRSPIELER?

Überzahl individuell herausspielen	Lücke erkennen		II

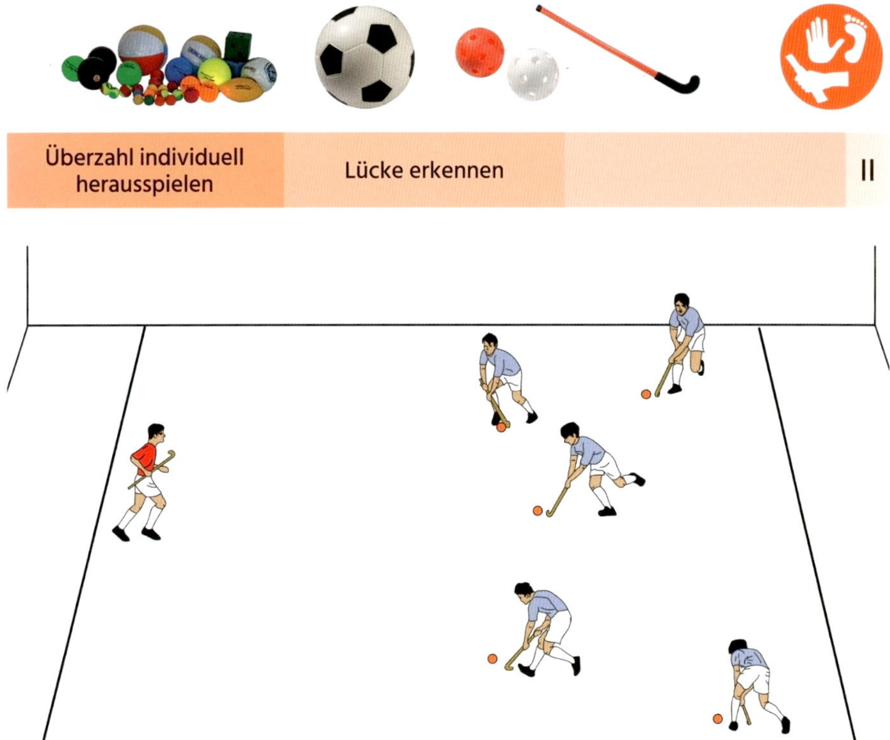

SPIELIDEE / ÜBUNGSABLAUF

Auf einer Spielfeldseite steht ein Kind als Abwehrspieler. Alle anderen Kinder befinden sich mit einem Ball am Hockeyschläger auf der gegenüberliegenden Hallenseite. Ziel ist es, mit dem eigenen Ball auf die andere Hallenseite zu gelangen. Der Abwehrspieler versucht, dies zu verhindern, indem er Bälle mit seinem Schläger herausspielt. Jedes Kind, das seinen Ball verloren hat, wird im nächsten Durchgang ebenfalls zum Abwehrspieler (ohne Ball). Es hat das Kind gewonnen, das als letztes noch in Ballbesitz ist.

HINWEISE

- Man sollte darauf achten, dass die Kinder ihren Ball am Schläger führen und nicht wegschlagen und hinterherlaufen
- Das Spiel kann auch mit dem Fuß oder der Hand gespielt werden

VARIATIONEN

- Der Abwehrspieler führt selbst einen Ball und muss versuchen, die anderen Kinder mit der Hand abzuschlagen **(III)**

SCHÜTZ DEN BALL (Roth, Memmert & Schubert, 2006)

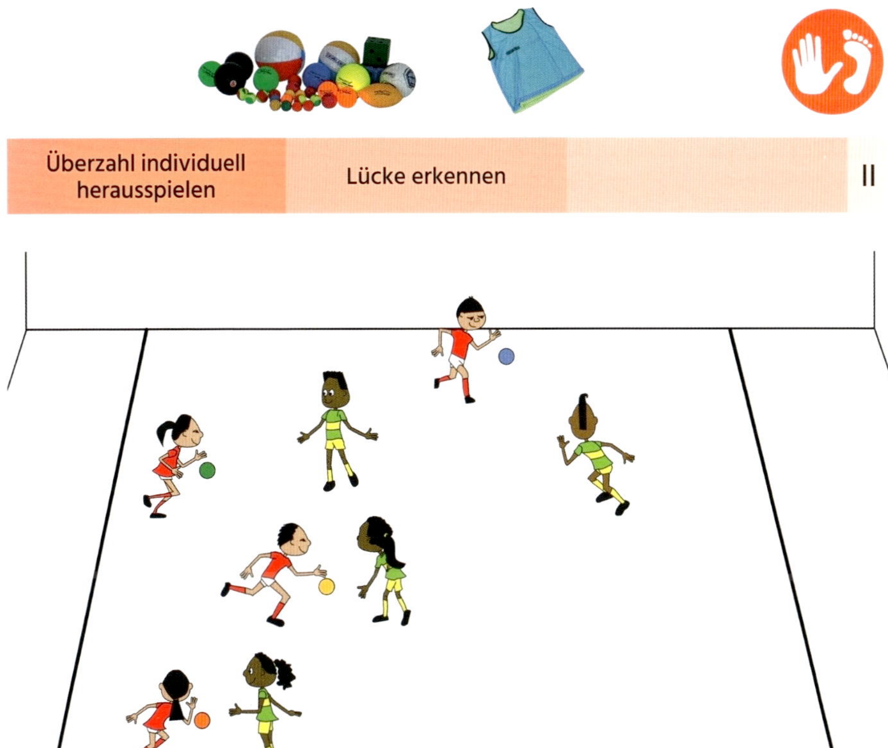

SPIELIDEE / ÜBUNGSABLAUF

Zwei Mannschaften stehen sich gegenüber. Alle Kinder der Mannschaft A haben einen Ball und versuchen, auf die andere Seite zu prellen. Die Spieler der Mannschaft B (ohne Ball) versuchen, innerhalb des Spielfelds die Bälle der gegnerischen Mannschaft zu berühren. Gelingt dies, bekommen sie einen Punkt. Sind alle Kinder der Mannschaft A auf der gegenüberliegenden Seite angekommen, ist der Durchgang beendet. Es werden mehrere Durchgänge gespielt. Im Anschluss werden alle Punkte der Kinder aus Mannschaft B zusammenaddiert. Jetzt erfolgt ein Aufgabenwechsel und Mannschaft A erhält die Chance, Punkte zu sammeln.

VARIATIONEN

- Das Spiel kann auch mit dem Fuß gespielt werden **(III)**

HINWEISE

- Wenn ein Ball herausgespielt wird, darf er erst wieder berührt werden, nachdem er vom ballbesitzenden Kind wieder unter Kontrolle gebracht worden ist

1:1-KONTINUUM

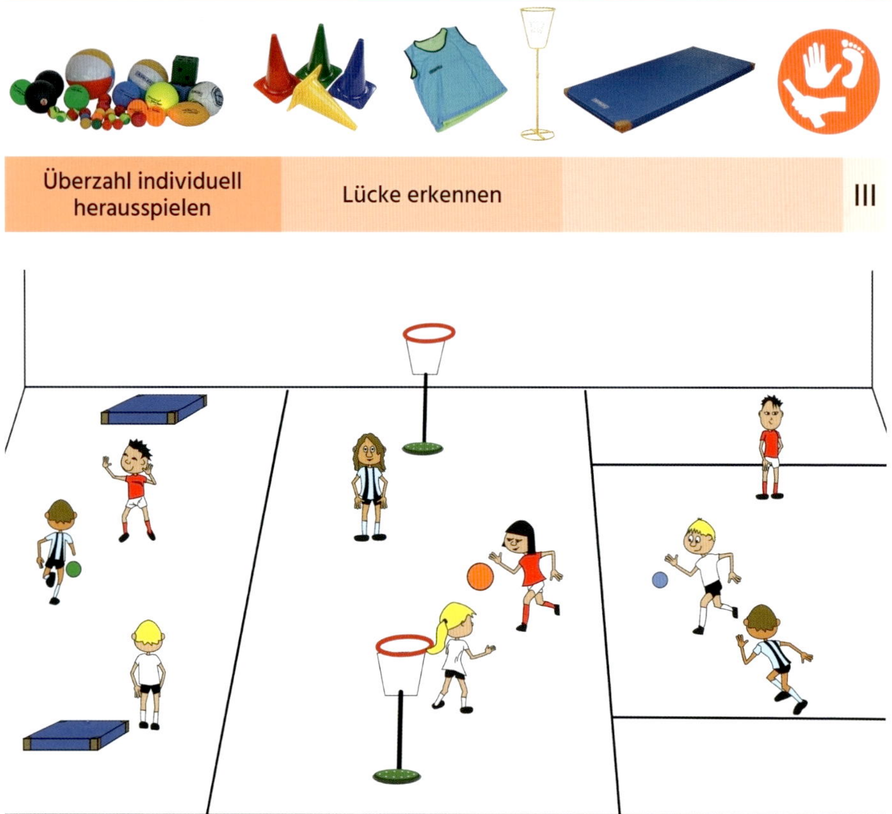

SPIELIDEE / ÜBUNGSABLAUF

Es werden Dreiergruppen gebildet. Jede Gruppe spielt auf einem schmalen Spielfeld. An den Stirnseiten befindet sich jeweils ein Ziel (z. B. Korbständer, Turnmatte, Endlinie). Die Aufgabe besteht darin, im Spiel 1:1 einen Punkt zu erzielen (auf der Matte ablegen, in den Korb werfen, über die Endlinie laufen). Ablauf am Beispiel des mittleren Feldes: rot versucht, am vorderen Korb gegen weiß einen Punkt zu erzielen, danach spielt weiß gegen blau am hinteren Korb und rot wartet am vorderen Korb. Danach spielt blau gegen rot am vorderen Korb.

HINWEISE

- Der Ablauf sollte auf einem Feld demonstriert werden, damit alle die Aufgabe verstanden haben

VARIATIONEN

- Die Übung kann auch mit dem Fuß oder Hockeyschläger durchgeführt werden. Als Ziele können kleine Tore, Hütchentore oder umgekippte Bänke genutzt werden **(III)**

JOKERBALL

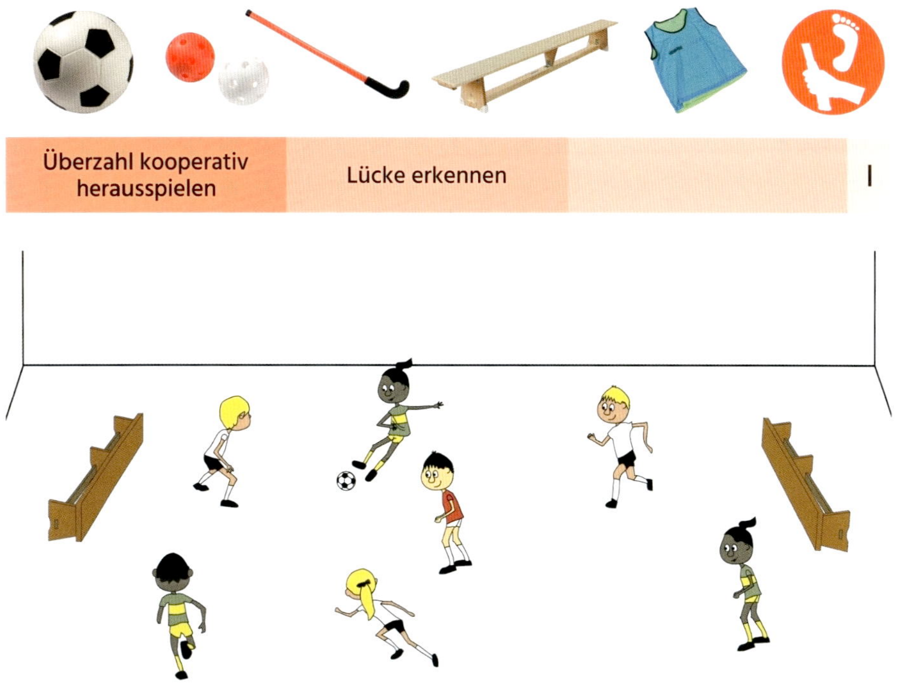

SPIELIDEE / ÜBUNGSABLAUF

Zwei Mannschaften spielen gegeneinander. Gekippte Turnbänke dienen als Tore. Es gibt keine festen Torhüter und die Bälle dürfen nicht mit der Hand abgewehrt werden. Gespielt wird nach Fußball- oder Hockeyregeln. Im Spiel befinden sich zusätzlich ein oder zwei Joker, die durch eine dritte Leibchenfarbe gekennzeichnet sind und immer in der ballbesitzenden Mannschaft mitspielen.

VARIATIONEN

- Joker dürfen nur angespielt werden, aber selbst keine Tore schießen **(II)**

HINWEISE

- Die Joker sollten nach einer gewissen Zeit gewechselt werden

ZUM KORB

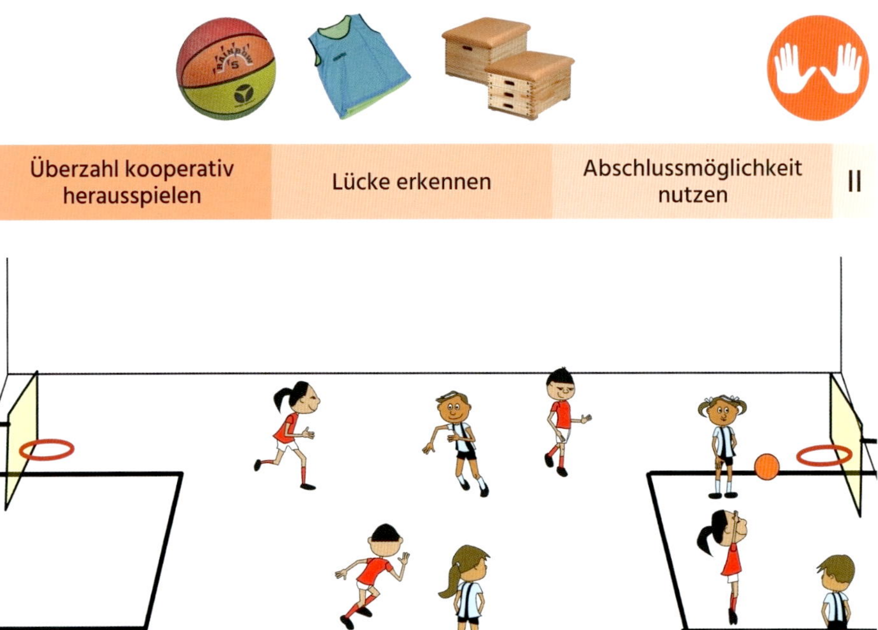

SPIELIDEE / ÜBUNGSABLAUF

Zwei Mannschaften mit je vier bis sechs Kindern spielen auf einem Basketballfeld gegeneinander. Der Ball darf nicht geprellt werden, es dürfen jedoch zwei Schritte mit dem Ball in der Hand gemacht werden. Ziel ist es, am gegnerischen Basketballkorb Punkte zu erzielen. Schafft es die angreifende Mannschaft, ein Kind anzuspielen, das sich in der Zone befindet, darf dieses einen freien Wurf (Positionswurf, Korbleger) auf den Korb ausführen. Es darf auch von außerhalb der Zone geworfen werden, wobei die abwehrenden Kinder dann die Chance haben, den Wurf zu blocken oder zu verhindern. Ein Treffer zählt zwei Punkte, eine Ringberührung zählt einen Punkt. Nach einem Punktgewinn wechselt der Ballbesitz.

HINWEISE

- Es kann auch das Ausführen von Sternschritten erlaubt werden

VARIATIONEN

- Es wird ein kleiner Kasten in der Zone aufgestellt. Wird ein Kind, das auf dem Kasten steht, angespielt, darf es frei auf den Korb werfen **(II)**

MATTENBALL

Überzahl kooperativ herausspielen	Lücke erkennen		II

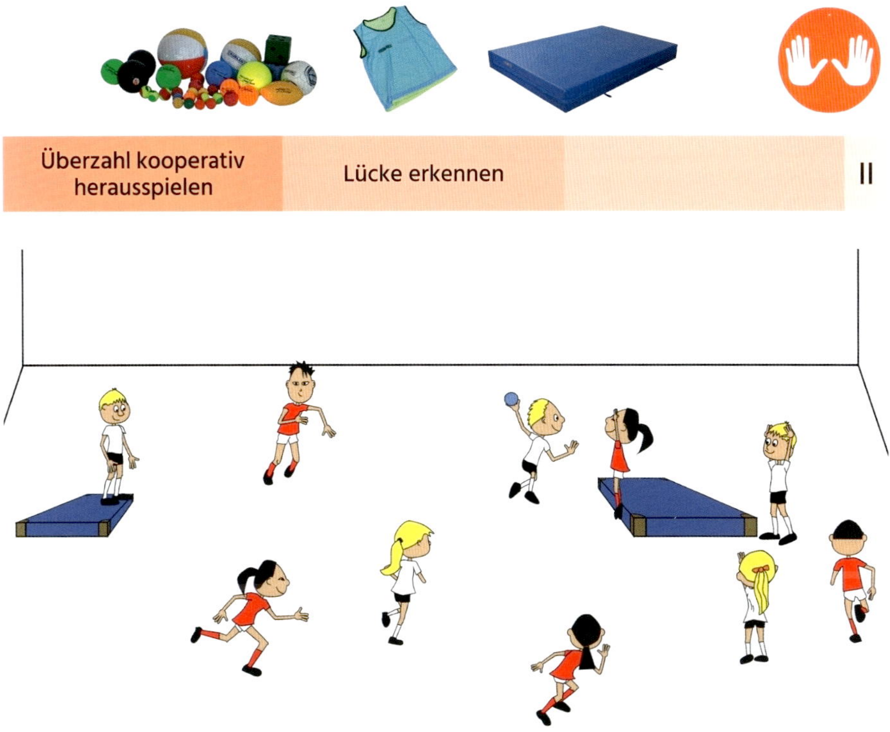

SPIELIDEE / ÜBUNGSABLAUF

Zwei Mannschaften mit je fünf bis sechs Kindern spielen gegeneinander. Ziel des Spiels ist es, den Ball auf der gegnerischen Weichbodenmatte abzulegen. Mit dem Ball in der Hand dürfen maximal zwei Schritte gelaufen werden. Der Ball darf nicht geprellt werden und kein Kind darf über die Matten laufen. Ein Punkt wird erzielt, wenn es einem ballbesitzenden Kind gelingt, sich mit dem Ball auf die Matte zu setzen oder mit dem Ball auf die Matte zu springen. Nach einem Punktgewinn wechselt der Ballbesitz.

VARIATIONEN

- Der Ball muss nach einem Pass in der Luft gefangen werden, bevor das Kind mit dem Ball auf der Matte landet **(III)**

HINWEISE

- Es ist wichtig, darauf zu achten, dass nicht von mehreren Seiten auf die Matte gesprungen wird, um Zusammenstöße zu vermeiden

4-TORE-BALL

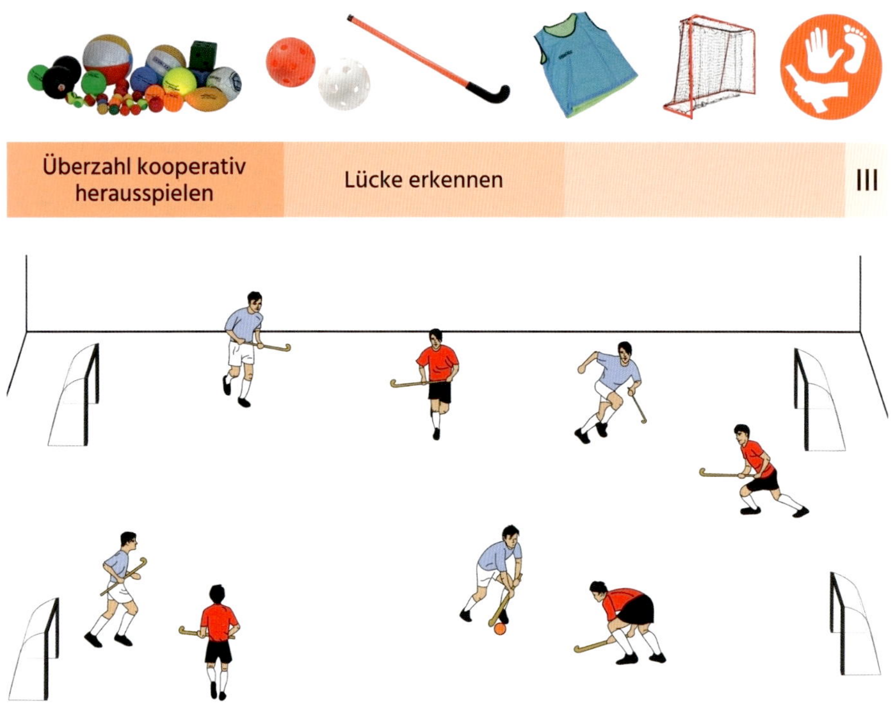

SPIELIDEE / ÜBUNGSABLAUF

Zwei Mannschaften spielen gegeneinander. Das Spielfeld wird so aufgebaut, dass jede Mannschaft an der eigenen Grundlinie zwei kleine Tore zu verteidigen hat. Es gibt keinen festen Torhüter, ansonsten wird nach Hockey- oder Fußballregeln gespielt. Ziel ist es, den Ball in eines der beiden gegnerischen Tore zu schießen.

HINWEISE

- Wenn das Spiel mit der Hand gespielt wird (siehe Variation) und die Tore mit Hütchen markiert werden, muss der Torwurf als Aufsetzer geworfen werden

VARIATIONEN

- Das Spiel kann auch mit der Hand gespielt werden. Es wird eine Abwurflinie markiert und es gibt einen festen Torhüter, der beide Tore verteidigt **(III)**

FLAG-RUGBY

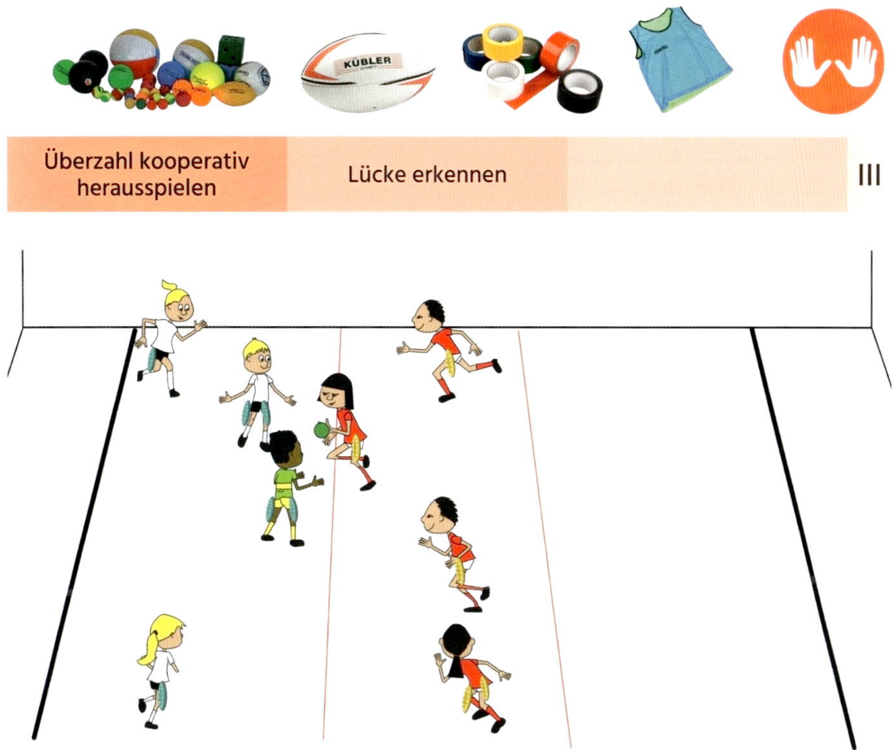

SPIELIDEE / ÜBUNGSABLAUF

Auf einem möglichst breiten Spielfeld werden zwei Endzonen markiert. Zwei Mannschaften mit je fünf bis sechs Kindern spielen gegeneinander. Jedes Kind steckt sich links und rechts je ein Mannschaftsband in den Hosenbund. Das Spiel beginnt, indem sich das ballbesitzende Team an der eigenen roten Linie nebeneinander aufstellt. Die Kinder der gegnerischen Mannschaft stehen an ihrer roten Linie. Nach dem ersten Pass dürfen sich alle frei bewegen. Ziel ist es, den Ball in der gegnerischen Endzone abzulegen. Das ballbesitzende Kind darf so lange laufen bis ein verteidigendes Kind eines seiner Mannschaftsbänder herausgezogen hat. Daraufhin müssen beide Kinder stehen bleiben. Der Verteidiger hält das eroberte Mannschaftsband hoch und das angreifende Kind muss innerhalb von fünf Sekunden passen. Alle Pässe dürfen nur zur Seite oder nach hinten gespielt werden. Nach dem Pass gibt der Verteidiger dem Angreifer das Band zurück und das Spiel läuft weiter. Bei einem Regelverstoß erhält das gegnerische Team den Ball an der Stelle des Verstoßes oder an der Stelle, an der der Ball das Spielfeld verlassen hat und setzt das Spiel mit einem Freiwurf oder Einwurf fort. Wie beim Anspiel müssen die gegnerischen Kinder Abstand halten bis der Pass gespielt wurde.

TORSCHUSSGEWITTER

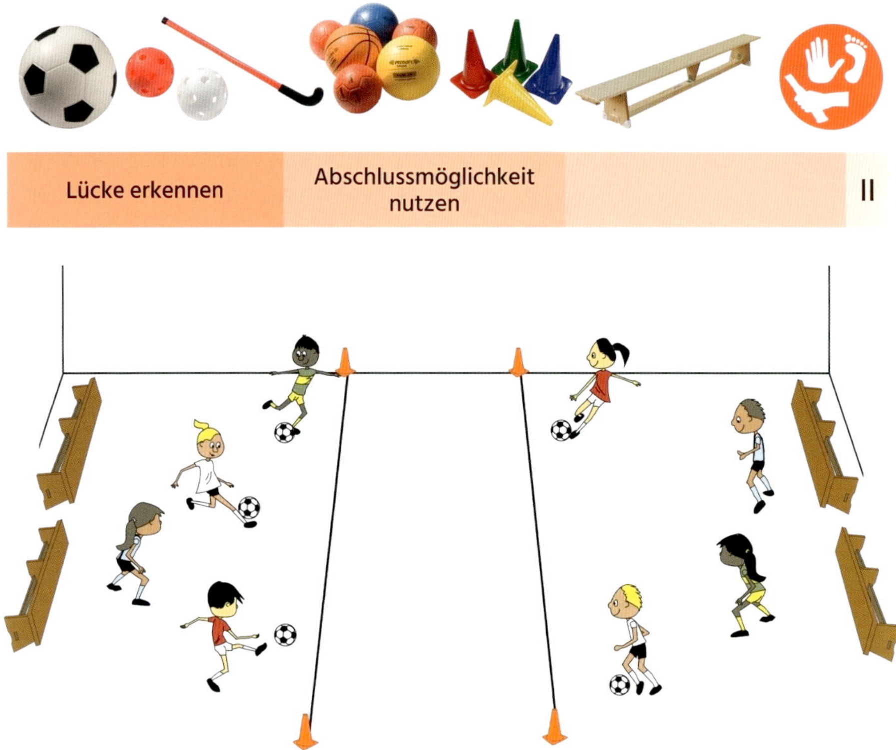

SPIELIDEE / ÜBUNGSABLAUF

Ein Spielfeld mit drei Zonen wird markiert. Die Teams A und B befinden sich in den beiden Außenzonen. Der Mittelkorridor darf nicht betreten werden. An den Außenseiten des Spielfelds (Grafik ganz links bzw. rechts) werden umgekippte Turnbänke als Tore platziert. Ziel des Spiels ist es, aus dem eigenen Spielfeld heraus mit dem Fuß oder mit Hockeyschlägern erfolgreich auf die gegnerischen Tore zu schießen. Die Schüsse dürfen von den Spielern des anderen Teams mit allen Körperteilen abgewehrt werden.

HINWEISE

- Die Anzahl der Bälle sollte so gewählt werden, dass jedes Kind kontinuierlich in Aktion ist

VARIATIONEN

- Das Spiel kann auch mit der Hand gespielt werden. Dann sollten Softbälle verwendet werden und als Tor kann die gesamte Hallenwand bis zu einer definierten Höhe genutzt werden **(I)**

CAPTURE THE FLAG

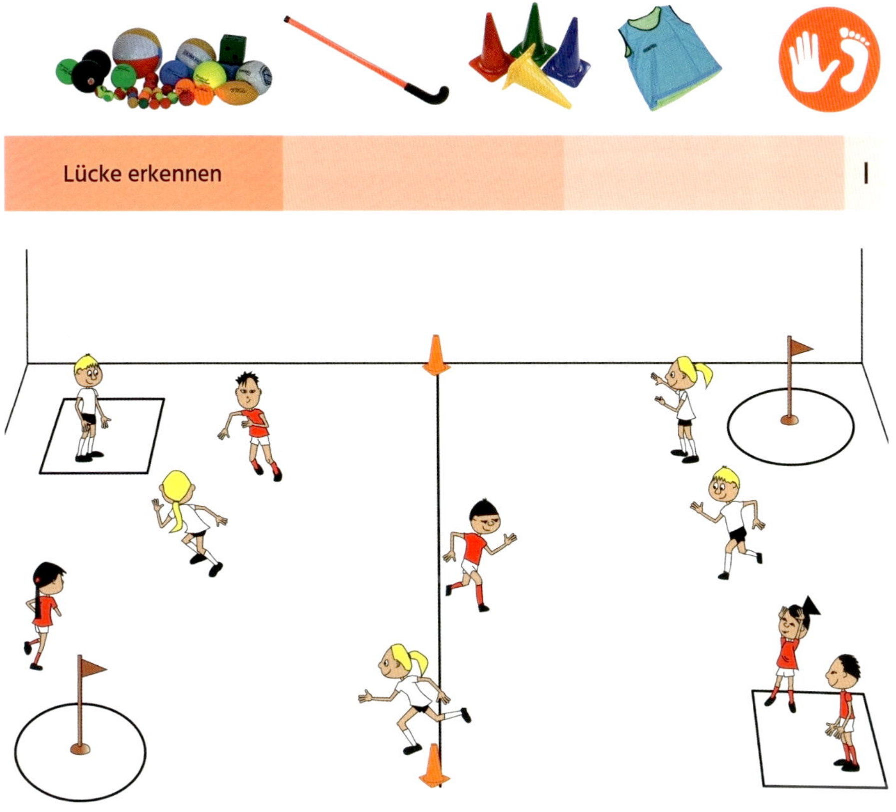

SPIELIDEE / ÜBUNGSABLAUF

Dieses Spiel wird am besten im Freien gespielt. Für die Halle müssen die Regeln etwas angepasst werden (siehe Variationen). Das Spielfeld wird durch eine Mittellinie getrennt. Im hinteren Teil jeder Seite wird ein kreisförmiges Feld mit ca. fünf Metern Durchmesser markiert, in dem eine Flagge steht. Außerdem gibt es in jeder Spielfeldhälfte ein Gefängnis (quadratisches Feld). Ziel des Spiels ist es, die gegnerische Flagge zu erobern. Dazu müssen die Kinder durch die gegnerische Hälfte bis zum Flaggenfeld und von dort wieder zurück in ihr eigenes Feld laufen, ohne gefangen (abgeschlagen) zu werden. Alle Kinder, die abgeschlagen werden, müssen ins Gefängnis und die Flagge kommt zurück an ihren Platz. Die gefangenen Kinder können befreit werden, indem ein Mitspieler – ohne gefangen zu werden – ins gegnerische Gefängnisfeld läuft. Der Mitspieler kann auch mehrere Gefangene direkt nacheinander befreien. Die Befreiten entscheiden sich dann, ob sie versuchen, wieder zum Flaggenfeld, oder zurück in die eigene Hälfte zu laufen (dabei können sie erneut gefangen werden).

HINWEISE

- Innerhalb des Flaggenkreises dürfen die Kinder nicht abgeschlagen werden
- Spielt man draußen, darf das Gelände unübersichtlich sein, damit man sich verstecken kann
- Wird das Spiel in der Halle gespielt, darf ein Kind nur einen Gefangenen befreien. Beide müssen zunächst zurück in die eigene Hälfte, dürfen aber auf dem Rückweg nicht erneut abgeschlagen werden
- Als Flagge kann ein Hockeyschläger verwendet werden, an den ein Band oder ein Leibchen geknotet wird. Die Flagge wird in ein großes Hütchen mit Öffnung an der Spitze gesteckt

VARIATIONEN

- Die Kinder beider Teams haben einen Ball, den sie während des Laufens mit der Hand rollen **(II)** bzw. prellen **(III)** oder mit dem Fuß dribbeln müssen **(III)**

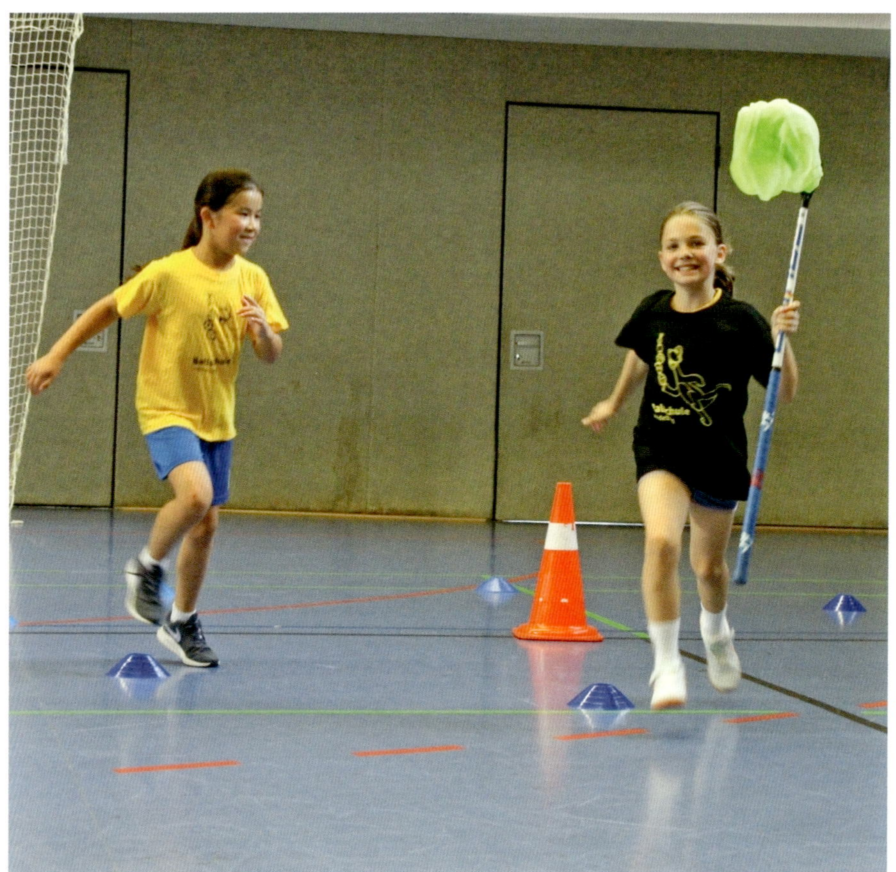

ZEITUNGSHAGEL

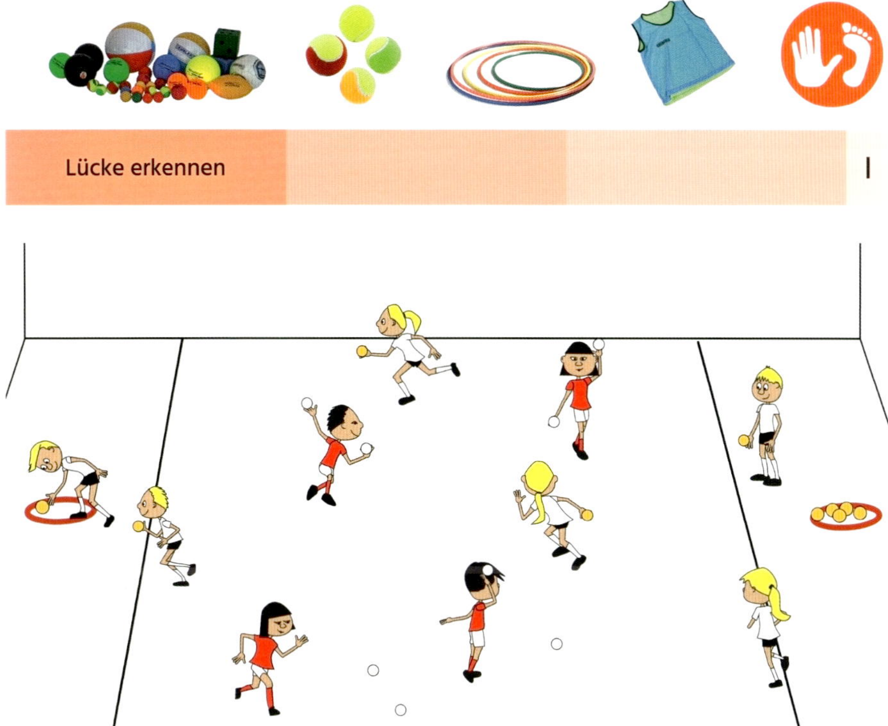

SPIELIDEE / ÜBUNGSABLAUF

Das Spielfeld wird in drei Zonen geteilt (siehe Grafik). In der mittleren Zone bewegen sich vier bis fünf farblich markierte Kinder, die jeweils zwei Bälle aus zusammengeknülltem Zeitungspapier besitzen. Die anderen Kinder befinden sich mit Tennisbällen in den beiden Außenzonen. Ziel dieser Kinder ist es, in einer bestimmten Zeit so viele Tennisbälle wie möglich auf die andere Seite zu bringen, ohne dabei von einem Zeitungsball getroffen zu werden. Wird ein Kind getroffen, muss es zurücklaufen, den Reifen berühren und darf dann einen weiteren Versuch starten. Gelingt es, einen Ball auf der anderen Seite abzulegen, läuft das Kind um das Spielfeld herum und startet erneut.

VARIATIONEN

- Es können größere Bälle transportiert werden, die entweder mit der Hand geprellt oder am Fuß geführt werden **(III)**

HINWEISE

- Die Zeitungsbälle müssen geworfen werden. Ein Kind darf nicht mit dem Zeitungsball in der Hand ein anderes Kind berühren.

LINIENBALL

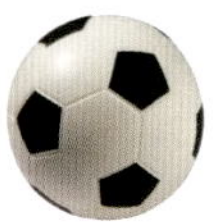
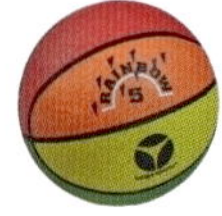
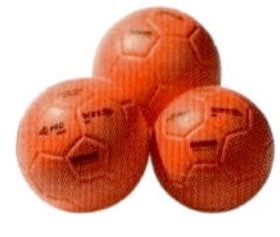
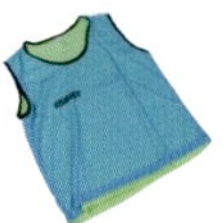
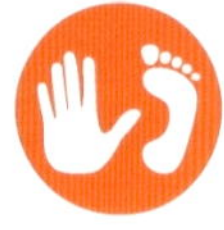

Lücke erkennen	Abschlussmöglichkeit nutzen	Ballbesitz kooperativ sichern	II

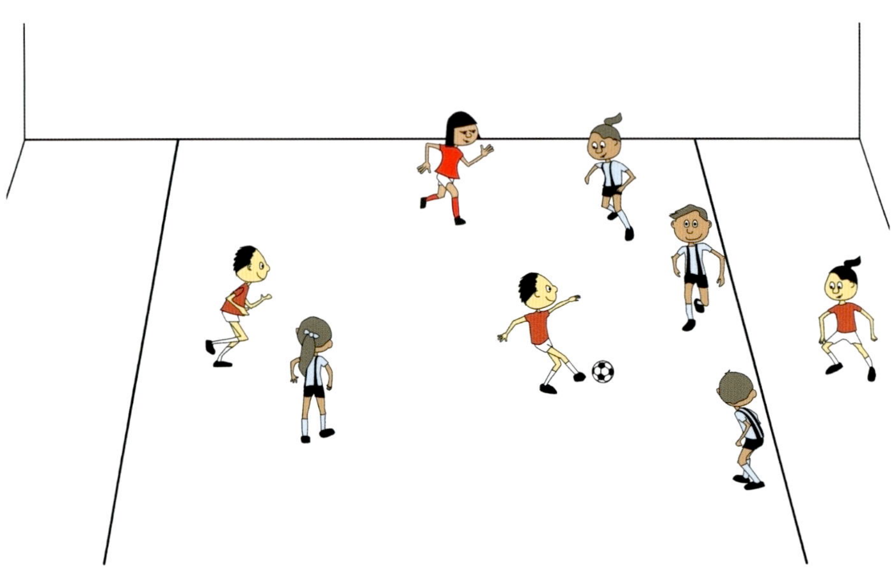

SPIELIDEE / ÜBUNGSABLAUF

Zwei Mannschaften mit je vier bis sechs Kindern spielen gegeneinander auf einem Spielfeld mit einer Endlinie an den beiden Stirnseiten. Ziel des Spiels ist es, den Ball mit dem Fuß einem Mitspieler zuzupassen, der sich hinter der gegnerischen Endlinie befindet. Der Ball muss von diesem kontrolliert angenommen werden (= ein Punkt). Welches Team erzielt in einer vorgegebenen Zeit die meisten Punkte?

HINWEISE

- Die Kinder dürfen sich nicht hinter ihrer eigenen Endlinie aufhalten
- Die Breite des Spielfelds muss der Spielerzahl und dem Leistungsniveau der Kinder angepasst werden. Je breiter das Feld ist, desto größer werden die Lücken zwischen den Abwehrspielern

VARIATIONEN

- Das Spiel kann auch mit der Hand gespielt werden. Der Pass muss dann als Bodenpass gespielt und ohne weitere Bodenberührung gefangen werden **(II)**

SCHMUGGELBALL

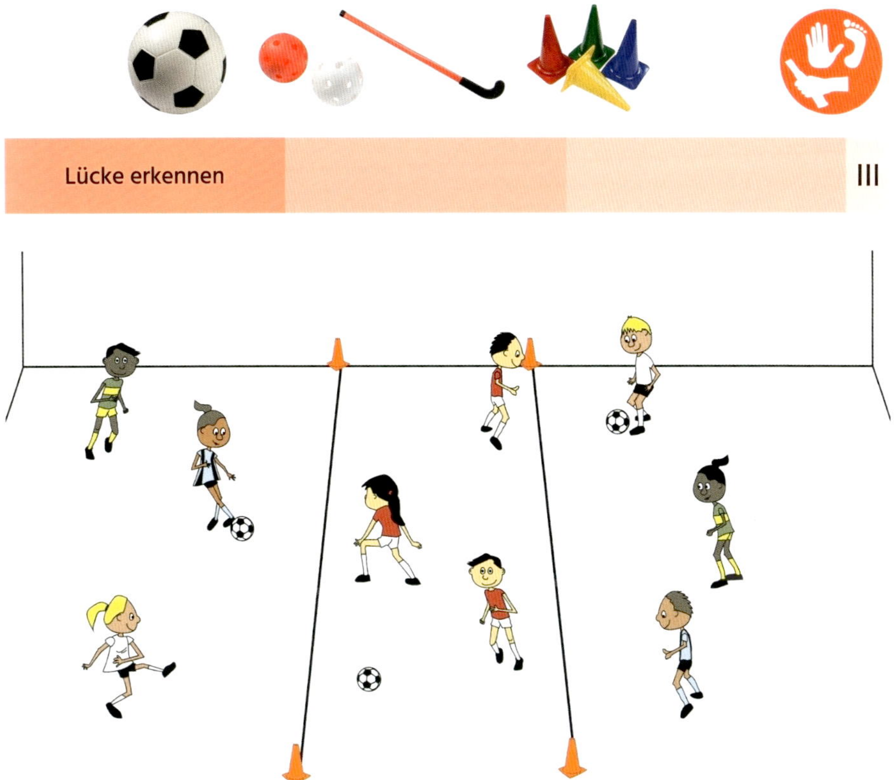

SPIELIDEE / ÜBUNGSABLAUF

Ein Spielfeld mit drei Zonen wird markiert, in denen sich jeweils drei bis vier Kinder befinden. Insgesamt sind drei Fußbälle/Hockeybälle im Spiel. Die Kinder in den Außenzonen haben die Aufgabe, die Bälle mit dem Fuß oder Schläger flach durch die Mittelzone zu einem Kind auf der anderen Seite zu passen. Die Kinder in der mittleren Zone versuchen, alle Bälle, die durch ihre Zone gespielt werden, abzufangen. Gelingt dies, dann ist der Ball aus dem Spiel. Wie viele erfolgreiche Pässe schaffen die Außenspieler, bis alle Bälle aus dem Spiel sind? Dann werden die Aufgaben getauscht.

VARIATIONEN

- Das Spiel kann auch mit der Hand gespielt werden. Dann sollte der Ball bei den Würfen durch die Mittelzone dort mindestens einmal den Boden berühren **(II)**

TREFFBALL (Pabst & Scherbaum, 2018)

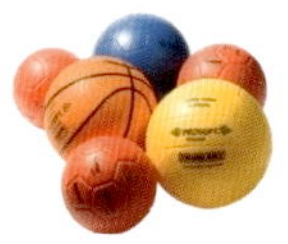
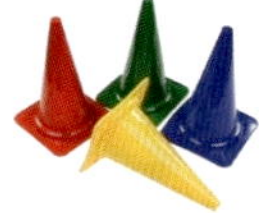
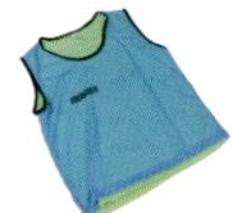
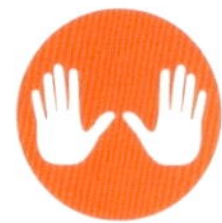

Abschlussmöglichkeit nutzen			I

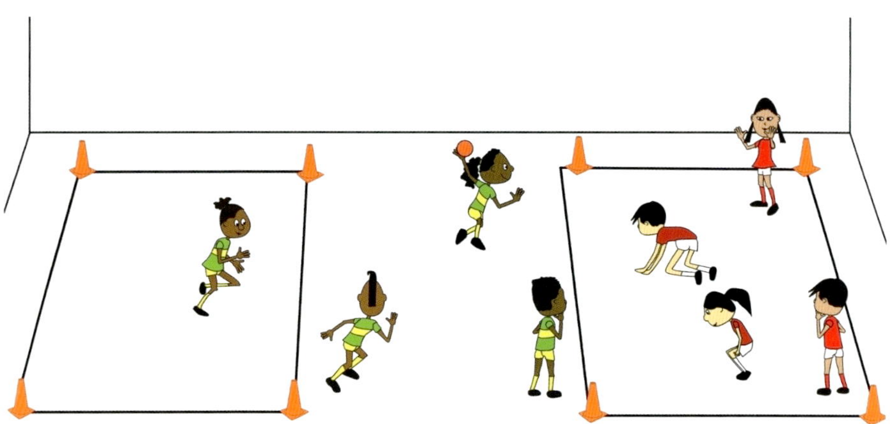

SPIELIDEE / ÜBUNGSABLAUF

Zwei Teams mit je drei bis vier Kindern spielen gegeneinander. Jede Mannschaft erhält eine 5 x 5 Meter große Zone am Ende der eigenen Spielfeldhälfte, die von der gegnerischen Mannschaft nicht betreten werden darf. Die ballbesitzende Mannschaft A passt sich einen Softball zu. Dabei dürfen die Kinder nur ohne Ball laufen, also das Prellen und Laufen mit Ball sind verboten. Ziel des Teams A ist es, die Kinder des Teams B, die sich in ihrer Zone befinden, abzuwerfen. Jeder Treffer erbringt einen Punkt. Nach Ballverlusten beim Passen und nach (erfolgreichen/erfolglosen) Abwurfversuchen wechselt der Ballbesitz. Welches Team erzielt zuerst zehn Punkte?

HINWEISE

- Wird der Ball in der eigenen Zone gefangen, ist dies kein Punkt

ABSCHLUSS-KÖNIG

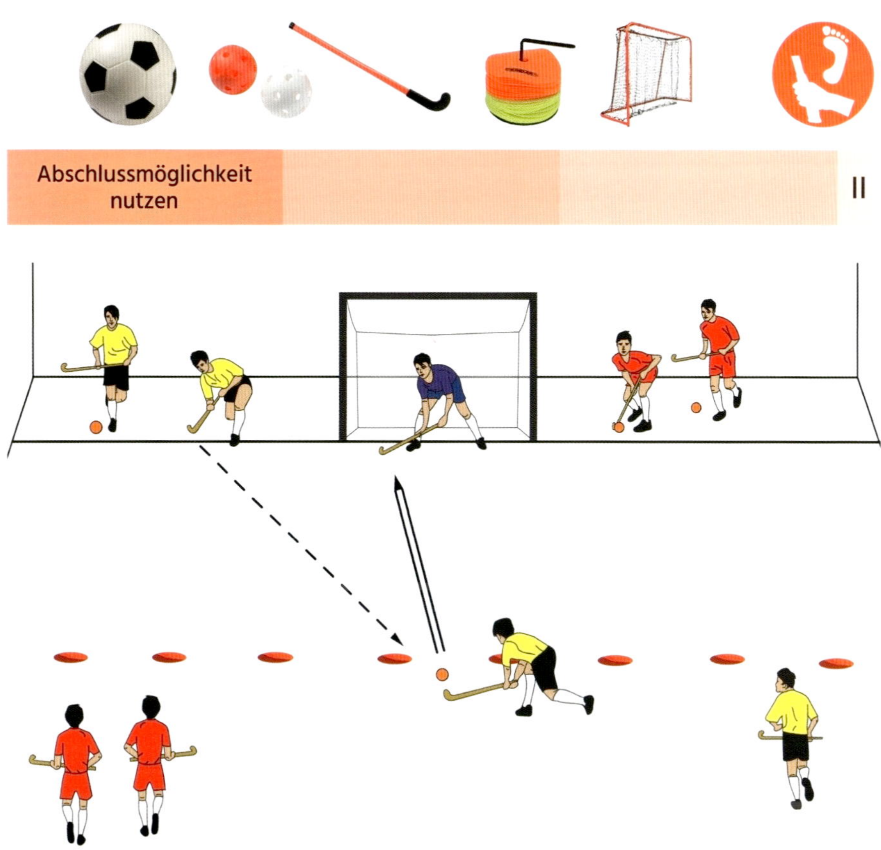

SPIELIDEE / ÜBUNGSABLAUF

Zwei Mannschaften mit je vier bis sieben Kindern treten gegeneinander an. Jeweils die Hälfte der Mannschaft steht mit Bällen links und rechts neben dem Tor. Die andere Hälfte der Mannschaft steht ohne Ball diagonal gegenüber mit Blickrichtung zum Tor. Vor dem Tor wird eine Schusslinie markiert. Das erste Kind einer Mannschaft spielt den Ball vor das Tor, so dass der Mitspieler dem Ball entgegenlaufen kann und hinter der Schusslinie zum Torabschluss kommt. Nach der Aktion wechseln die Kinder ihre Positionen und die gegnerische Mannschaft ist am Zug. Welches Team erzielt zuerst 20 Tore?

VARIATIONEN

- Es kann auch mit Fußbällen auf das Tor geschossen werden **(I)**

HINWEISE

- Anstelle eines neutralen Torhüters können die Mannschaften jeweils ihren eigenen Torhüter stellen

EIERLEGEN 2.0

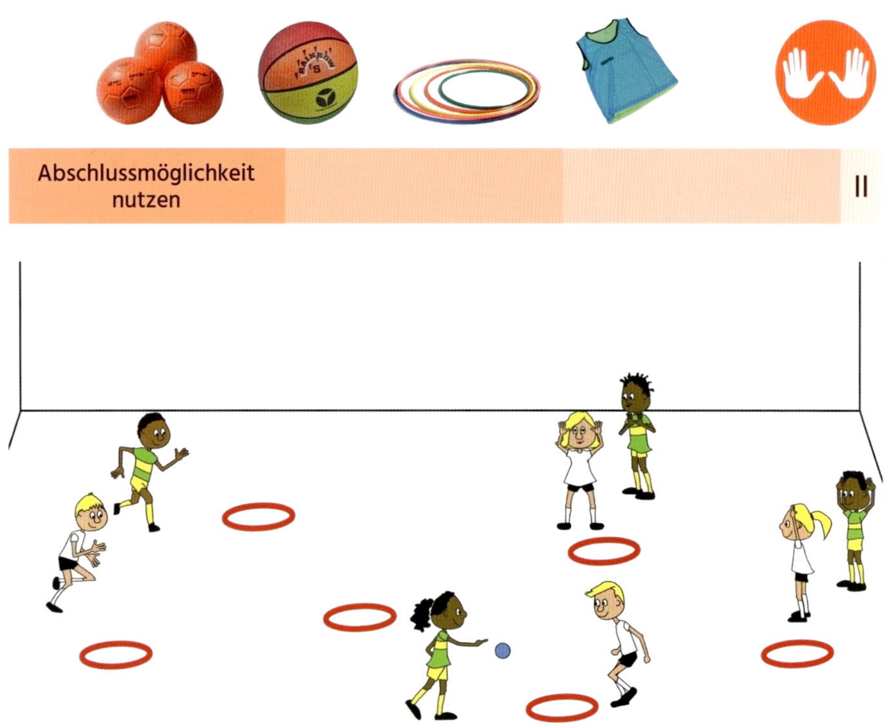

SPIELIDEE / ÜBUNGSABLAUF

Zwei Teams mit je vier bis sieben Kindern spielen gegeneinander. Im Spielfeld liegen Reifen (mindestens einer mehr als Kinder pro Mannschaft). Die Kinder passen sich den Ball zu. Er darf nicht geprellt werden, ein Sternschritt ist erlaubt. Ziel ist es, einen Mitspieler so in Position zu bringen, dass er den Ball direkt auf den Boden innerhalb eines Reifens werfen kann (= ein Punkt). Die gegnerische Mannschaft kann den Punktgewinn verhindern, wenn ein Kind dieses Teams es schafft, seinen Fuß vorher auf den Reifen zu stellen. Dann ist der Reifen gesperrt und der Punkt zählt nicht. Nach Ballverlusten beim Passen und nach (erfolgreichen/erfolglosen) Abschlussversuchen in einen Reifen wechselt der Ballbesitz. Welches Team erzielt zuerst zehn Punkte?

HINWEISE

- Es sollte darauf geachtet werden, dass die Reifen nicht mit dem Fuß verschoben werden

VARIATIONEN

- Der Ball darf geprellt werden

HAND-KOPFBALL

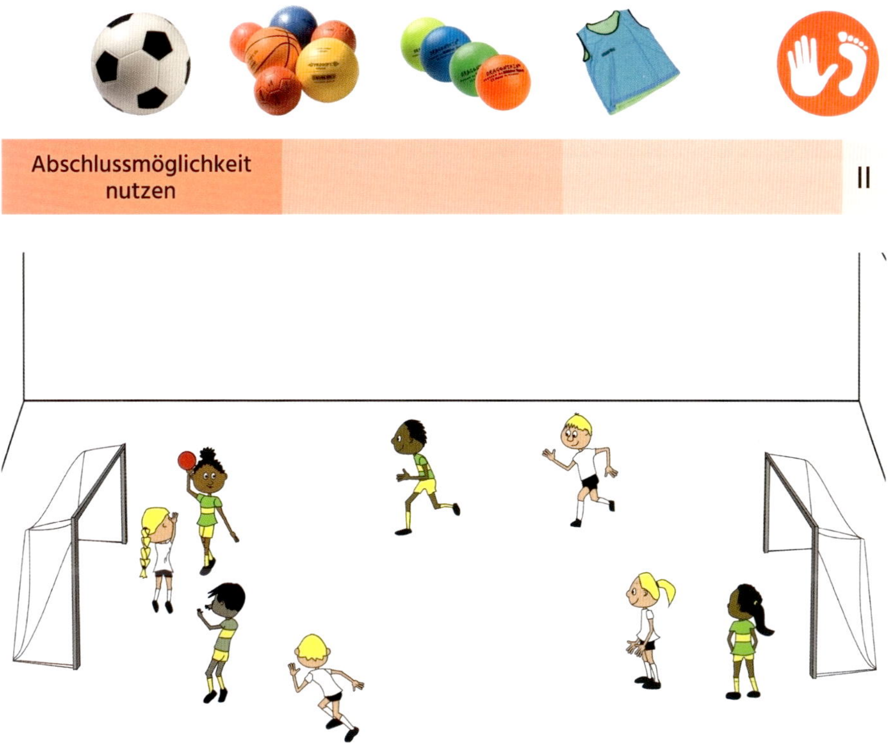

SPIELIDEE / ÜBUNGSABLAUF

Zwei Teams spielen gegeneinander auf Handballtore. Die Kinder einer Mannschaft passen sich den Ball zu, ohne dabei zu prellen oder mit dem Ball zu laufen. Ein Tor kann erzielt werden, indem der Ball nach einem Pass direkt ins Tor geköpft wird.

VARIATIONEN

- Es kann auch mit einem Fußball gespielt werden, der nach einem Zuwurf volley aufs Tor geschossen werden muss **(III)**

HINWEISE

- Es muss ein Softball verwendet werden, um den Kopf zu schützen
- Man darf sich den Ball nicht selbst anwerfen und danach köpfen

BODEN-WAND-BODEN

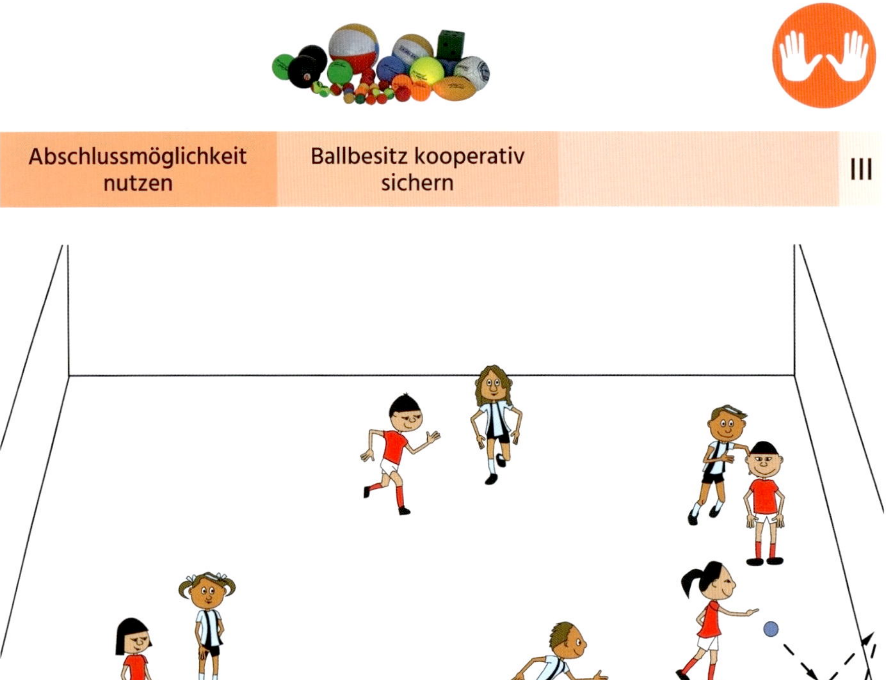

SPIELIDEE / ÜBUNGSABLAUF

Zwei Mannschaften spielen zwischen zwei Hallenwänden gegeneinander. Das ballbesitzende Team A passt sich einen Handball oder Basketball fortlaufend zu, bis ein Mitspieler in eine relativ freie Position nahe der Hallenwand gebracht worden ist. Dieser wirft den Ball so, dass er zuerst den Boden berührt, danach die Hallenwand und dann wieder den Boden. Wenn es der gegnerischen Mannschaft B nicht gelingt, den Ball vor dem zweiten Bodenkontakt zu berühren, erhält Team A einen Punkt. Nach jedem Wurf gegen eine Hallenwand wechselt der Ballbesitz. Welches Team erzielt zuerst zehn Punkte?

HINWEISE

- Die Kinder von Team B dürfen mit ihrem Körper Laufwege sperren, ohne dabei den Gegner aktiv wegzuschieben
- Wenn keine geeigneten Hallenwände zur Verfügung stehen, können mehrere große Kästen aufgestellt werden

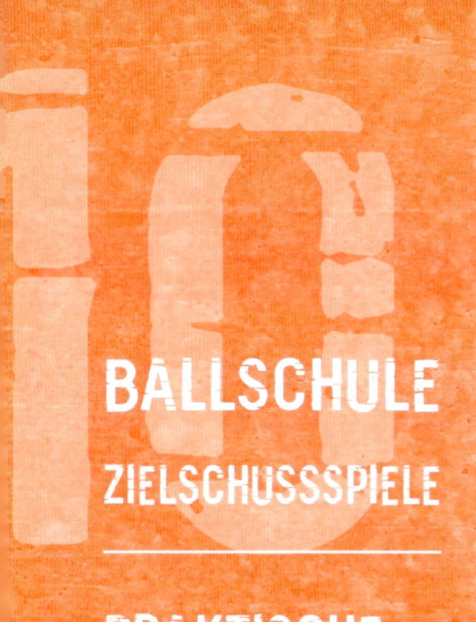

BALLSCHULE ZIELSCHUSSSPIELE

PRAKTISCHE UMSETZUNG

LEHRMATERIALIEN

In Abhängigkeit vom Alter und (motorischen) Entwicklungsniveau der Kinder kann es sinnvoll sein, Spiele und Übungen aus den vorgeschalteten oder nachgeordneten Stufen der Ballschul-Systematik (vgl. Abb. 1) in die Zielschussspiel-Ausbildung mit aufzunehmen. Die Abbildung 4 zeigt einen Überblick über die bisher veröffentlichten Lehrpläne in dieser Buchreihe. Zudem existieren Stundensystematiken, die vollständig vorgeplante Einheiten für ein ganzes Ballschuljahr enthalten. Zu den Stufen 2 und Stufe 3 sind solche Systematiken im Band 4 (Mini-Ballschule) und in der Reihe Grundschulsport (Roth, K., Damm, Pieper & Roth, C., 2020) veröffentlicht worden.

Die Lehrmaterialien der Ballschule Heidelberg werden – nach und nach – auf der Plattform https://www.ballschule.online zusammengefasst. Auf ihr finden sich perspektivisch für alle Ballschulprogramme – neben der Vorstellung des zugehörigen Buches/Lehrplans – jeweils ein (kurzer) Imagefilm, ein kompletter Online-Ausbildungskurs, Videos zu den Baustein-Spielen/-Übungen (geordnet nach den Säulen A, B und C), Stundenbilder sowie ein Download-/Servicebereich mit PDF-Dateien, Links, Ballschul-Checks usw. Ein Shop bietet zudem direkte Bestell-/Kaufmöglichkeiten der Bücher und sonstigen Lehrmaterialien sowie der benötigten Bälle, Spiel- und Sportgeräte.

Seit 2019 gibt es auch eine **Ballschul-App** für Kindergarten- und Grundschulkinder, die in

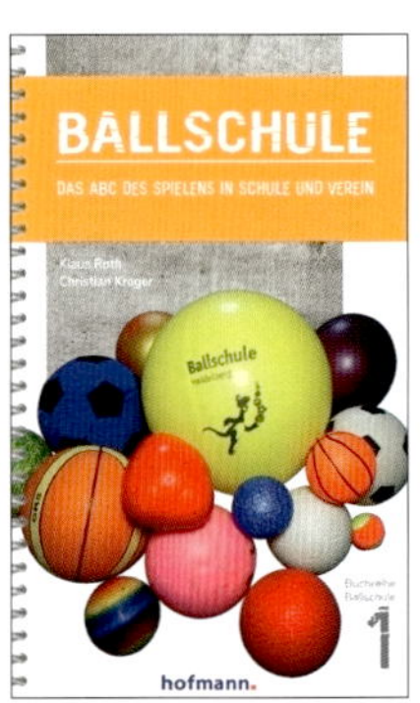

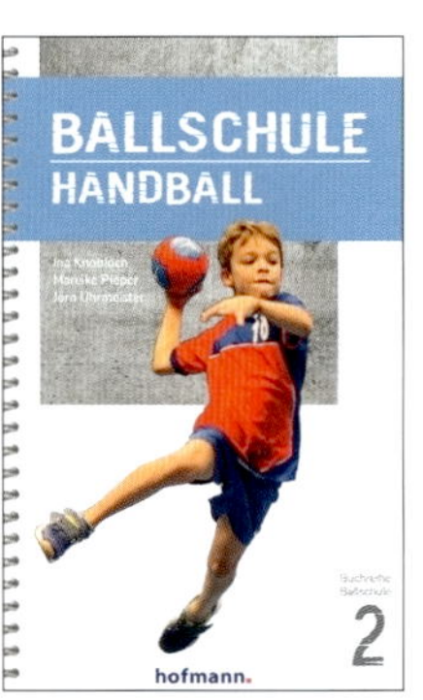

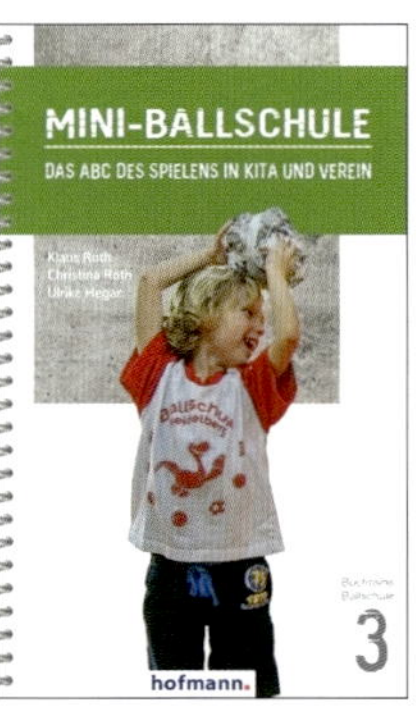

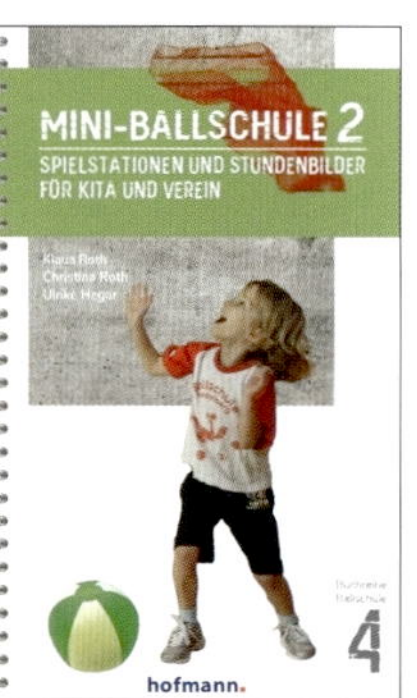

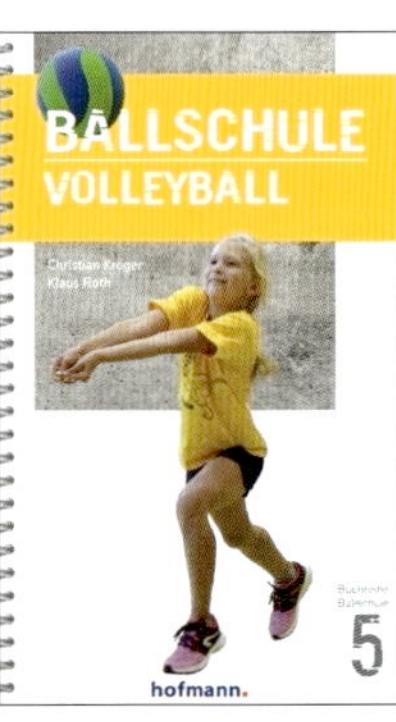

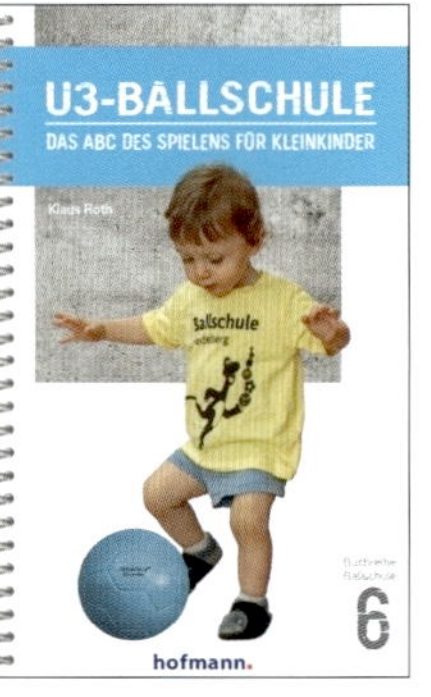

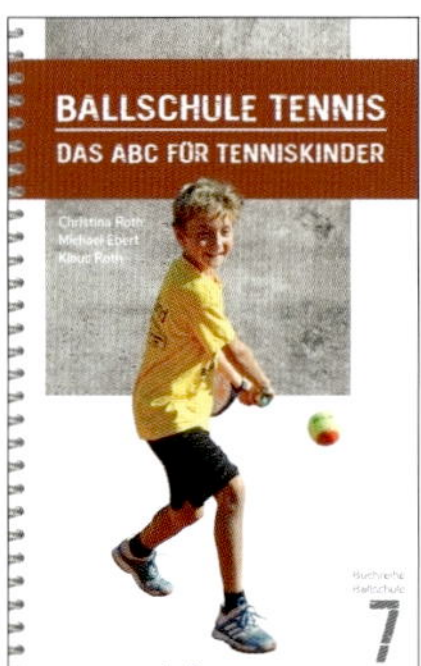

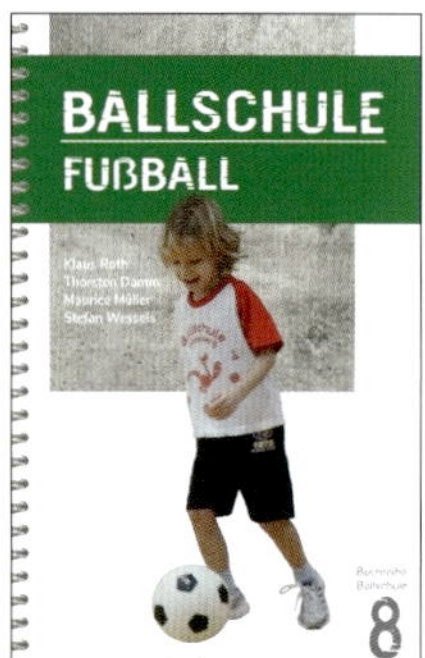

Abb. 4: Lehrpläne der Ballschule Heidelberg

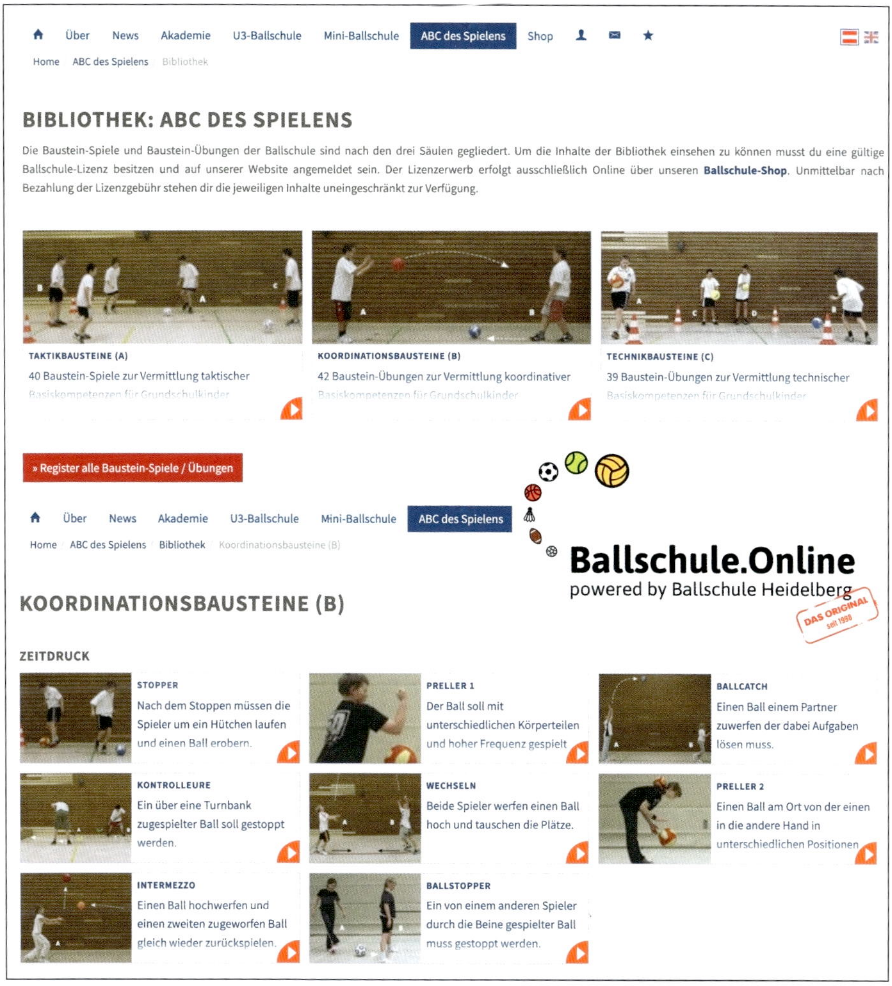

Über News Akademie U3-Ballschule Mini-Ballschule ABC des Spielens Shop

Home ABC des Spielens Bibliothek

BIBLIOTHEK: ABC DES SPIELENS

Die Baustein-Spiele und Baustein-Übungen der Ballschule sind nach den drei Säulen gegliedert. Um die Inhalte der Bibliothek einsehen zu können musst du eine gültige Ballschule-Lizenz besitzen und auf unserer Website angemeldet sein. Der Lizenzerwerb erfolgt ausschließlich Online über unseren **Ballschule-Shop**. Unmittelbar nach Bezahlung der Lizenzgebühr stehen dir die jeweiligen Inhalte uneingeschränkt zur Verfügung.

TAKTIKBAUSTEINE (A)
40 Baustein-Spiele zur Vermittlung taktischer Basiskompetenzen für Grundschulkinder

KOORDINATIONSBAUSTEINE (B)
42 Baustein-Übungen zur Vermittlung koordinativer Basiskompetenzen für Grundschulkinder

TECHNIKBAUSTEINE (C)
39 Baustein-Übungen zur Vermittlung technischer Basiskompetenzen für Grundschulkinder

» Register alle Baustein-Spiele / Übungen

Über News Akademie U3-Ballschule Mini-Ballschule ABC des Spielens

Home ABC des Spielens Bibliothek Koordinationsbausteine (B)

Ballschule.Online
powered by Ballschule Heidelberg
DAS ORIGINAL seit 1998

KOORDINATIONSBAUSTEINE (B)

ZEITDRUCK

STOPPER
Nach dem Stoppen müssen die Spieler um ein Hütchen laufen und einen Ball erobern.

PRELLER 1
Der Ball soll mit unterschiedlichen Körperteilen und hoher Frequenz gespielt

BALLCATCH
Einen Ball einem Partner zuwerfen der dabei Aufgaben lösen muss.

KONTROLLEURE
Ein über eine Turnbank zugespielter Ball soll gestoppt werden.

WECHSELN
Beide Spieler werfen einen Ball hoch und tauschen die Plätze.

PRELLER 2
Einen Ball am Ort von der einen in die andere Hand in unterschiedlichen Positionen

INTERMEZZO
Einen Ball hochwerfen und einen zweiten zugeworfen Ball gleich wieder zurückspielen.

BALLSTOPPER
Ein von einem anderen Spieler durch die Beine gespielter Ball muss gestoppt werden.

Abb. 5: Plattform https://www.ballschule.online. Beispiel: Bibliothek für den Band 1 der Buchreihe. Oben: Startseite; Unten: Videoclips zu den Baustein-Spielen/-Übungen der Säule B (Koordination)

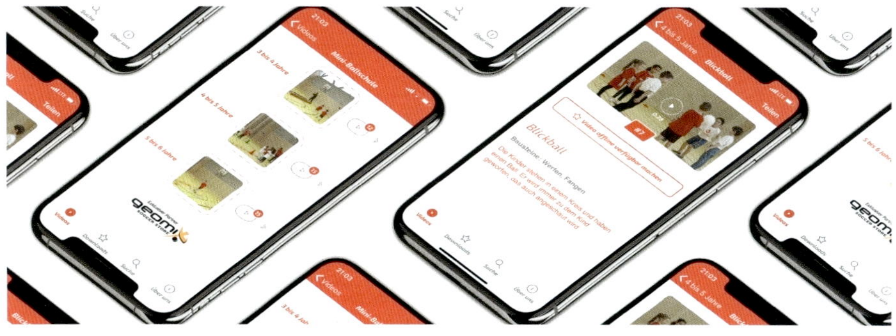

Abb. 6: Ballschul-App

Kooperation mit den Österreichischen Sportdachverbänden und den Fachverbänden für American Football, Basketball, Faustball, Fußball, Handball und Volleyball erstellt worden ist. Sie kann im App-Store unter dem Suchbegriff „Ballschule – Ballsport einfach vermitteln" erworben werden. In 188 ballspielübergreifenden Videos erhält der Nutzer einen schnellen Einblick in den Aufbau und die Durchführung von Ballschul-Spielen und -Übungen. Diese sind nach Altersstufen und den zugehörigen Bausteinen geordnet.

Weitere Informationen zu den Lehrmaterialien finden sich auf dem YouTube-Kanal der Ballschule.
Kontakt: arbeitsgruppe@ballschule.de

KOOPERATIONEN

Zur Qualitätssicherung ihrer Angebote trifft die Ballschule Heidelberg verbindliche Absprachen mit Bildungseinrichtungen (Kindergärten; Schulen) und schließt Kooperationsverträge mit Sportvereinen, Sportverbänden sowie mit kommerziellen Sportanbietern ab. Zudem gibt es Vereinbarungen mit sogenannten Ballschul-Zentren. Diese Zentren übernehmen die Aufgabe, das Konzept der Ballschule in einem vertraglich festgelegten Gebiet zu verbreiten. Sie sind berechtigt, eigene Aus-/Fortbildungen durchzuführen und regionale Kooperationen mit Vereinen, Kindergärten und Grundschulen einzugehen. Aktuell gibt es 11 Zentren in Deutschland und 13 internationale Landeszentren.

Die Kooperationsverträge für die verschiedenen Partner der Ballschule können auf der Online-Plattform eingesehen und abgerufen werden. Weitere Informationen zu den Kooperationen finden sich auf dem YouTube-Kanal der Ballschule.
Kontakt: kooperation@ballschule.de

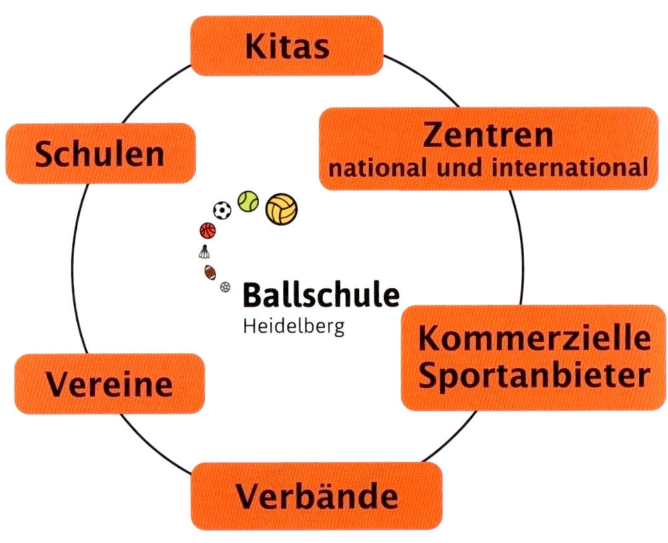

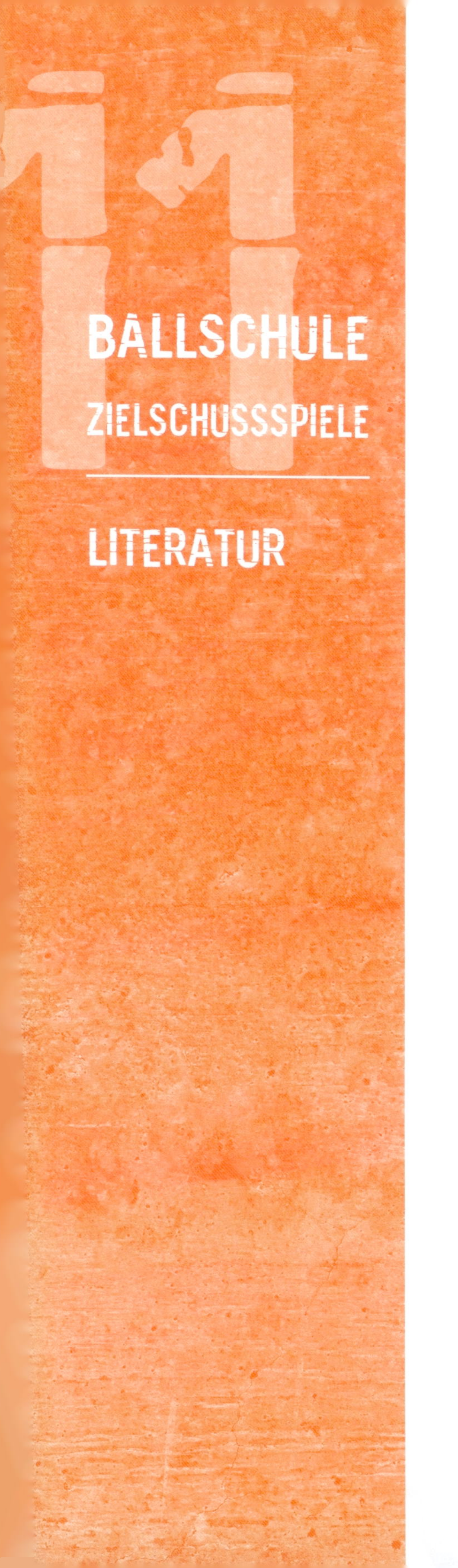
BALLSCHULE
ZIELSCHUSSSPIELE
LITERATUR

Adolph, H., Hönl, M. & Wolf, T. (2008). **Integrative Sportspielvermittlung** (6. Aufl.). Kassel: UB.

Albert, A. (2017). Spielen in und mit Regelstrukturen –Zielschussspiele. In V. Scheid & R. Prohl (Hrsg.), **Sportdidaktik. Grundlagen, Vermittlungen, Bewegungsfelder** (2. Aufl., S. 175-188). Wiebelsheim: Limpert.

Balyi, I., Way, R. & Higgs, C. (2013). **Long-Term Athlete Development Follows Seven Stages.** Champaign: Human Kinetics.

Beck, F. (2013). **Dopaminsport – Hirnforschung zur Optimierung des sportlichen Trainings und Förderung kognitiver Leistung für Schule und Verein.** Unveröffentlichtes Manuskript. Heidelberg: ISSW.

Beck, F. & Beckmann, J. (2010). Die Bedeutung striataler Plastizitätsvorgänge und unerwarteten Bewegungserfolgs für sportmotorisches Lernen. **Sportwissenschaft, 10,** 19-25.

Bremer, D., Pfister, J. & Weinberg, P. (Hrsg.). (1981). **Gemeinsame Strukturen großer Sportspiele.** Wuppertal: Putty.

Butler, J. L. & Griffin, L. L. (Hrsg.). (2005). **Teaching Games for Understanding: Theory, Research, and Practice.** Champaign: Human Kinetics.

Butler, J. L. & Griffin, L. L. (Hrsg.). (2010). **More Teaching Games for Understanding: Moving Globally.** Champaign: Human Kinetics.

Coté, J., Baker, J. & Abernethy, B. (2003). From play to practice: A developmental framework for the acquisition of expertise in team sports. In J. L. Stakes & K. A. Ericsson (Hrsg.), **Recent Advances in Research on Sport Expertise** (S. 89-110). Champaign: Human Kinetics.

Dietrich, K. (1984). Vermitteln Spielreihen Spielfähigkeit? **Sportpädagogik, 8** (1), 19-21.

Eckes, T. & Six, B. (1984). Prototypenforschung: Ein integrativer Ansatz zur Analyse der alltagssprachlichen Kategorisierung von Objekten, Personen und Situationen. **Zeitschrift für Sozialpsychologie, 15,** 2-17.

Ellis, H.C. (1983). **The Transfer of Learning.** New York: Macmillan.

Fensky, W. (1989). Integrative Vermittlung von Spielfähigkeit in den Rückschlagspielen. **sportunterricht, 38,** 407-410.

Fodor, J. A. (1983). **The Modularity of Mind.** Cambridge: MIT.

Göhner, U. (1987). **Bewegungsanalyse im Sport. Ein Bezugssystem zur Analyse sportlicher Bewegungen unter pädagogischen Aspekten** (2. Aufl.). Schorndorf: Hofmann.

Groth, K. & Kuhlmann, D. (1989). Integrative Sportspielvermittlung in Theorie und Praxis. **sportunterricht, 38** (10), 386-393.

Haverkamp, N. (2005). **Typisch Sport? – Der Begriff Sport im Lichte des Prototypenmodells.** Köln: Strauß.

Haverkamp, N. & Roth, K. (2006). **Untersuchungen zur Familienähnlichkeit der Sportspiele.** Bielefeld/Heidelberg: Universität.

Heine, E. & Rodefeld, B. (1984). Wurfspiele sind Hand-Ball-Spiele. **sportpädagogik, 8,** 54-56.

Hilmer, J. (1983). **Grundzüge einer pädagogischen Theorie der Bewegungsspiele** (2. Aufl.). Ahrensburg: Czwalina.

Hirtz, P. & Forschungszirkel N. A. Bernstein (2007). **Phänomene der motorischen Entwicklung des Menschen.** Schorndorf: Hofmann.

Hossner, E. J. (1995). **Module der Motorik.** Schorndorf: Hofmann.

König, S. (1997). Zur Vermittlung der Spielfähigkeit in der Schule. **sportunterricht, 46** (11), 476-486.

Kröner, S. (1982). Rückschlagspiele. **Sportpädagogik, 6,** 7-14.

Kuhlmann, D. (2007). Wie führt man Spiele ein? In Bielefelder Sportpädagogen (Hrsg.), **Methoden im Sportunterricht** (5. Aufl., S. 135-147). Schorndorf: Hofmann.

Loibl, J. (2001). **Basketball – Genetisches Lehren und Lernen**. Schorndorf: Hofmann.

Mack, A. & Rock. I. (1998). **Inattentional Blindness**. Cambridge: MIT.

Mauldon, E. & Redfern, H. B. (1981). **Games Teaching: An Approach to the Primary School**. Estover: Mc Donald & Evans.

Medler, M. & Schuster, A. (2000). **Ballspielen. Ein integrativer Ansatz für die Grundschule, Orientierungsstufe, Sportverein** (2. Aufl.). Neumünster: Sportbuch.

Memmert, D. (2007). **Kreativität im Sportspiel. Unveröffentlichte Synopse im Rahmen einer publikationsgestützten Habilitation**. Heidelberg: ISSW.

Memmert, D. & Roth, K. (2007). Teaching games for beginners: the effects of nonspecific and specific concepts on tactical creativity. **Journal of Sports Sciences, 25,** 1423-1432.

Mitchell, A., Oslin, J. & Griffin, L. (2021). **Teaching Sport Concepts and Skills. A Tactical Games Approach** (4th Edition). Champaign: Human Kinetics.

Müller, B. (1995). **Ball-Grundschule**. Dortmund: Borgmann.

Nagel, V., Gloy, A. & Kleipoedszus, A. (1997). Zwischen den Spielen: Sportartübergreifende Handlungsmuster spielerisch provozieren. In E. J. Hossner & K. Roth (Hrsg.), **Sport – Spiel – Forschung zwischen Trainerbank und Lehrstuhl** (S. 202-205). Hamburg: Czwalina.

Neumaier, A. & Mechling, H. (1995). Taugt das Konzept koordinativer Fähigkeiten als Grundlage für sportartspezifisches Koordinationstraining? In P. Blaser, K. Witte & C. Stucke (Hrsg.), **Steuer- und Regelvorgänge der menschlichen Motorik** (S. 207-212). St. Augustin: Academia.

Roth, K. (1982). **Strukturanalyse koordinativer Fähigkeiten**. Bad Homburg: Limpert.

Roth, K. (1996). Spielen macht den Meister: Zur Effektivität inzidenteller taktischer Lernprozesse. **psychologie und sport, 3,** 3-12.

Roth, K. (2014). Begriffliche und theoretische Grundlagen der Koordinationsschulung. In C. Kröger, & K. Roth, **Koordinationsschulung im Kindes- und Jugendalter** (S. 6-34). Schorndorf: Hofmann.

Roth, K. & Damm, T, Pieper, M. & Roth, C. (2020). **Ballschule in der Primarstufe** (2. Aufl.). Schorndorf: Hofmann.

Roth, K., Memmert, D. & Schubert, R. (Hrsg.). (2006). **Ballschule Wurfspiele**. Schorndorf: Hofmann.

Roth, K., Raab, M. & Greco, P. (2000). **Das Modell der inzidentellen Inkubation: eine Überprüfung der Kreativitätsentwicklung brasilianischer und deutscher Sportspieler**. Unveröffentlichter Projektbericht. Heidelberg: ISSW.

Roth, K. & Roth, C. (2009a). Entwicklung koordinativer Fähigkeiten. In J. Baur, K. Bös, A. Conzelmann & R. Singer (Hrsg.), **Handbuch motorische Entwicklung** (S. 197-225). Schorndorf: Hofmann.

Roth, K. & Roth, C. (2009b). Entwicklung motorischer Fertigkeiten. In J. Baur, K. Bös, A.

Conzelmann & R. Singer (Hrsg.), **Handbuch motorische Entwicklung** (S. 227-247). Schorndorf: Hofmann.

Runco, M. A. (2007). **Creativity – Theories and Themes: Research, Development, and Practice.** Amsterdam: Elsevier.

Scheid, V., Philip, J. & Albert, A. (2020). **Ballstars: Zielschussspiele im Grundschulalter integrativ vermitteln.** Schorndorf: Hofmann.

Schock, K. (1997). Das integrative Lehrkonzept „Rückschlagspiele" an der Universität Bielefeld. In B. Hoffmann & P. Koch (Hrsg.), **Integrative Aspekte in Theorie und Praxis der Rückschlagspiele** (S. 161-171). Hamburg: Czwalina.

Simons, D. J. & Chabris, C. F. (2011). **Der unsichtbare Gorilla: Wie unser Gehirn sich täuschen lässt.** München: Piper.

Schmidt, W. (2004). **Fußball – spielen, erleben, verstehen.** Schorndorf: Hofmann.

Sternberg, R. J. (Ed.). (1999). **Handbook of Creativity.** Cambridge: University Press.

Trunk, E. (2013). **Die GROSSE Limpert-Ballspielschule.** Wiebelsheim: Limpert.

Uhlig, J. (2007). **Klassifikation der Sportspiele: Empirische Untersuchungen zur Familienähnlichkeit der Spiele Fußball, Hockey, Eishockey und Rugby.** Berlin: Winter-Industries.

Wagenschein, M. (1991). **Verstehen lernen.** Weinheim, Basel: Beltz.

Werner, P., Thorpe, R. & Bunker, D. (1996). Teaching games for understanding. **Journal of Physical Education, Recreation, 6,** 28–33.

Wittgenstein, L. (1960). **Philosophische Untersuchungen. Schriften, Band 1.** Frankfurt: Akademie.

LITERATUR ZUR BALLSCHULE

Die nachfolgende – nach dem Erscheinungsjahr geordnete – Auflistung von Veröffentlichungen zum Thema Ballschule beinhaltet eine Auswahl aus mehr als 100 Publikationen.

Roth, K., Birkle, W., Müller-Dargusch, M. & Müller-Lingelbach, D. (2017). **Ballschule Golf – Ein Leitfaden für erfolgreiches Kindertraining.** Bonn: Köllen.

Roth, K. & Zimmer, R. (2017). **Das Motorik ABC. Bewegungs- und Sprachförderung in der Kita.** Mühlheim: Verlag an der Ruhr.

Feißt, S. (2016). **Ballschule Inklusiv – Eine Machbarkeitsanalyse zur Inklusion krebskranker Kinder in außerschulische Sportangebote am Beispiel der Ballschule Heidelberg.** Unveröffentlichte Masterarbeit. Heidelberg: ISSW.

Essig, K. (2014). **„Ballschule – umspiel dein Handicap": Entwicklungsförderung körperbehinderter Kinder. Auswirkungen eines ressourcenorientierten, sportspielübergreifenden Bewegungsprogramms auf motorische und psychosoziale Parameter.** Dissertation, Universität Heidelberg. urn:nbn:de:bsz:16-heidok-170753.

Roth, K. (2014). Motorik ABC. In I. Hunger & R. Zimmer (Hrsg.), **Inklusion bewegt: Herausforderungen für die frühkindliche Bildung** (S. 147-163). Schorndorf: Hofmann.

Roth, K., Damm, T., Pieper, M. & Roth, C. (2014). **Ballschule in der Primarstufe. Sportstunde Grundschule.** Schorndorf: Hofmann.

Roth, K., Roth, C. & Hegar, U. (2014). **Mini-Ballschule: Das ABC des Spielens für Klein- und Vorschulkinder.** Schorndorf: Hofmann.

Hegar, U. (2012). **Ballschule – leicht gemacht: Auswirkungen eines Ernährungs- und Bewegungsprogramms auf entwicklungsrelevante Parameter bei übergewichtigen und adipösen Kindern.** Hamburg: Kovač.

Hegar, U. & Roth, K. (2011). Auswirkungen von Ernährungsberatung und Bewegungsförderung auf verschiedene entwicklungsrelevante Parameter bei übergewichtigen und adipösen Kindern. **Deutsche Zeitschrift für Sportmedizin, 62** (6), 168.

Roth, K. & Hahn, C. (2007). Integrative Anfängerausbildung in den Sportspielen. In D. Schmidt-Volkmar & J. Spägele (Hrsg.), **Ganztagesschule – Herausforderung für die Ballspiele** (S. 26-39). Karlsruhe: BBW.

Roth, K. (2006). Ballschule Heidelberg: Vom Talentförderprojekt zum erfolgreichen „Kindersportangebot für Alle". In F. Bockrath (Hrsg.), **Trends in der Sportvermittlung** (S. 13-40). Darmstadt: TU.

Roth, K., Memmert, D. & Schubert, R. (2006). **Ballschule Wurfspiele**. Schorndorf: Hofmann.

Roth, K. (2005). Sportspiel-Vermittlung. In A. Hohmann, M. Kolb & K. Roth (Hrsg.), **Handbuch Sportspiel** (S. 290-308). Schorndorf: Hofmann.

Roth, K. (2003). Ballschule Rückschlagspiele: Theoretische Grundlagen. In A. Woll (Hrsg.), **Miteinander lernen, forschen, spielen – Zukunftsperspektiven für Tennis** (S. 41-58). Hamburg: Czwalina.

Hossner, E. J. & Roth, K. (2002). Sportspiele vermitteln. In K. Ferger, N. Gissel & J. Schwier (Hrsg.), **Sportspiele erleben, vermitteln, trainieren** (S. 111–124). Hamburg: Czwalina.

Roth, K., Kröger, C. & Memmert, D. (2002). **Ballschule Rückschlagspiele**. Schorndorf: Hofmann.

Roth, K. (2000). Die Heidelberger Ballschule: Praxiskonsequenzen des Modells der inzidentellen Inkubation. In W. Schmidt & A. Knollenberg (Hrsg.), **Sport – Spiel – Forschung: Gestern. Heute. Morgen** (S. 175-179). Hamburg: Czwalina.

Roth, K. (2000). Die Straßenspielhypothese oder das Modell der inzidentellen Inkubation – ein Erklärungsansatz für die Kreativitätsentwicklung im Sportspiel. In W. Schmidt & A. Knollenberg (Hrsg.), **Sport – Spiel – Forschung: Gestern. Heute. Morgen** (S. 159-163). Hamburg: Czwalina.

Roth, K. (1999). Das ABC des Spielens: Technik- und Taktiktraining im Anfängerbereich. In J. Wiemeyer (Hrsg.), **Techniktraining im Sport** (S. 11-30). Darmstadt: IfS.

Roth, K. (1997). Vom Straßenfußballer zum Spielmacher – Zur Effektivität inzidenteller taktischer Regellernprozesse. In G. Konzag (Hrsg.), **Psychologie im Sportspiel** (S. 63-79).

INTERNATIONALE LEHRPLÄNE

Roth, K., Roth, C. & Hegar, U. (2018). **Mini-Ballschool: The ABC of Learning to Play for Toddlers and Pre-Schoolers.** Schorndorf: Hofmann.

Okuda, T., Sato, T. & Roth, K. (2017). **Lehrprogramme für Ballspiele von Kindern – vom Vorschulalter bis zum Grundschulalter.** Tokio: Sobunkikaku.

Roth, K. & Kröger, C. (2017). **Ballschool – The ABC of Learning to Play.** Schorndorf: Hofmann.

Roth, K., Roth, C. & Hegar, U. (2017). **Mini Top Okulu: Erken Çocukluk ve Okul Öncesi Dönemi Çocuklar Için Oyunun ABC'si.** Ankara: harf.

Roth, K., Memmert, D. & Schubert, R. (2016). **Escola da Bola: Jogos de Arremesso.** Sao Paulo: phorte.

Kröger, C. & Roth, K. (2003). **Escuela de Balón. Guía para Principiantes.** Barcelona: Paidotribo.

Kröger, C. & Roth, K. (2002). **Esocola da Bola. Um ABC para iniciantes nos jogos esportivos.** Sao Paulo: phorte.

Kröger, C. & Roth, K. (2002). **Labdaiskola: Gyakorlatok, ötletek, technikak.** Budapest-Pecs: Dialog Campus Kiado.

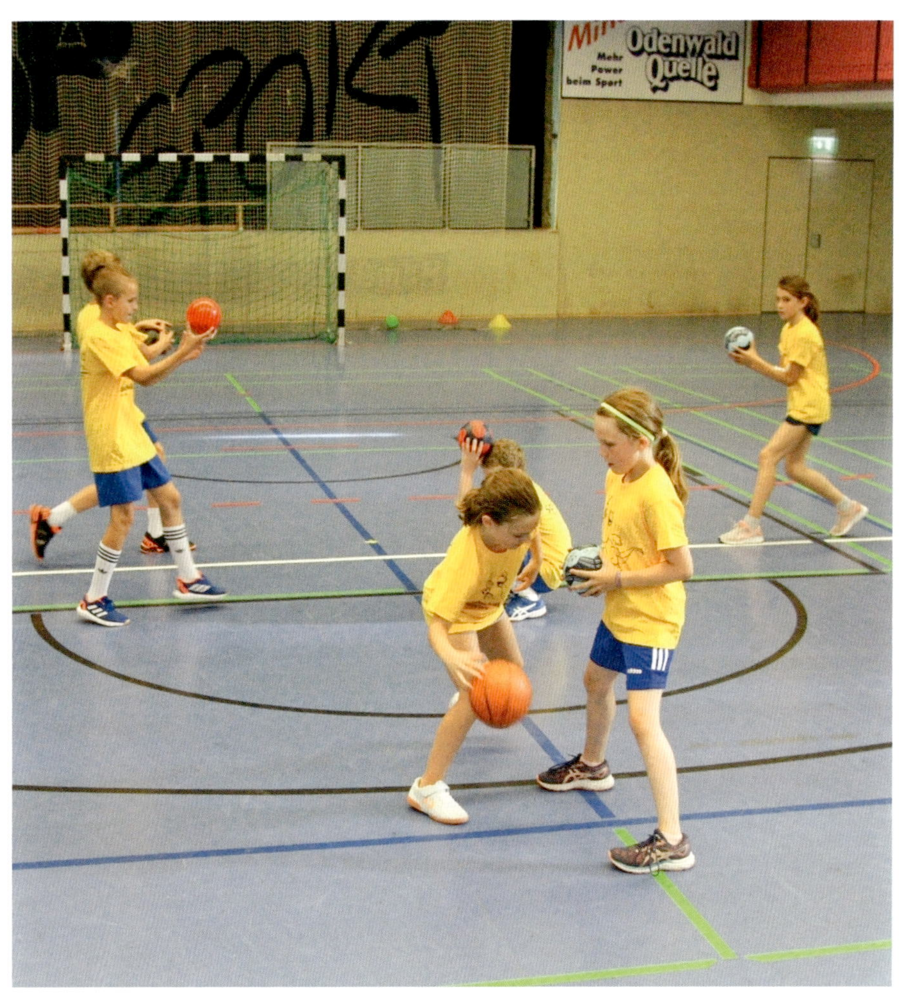

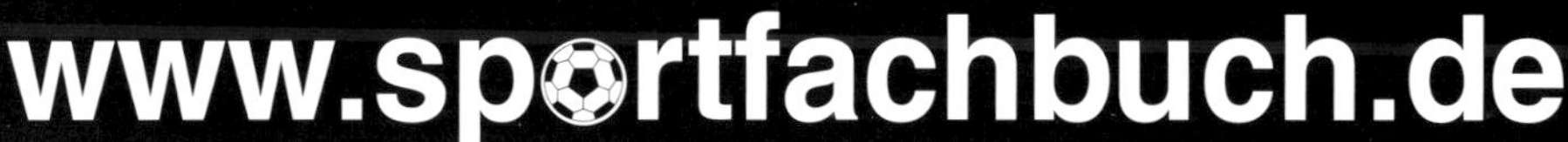
www.sportfachbuch.de

NOTIZEN